변하지 않는 것을 위하여 변하고 있다

변하지 않는 것을 위하여 변하고 있다

2009년 6월 15일 초판 1쇄 발행

펴낸곳 (주)도서출판 **삼인**

지은이 신현칠
펴낸이 신길순
부사장 홍승권
책임편집 강주한
편집 김종진 양경화
마케팅 이춘호 한광영
관리 심석택
총무 서장현

등록 1996.9.16. 제 10-1338호
주소 121-837 서울시 마포구 서교동 339-4 가나빌딩 4층
전화 (02) 322-1845
팩스 (02) 322-1846
E-MAIL saminbooks@naver.com

표지디자인 (주)끄레어소시에이츠
제판 문형사
인쇄 대정인쇄
제본 성문제책

ISBN 978-89-91097-95-7 03810

값 13,000원

변하지 않는 것을 위하여 변하고 있다

한 '비전향장기수'의 삶, 그리고 그 삶을 넘어서는 염원

신현칠 지음

삼인

글 싣는 순서

머리말……9

1부...수졸산방에서

수졸산방(守拙山房)에서...15 │ 나의 대가...23 │ 임종의 병실에서...31 │ 어느 날의 일기...40 │ 참 좋은 날...47 │ 책이 많다...55 │ 화랑단상(畵廊斷想)...61 │ 아버지의 초상...65 │ 사모애(思母哀)...80 │ 또 다짐...90 │ 16명 동지의 가신 날...95 │ 하나의 반성...98 │ 일기에서...101

2부...비전향장기수 송환에는 남은 일이 있다

문학은 내게 무엇인가...111 │ 예수는 내게 누구인가 ─ 기독교인 회합에서 담화...126 │ 소련 쿠데타가 전해진 날...136 │ 중국

의 시련...142 | 통한의 날...146 | K 선생에게 드리는 글...152 | 비전
향장기수 송환에는 남은 일이 있다...160 | 두 개의 삶에 부쳐서...165 |
가와가미 하지메 노트...171 | 오자키 호쓰미의 일...180

3부...50년 만의 편지

50년 만의 편지 — 이리에 히로시 씨에게...195 | 야스하라 히로시 교수에
게...202 | 북경대학에 유학 중인 서성 씨에게...209 | 미국에 있는 생질
원정에게...218 | 김우선 선생에게 — 그림 작품을 보고...233 | 옥에 있는
김경환 동지에게...237 | 지금은 세상에 아니 계신 박남업 선생...242 |
박소연 씨에게...246 | 이수영 씨에게...259 | 박명주 씨에게...271

4부... 엄혹의 시대

　　엄혹의 시대...281

신현칠 선생이 발표한 글·····328

발문
　　천외(天外)에 던지는 시 — 나의 스승, 신현칠 선생님 (박소연)·····330

머리말

*

　내 나이 2~3년 전에 아흔이 되었다. 그런 나이에 책을 낸다는 것이 스스로 생각해도 실로 망령된 일임에 틀림없다. 사연인즉 내가 2차 출옥 후부터 그러니까 20여 년 알고 지내는 젊은 벗이 그동안 내가 누구에게 읽히려는 생각도 없이 오가는 심회를 노트에 끼적인 것을 보고 책으로 출판하자고 열심히 권하고 또 주선하더니, 그러한 글을 내주겠다는 출판사가 있다고 하여 못 이기는 체하고 응하기로 하였다.
　이제 책머리에 필자가 무엇인가 쓰기로 되어 있는 모양인데 실상 나는 별로 쓸 말이 없다. 더구나 연전에 중풍으로 오른쪽 팔다리가 불인(不仁)하여 글쓰기도 힘이 든다. 그래서 이것도 두어 자에 그칠 수밖에 없다.

무슨 말을 하나.

역시 가난한 자질로 일제시대 이래 풍상이 많은 이 땅의 세월을 살아온 일을 생각하게 된다. 그 세월을 살아보니 우리가 산다는 것이 역사를 산다는 것이라고 생각하였다. 아주 훌륭한 역량의 위인걸사뿐 아니라 필부에 그치는 사람도 그가 산 시대를 있게 한 책임을 면할 수 없다는 생각이다.

필부유책(匹夫有責)—자기가 사는 시대의 역사에 책임을 진다는 것이 어떠한 것인가. 그러나 내 살아온 걸음걸음은 사람됨이 기우(氣宇)가 변변하지 못하고 재식(才識)은 미약, 게다가 정성도 도저하지 못하여 녹록(碌碌) 무위(無爲)로 오늘에 이르러 이제 마치려 하고 있다.

젊은 날에는, 한말(韓末)의 누가 말했다는 '사당상자격앙(士當常自激昂)'—선비는 마땅히 항상 스스로 격앙하라는 경앙의 기개를 흠모한 적도 있었지만 이제 기동(起動)조차 뜻대로 아니 되는 노잔(老殘)의 폐물이 되었다. 원래 그러한 위인이지만 이제 정말 물심양면으로 할 수 있는 일이 없다.

이러한 때에 얼마 남지 않은 날을 어떻게 하면 그래도 산다는 생각으로 살 수 있을까.

문득 역사에 현역으로 참가하지 못하여도 현역의 정신으로 참여하는 것은 허용되지 않을까. 시대의 움직임에 대해서 기뻐할 것은 기뻐하고 분노할 것은 분노하고 슬퍼할 것은 슬퍼하면서 사는 것, 비록 싸우지는 못하고 나 혼자의 마음속 일인 것이 못내 슬프지만, 나의 지나온 날도 대개 그러한 것이 아니었던가. 지금은 더욱 그렇게 살 수밖에 없다.

이제 나의 구구한 사연은 이만 그치려고 한다. 색책(塞責)으로 하기엔 심중 깊이 묻어두어야 할 이야기가 되어버렸다. 다시금 이러한 글을 남에게 보임이 부질없고 부끄러운 일로 비량(悲凉)함을 금치 못하며 붓을 놓으려 한다.

2009년 2월 10일
신현칠

1부
수졸산방에서

필부 위엄(威嚴)

위엄 있게 살 것이니 진리 앞에서 죽음 앞에서
대자연 앞에서 역사 앞에서 권력 앞에서 애정 앞에서
무엇도 가진 것 없는 이 알몸 한 목숨이

―『필부(匹夫)의 상(像)』에서

수졸산방(守拙山房)에서

서울 북교(北郊) 작은 도시의, 그것도 변두리 허름한 연립주택에서 신산생애(辛酸生涯)의 여년을 지내기를 한 5년이 되었다. 3층 방에 동향해서 책상과 의자를 놓았다. 그 사는 모양이 사상수가 옥중에서 독거(獨居)라 하여 사시 주야를 작은 방에서 홀로 사는 모양과 크게 다르지 않다. 가인이 있어도 상대할 말이 없고, 서책이 있어도 백내장 수술 눈이 곧 피로하여 이내 던지니 없는 것이나 다름없다. 예전에 시골에서 보면 할아비가 방에 홀로 있을 때 어린것이 밖에서 돌아와 방문을 불쑥 열어 들여다보고는 빤히 할아비가 있는 것을 보면서도 "아무도 없네" 하고 돌아나가기가 일쑤이더니 이제 스스로 그렇게 당할 꼴이 되었다. 집안에서 이렇게 있으나마나한 화상이 되었으니 세상에서는 어떠하랴.

그나마 그 손자놈도 내게는 없다. 삭막함을 지우고자 망연히 책상머리에 앉았다가 짐짓 내 주위에도 무슨 애지중지하는 귀물(貴物)이 없을까 돌아보는 마음이 스친다. 물론 선뜻 남에게 내보일 만한 귀물이 내게 있을 리 없다. 여기 스스로 자아내어 굳이 그 한둘을 꼽아보는 것은 그로써 한때의 소견(消遣)을 삼기 위함이다.

그 하나는 내 방 안에 있는 물건은 아니다. 그래도 나는 그것을 나의 귀물이라고 서슴없이 부르고 싶다.

내 방의 네 쪽 여닫이 큰 유리창의 삼분의 일쯤을 가리고 바짝 붙어서 가지가 뻗어 있는 은행나무가 있다. 처음 이 연립을 지을 때 그래도 구색 맞추기로 바로 벽 밑을 돌아가며 나무를 심었던가 보다. 대개 어려서 죽거나 못 자란 상록수들 중에서 이 한 그루가 3층을 넘는 높이로 자란 것이다. 이른 봄이면 연푸른 잎이 눈에 새롭고 여름은 짙푸른 색이 그늘을 짓고 가을이면 누르게 물들고 떨어진다. 풍진(風塵) 속에서 어느 경황에 그 사시의 추이(推移)에 매양 느꺼워할까마는 그래도 문득 뜻 없이 눈길이 가면 잠시 머물러 쉬곤 한다.

그런데 어느 늦가을의 일이다―이것도 일이라고 할 수 있다면. 어쩌다가 새삼스러이 누런 잎이 환하게 물든 것에 유심히 눈길이 갔다. 그 화려한 조락이 도리어 늙은 마음을 위로했던 모양이다. 이윽고 자꾸 낙엽 져서 나무에 남은 잎이 절반이 되고, 사분의 일이 되고, 드디어 몇 잎이 아니 되는 것을 지켜보게 되었다. 특별히 감회가 있어서 한 노릇은 아니지만 그래도 무엇인가 마음에 있는 듯 만 듯 가라앉는 것이 있었는지 모른다.

그러는 중에 어느 아침에 문득 눈길을 보내니 창가에 뻗어 있는 잔가지 굵은 가지에 그야말로 한 잎도 남아 있지 않은 것을 발견하였다. 순간 나는 신기하게도 그렇게 마음이 편안해질 수가 없다. 시원하고 상쾌해졌다고 해도 좋을지 모른다. 이럴 때 흔히 말하는 쓸쓸함이나 적막함과는 정반대의 느낌이었다. 그렇게 깡그리 땅에 떨어져 없어진 것이 슬프지 않았다.

그러고 나서 나는 문득문득 왜 내가 그렇게 마음이 편안해졌는지 돌아보는 마음이 스쳐간다. 그리고 그 느낌이 어쩐지 나에게 귀중한 것이 될 듯하여 계속 마음에 유지해두고 싶다는 생각을 어렴풋이 하고 있는 듯하다.

왜 그런 느낌이 되었는지 이리저리 생각도 해본다. 그러나 그것을 표현해볼 생각은 내키지 않는다. 굳이 두어 마디 해본다면 자연의 대법칙에 합치하는 편안함이라 이를지 모른다. 그런데 이것이면 다일 법도 한데, 곧 뒤미처 역사의 대법칙이라는 생각이 뒤를 잇는 것은 역시 나로서 어쩔 수가 없다. 그리고 아무리 작은 삶이라도 이 두 법칙에 합치하는 삶과 죽음의 위엄과 편안함을 갈망하는 마음이 내 안에 번지는 것을 느낀다.

이러한 사연 아닌 사연으로 창밖의, 지금은 가지만 앙상한 저 은행나무는 사시절 남모르는 나의 귀물이 되었다.

　또 하나는 저기 있는 오래된 문갑이다. 그러나 이것은 요새 세상에 재물 있는 사람들이 골동품처럼 꾸며서 방에 장식하는, 나뭇결이 반질반질한 문갑이 아니다. 1930년대 내가 시골 요양 중에 아버지께서 그 고장 소목장(小木匠)을 시켜서 만들어주신 시골티 나고 볼품없는 문갑이다. 더구나 지금은 서랍도 삐걱거리고 칠도 벗겨진 몰골을 감추지 않고 있다. 그러나 내게는 이 문갑이 귀물이 아닐 수 없다.

　그런데 이 문갑이 어떻게 우리 역사에서도 가장 풍상이 가열했던 60년 세월을 온전한 모양으로 오늘에 살아남아 내 책상머리에 놓여 있는지가 신기한 일이다. 그 주인이 시간(時艱) 탓으로 오래 그 곁에 있지 못한 세월이었는데도, 아마 어머니께서 다른 세간들은 다 없애도 아버지와 나에 대한 애정으로 그 덩치가 자그마한 것임을 주장하여 다른 식구들의 핀잔을 들어가며 끌고 다니셨을 듯하다. 만일 그것이 값진 골동품이었다면 살기 어려운 시절에 팔리거나 다른 방법으로 없어졌을 것이다.

　그렇게 본다면 이 문갑은 그 주인된 나와 꼭 마찬가지로 그 작고 못생김으로 말미암아 와전(瓦全)의 행이랄까 불행이랄까를 누린 것이 분명하다. 와전이란 『사해(辭海)』를 보면 '대지(大志)를 잃고 구차히 온전함'이라 했고, 또 '장부가 차라리 옥쇄할지언정 구전(苟全)할 수 없다'는 옛사람의 고사가 인용되고 있다. 그렇다면 뜻있는 자에게는 와전이 행일 수가 없다. 불행이 마땅하다고 생각하매 와전한 몸이 저 문갑을 상대하여 매양 무연(憮然)함을 금치 못한다.

지금은 누구에게도 문갑임을 스스로 주장하기 부끄러운 몰골이지만 너는 본래 무정물(無情物)이라 상실할 뜻(志)이 없으니 와전한 것이 다만 행이라고 할 것인가. 적어도 내가 사는 날까지 너는 내게 귀물로 남을 것이니 말이다.

또 다른 하나는 벽에 걸린 일편액(一扁額)이다. 옛글을 좋아하고 서격(書格)이 범상치 않은 늙은 벗이 누실(陋室)의 호를 듣고서 보내준 액자이다. 이르기를 '수졸산방(守拙山房)'. 곧 '저의 못생김을 지키고 사는 방'이라는 뜻이 되겠다.

고인은 서재, 거실이나 노니는 정루(亭樓)에 명(銘)이니 기(記)니 하여 그 주인된 이의 심회를 부치는 글을 지은 것이 있다. 그를 흉내 내는 듯하여 자못 분에 넘는다 하겠으나 벌서 오래전에 적어본, 그 비슷한 글을 아래에 옮겨본다. 한자어가 적잖이 섞인 것이 마음에 걸리지만 이제 어쩔 수 없다.

벽상(壁上)에 일편액(一扁額)

묵흔 임리(墨痕 淋漓)

가로대 수졸산방(守拙山房)

안두(案頭)에서 문득 보고

상상(牀上)에서 문득 보고

이제는 저두(低頭) 장사(長思)

저제는 앙연(昂然) 자오(自傲)

감위(敢爲)의 시대에

녹록(碌碌) 노졸(老拙)을 부끄럽다 하는가

필부(匹夫) 반생의 지(志)를

일졸(一拙)에서 지킨다고 하는가

고인은 유연(悠然)히

남산을 바래고

우주와 기맥을 통한 양했다던가

누옥(陋屋) 삼간에서

역사의 광풍노도를 듣는 양한다

어찌 다만 주제넘다 하랴

수졸산방

그 주인됨이

어찌 남몰래 대견하지 않으랴

그 주인됨이

다시금 부끄럽지 않으냐

슬픔이사

용납되지 않는다

오호(嗚呼)

수졸(守拙)도 도저(到底)하면

유종(有終)이 허락되지 않으랴

수졸도 임(任)이 되면

그 길이 멀지 않으랴

오늘도 편액을 상대(相對)하여

지그시 그 주인됨을 새긴다

수졸산방(守拙山房)

    수졸의 정신과 와전을 슬퍼하는 마음이 상반되는 듯도 하지만 내 안에서 그 둘은 표리가 되어 나란히 나의 오늘 삶을 지탱하는 셈인지 모른다.

    글 중에 임(任)은 『논어』의 다음 구절을 남몰래 염두에 두고 있다. "선비는 그 사람됨이 홍의(弘毅)하지 아니치 못할 것이니 책임은 무겁고 길은 멀다(任重道遠). 인(仁)을 스스로 소임으로 삼으니 무겁지 않으냐. 죽은 후에야 말 것이니 또한 멀지 않으냐."

　수졸을 어찌 감히 인(仁)의 자리에 놓고 생각할까마는 그래도 내게 그나마 지킬 것이 있다는 것이 구원임을 가만히 되새겨본다.

『실천문학』1995 봄, 37호.

나의 대가

대학생 아르바이트보다도 작은 사례금으로 일어 아르바이트를 9시 넘어 끝내고 한 두어 시간 전철을 타고 또 한참 걸어서 집으로 돌아오는 길이다. 집이 다가올수록 몸이 무겁고 마음도 무겁다. 자정이 가까운 시간이다.

오늘은 두어 가지 일로 마음이 몹시 울적하다. 하나는 일어 아르바이트를 한다는 일 자체에서 온다. 20여 년 전에 독일어 대입 아르바이트를 해서 푼돈을 버는 O라는 친구가 당신도 격에 없는 영어 대입 아르바이트 그만두고 내 아내(일본인이었다)를 원장으로 해서 일어학원이나 함께해보지 않겠느냐고 했다. 나는 언하에 거절했다. 말은 안 했지만 속으로 내가 이제 와서 다른 나라 말도 아니고 일본말 학원을 해서 밥 벌어먹는 것이 너무 비참한 생각이었던 모양이다.

그런데 나는 며칠 전부터 젊은 사람 몇 명을 상대로 그 일을 하고 있다. 20여 년 전에도 형여의 몸으로 나는 궁박(窮迫)했다. 마침 어느 고교에서 영어교사 하는 친구가 있어서 영어 대입 아르바이트를 구해달라고 부탁을 했다. 그러면서 영어를 전공한 일 없는 내가 이 짓이 너무 부끄럽다고 했더니, 그 친구 말이 "여보, 나는 언제 영어 전공했소? 이 어려운 시대에 무엇이든 해서 사는 것이 선(善)이요" 하던 위로가 고마웠다. 실상 영어 아르바이트는 하고 일어교습은 싫다는 말이 좀 앞뒤가 맞지 않을는지 모른다. 그러나 어쨌든 나는 일어교습은 하기 싫었다. 그런데 그 후 다시 오래 갇혔다가 나온 지금 내가 그때보다 더 궁박해진 모양이다. 나는 일어교습 제의에 선뜻 응하고 오늘 두 번째 가르치고 오는 길이다.

또 한 가지 나를 울적하게 하는 일은 나이 여든이 다 되어서 이렇게 푼돈이라도 허덕허덕 벌어야 산다는 상황이 너무나 울적하게 돌아보아지는 것이다. 울적이라기보다 비참이라는 말이 더 알맞은 듯한 심정이다. 그러나 그 너무 박절한 말이 싫어서 그저 황량(荒凉)이라는 말쯤으로 스스로 달래어본다. 마음이 그러하니 피로가 더 쌓여 온몸이 그야말로 천근만근 같다. 게다가 수개월 전부터 더욱이나 불인해진 왼쪽 다리가 유난히 저려온다. 이어서 월말 가까우니 실기해서는 안 될 제반지출이 머리를 짓누르듯 떠오른다.

나의 옥중시절부터 해오던 아내의 보험외판원 일이 이즈음에는 거의 수입이 없다. 그래도 이제는 백척간두의 집구석에 틀어박히면 정신이상이 될 듯해서 매일 아침 나간다고 푸념하면서 집을 나선다. 문득 아내가 불쌍하다는 생각이 스쳐간다. 아니, 스쳐가는 것이 아니라 마음 전체가 그 생각으로 물들어 점점 진해진다. 뿐이랴. 이 나이에 풍파 많은 세월 탓으로 오십 전후에 얻게 된, 아직 나이 어린 대학생 남매가 있다. 그리고 나에게는 일정한 수입의 길이 없다. 20년 전 예방구금 될 당시에도 꼭 이런 형국이었다. 시대는 일제 때 못지않게 엄혹해 시대적 실천에서 어찌할 바 없는 무위(無爲)의 나날이 첩첩히 고뇌로 쌓이는 중에 구복의 방도는 그날그날이 절박했다. 그래도 그때는 한 살이라도 젊었으니 뜨내기 번역이다, 대입 아르바이트다, 닥치는 대로 노역(勞役)을 할 수 있었고, 1975년 구금되기 1년 전쯤부터는 출판에 손을 대보기도 했다. 어쨌든 필사적이었고 만일 구금되지 않았으면 그런대로 생활문제가 타개되어갈 듯했다. 그리하여 연래의 소망인 학문적인 노력을 늦게나마 손대어볼 수 있었을지 모른다.

그러나 지금은 다르다. 저들은 나의 모든 노동능력을 빼앗은 후에야 세상에 내보냈다. 이제는 나이를 너무 많이 먹어서 노역으로 돈을 벌 길이 없다. 그래서 오늘 밤처럼 많지 않은 보수를 위하여 20년 전에 펄쩍 뛰었던 일어교습을 하고 돌아오는 길이다. 늙은이

답게 고전한문의 교습 아르바이트 자리나 얻었으면 해도 구하기가 쉽지 않다. 여러 가지 궁리에 마음이 무거운 중에도 이 밤길은 더 무겁다.

예방구금 전에 생각했던 학문적인 노력은 고사하고 내 지나온 날을 돌아보고 무엇을 끼적이는 일도 무망한 일이 되어간다. 그래도 한 2년 전 다리가 불인해지기 전까지는 새벽에 산 밑 약수터에 물 길러 갈 때는 이렇게 혼자 걸어가면서 어두운 산등 보고 하늘 보면서 마시는 맑은 아침 공기 속에 시대와 사상에 관한 골똘한 생각에 잠기는 때도 있었건만, 이 시간처럼 육체적인 피곤은 마음을 그저 어둡고 무겁게만 하는 모양이다.

거의 집에 다 왔다. 다니는 사람이 없는 텅 빈 골목길에 들어섰다. 그때 문득 스스로 중얼거리는 소리를 듣는다. ― 그래, 이것이 내가 이 시대를 사는 대가(代價)이다. 내가 이 시대를 사는 데 지불하는 대가. 그렇다. 비록 이렇다 할 투쟁과 성취가 없었다지만 어찌되었든 이날까지 이 땅의 역사적 삶에 깨어서 살아온 대가가 아니겠느냐. 누구나 한세상을 사는 데 대가가 없을 수 없다. 나라고 그 대가의 지불 없이 일생을 살 수 있었겠느냐. 나는 이러한 모습으로 한 시대를 사는 대가를 지불하고 있는 것이다. 아니, 나뿐이랴. 어머니는 나 같은 아들을 두어 일평생 고통과 슬픔을 겪으면서 당신의 대가를 지불하고 가셨다. 내 아버지, 내 아내, 내 자식들이 다 나 때문에 고통하고 슬퍼하면서 그렇게 사는 대가를 지불하고 있는 것이다. 옥중에서도 그들에게 나는 모진 마음으로 그렇게 생각하고 살았다. 사람들은 팔자소관이라고 말할지도 모른다. 어머니는 아마도 그렇게 치부하고 고통과 슬픔을 견디셨을 것이다. 그러나 나 자신은 그것을 팔자소관이 아니라 내가 스스로 선택한 삶에 대해 지불하는 대가라고 여긴다. 한 인간이 한 시대를 자신의 신조에 따라 산다는 것이 누구에게나 차례 가는 삶일까. 그러한 삶을 사는 데 대가 없이 얻어질 수는 없다. 그래서 나는 그 삶에 대하여 이렇게 대가를 지불하여 그 삶이 진정 내 것임을 스스로 확인하고 있는 것이다. 비록 고통의 대가이고, 내 사랑하는 모든 생명들의 고통과 슬픔의 대가라고 해도 나는 슬프지 않다. 고통이야 어쩔 수 없지만 슬퍼할 이유는 없는 것이다. 도리어 의무를 다하는 자의 든든함이 있어야 한다.

 이런 생각 속에 차차 마음이 가라앉는 듯하다. 그래, 나는 유년 시절 이래로 저도 모르게 그러한 삶을 지향했던 것 같다. 이제 사는 날이 많이 남지 않았으므로 아마도 그 다짐을 끝내 지키고 죽을 수 있을 것이다. 오랜 세월을 내 나름으로 싸워서 살아온 삶이 유종의 미를 거둘 시간이 다가오고 있다.

 천천히 땅을 다지듯이 발을 옮기며 나는 조금은 피로를 잊은 듯하다. 마음도 천천히 밝고 가벼워진다. 나는 이렇게 나의 삶의 대가를 에누리 없이 지불하려는 용기와 떳떳함을 되찾아가고 있는 듯하였다.

얼마쯤 그렇게 걸었다. 그러다 또 저도 모르게 다른 생각이 피어나기 시작했다. — 그래, 네가 네 대가를 지불하고 있는 것은 대견한 일이다. 그래서 네가 스스로 위로를 받고 있는 것도 허물하지 않는다. 그러나 너도 듣고 보아서 알고 있지 않느냐. 이 시대를 사는 데 너보다 더, 아니 비교할 수 없을 만큼 크고 고통스러운 대가를 지불하는 벗들이 있지 않더냐. 그러니 네가 그렇게 터놓고 위로에 안주하는 것은 분에 넘지 않느냐.

나는 그런 벗들을 많이 알고 있다. 이 순간 불현듯이 떠오르는 것은 6·25 때 서울 아닌 수원감옥에 있었기 때문에 학살된 K와 J 두 다정했던 벗들과 그 삶들. 또 이번 청주감호소에서 들은 이야기로, 산에서 살아남은 어느 농촌 동지가 마을에 공작 나왔다가 자기의 거처를 대라는 수색대원의 광포한 고문을 견뎌내시는 어머니를 은신처에 숨어 눈앞에서 지켜보면서도 공작 임무와 조직의 보위를 위해 나서지 못하였을 때, 그리고 그 후 어머니의 죽음을 들었을 때 그가 지불한 대가. 그리고 이와 비슷한 많은 동지들이, 거의 인간성이 한계를 넘는 고통과 슬픔의 대가를 생각하게 된다. 뿐이랴. 요즘에도 내 주위에서 사람답게 살리라는 인간의 위엄을 지키기 위하여 내가 모르는 젊은 벗들이 지불하는 대가를 목도하고 있다. 고귀한 죽음들, 자기희생적인 양심선언들, 순결한 대중투쟁 대오의 히로이즘.

그렇다. 내가 이 시대에 지불하는 대가는 그 무게에 의해 위로를 받기에 충분히 큰 것이 될 수 없다는 것을 되새겨야 하겠다. 그러나 지금 어쩐지 그 생각 때문에 언제나와 같이 부끄러워지지 않는 것은 신기한 일이다. 도리어 그 무게에 있어서 작은 것이지만 그들이 이 시대에 지불한 대가 더미에 나의 것도 함께 쌓여 있다는 것이 이 순간 나의 황량한 마음을 어느 만큼 달래주는 것을 허용하면 어떠랴. 나의 대가가 시대를 전진시키는 데 설령 실질적인 보탬이 안 된다 해도 그 안에 감추어진 역사에 대한 올바른 소망, 그것만이라도 내가 이 대가를 끝까지 계속해서 지불하는 이유가 되지 않으랴. 그리고 나 같은 작은 소망들이 쌓여 한 시대의 소망이 되지 않으랴.

문득 엉뚱하게도 먼 나라에서 이러한 소망들이 이루어낸 인류사적 성취가 무너져 내리고 있는 것이 쓰라리게 떠오른다. 그 인민들의 70년 투쟁이, 아니 수백 년 인민들의 고통과 소망이 이루어낸 성취가 거의 파멸적인 시련 속에 있는 듯하다. 바로 그 성취의 해에 태어난 나는 늘 그러하듯이 남다른 분한 생각에 잠긴다. 그리고 그 분함만큼이나 내가 조국의 이 시대를 사는 작은 대가와 소망이 그들의 소망과 무관하지 않다는 것이 이 순간 내 마음에 뜨거운 감동을 주고 있다. 나의 조국과 나의 삶이 인류사의 그 큰 흐름 속에 있다는 청년시절의 장엄했던 감동을 회상시킨다. 지친 걸음은 여전하지만 마음은 생기를 되찾은 듯한 정신의 고양을 느낀다. 젊은 날에는 민족과 인류사에 대한 순결한 갈망이 오늘 내가 목도하는 파멸적인 역사의 시련을 몰랐다고 한다면, 그러한 고양이 아니라 지금 그 시련에 대한 뚜렷하고 깊은 인식과 자각에 의해서 도리어 진정 생동하는 정신의 고양을 느끼는 듯하다.

  나는 원래 자신에게나 남에게나 큰소리하는 사람이 못된다. 그러기에 지금 이 순간 지친 몸으로 심야의 골목길을 걸어가며 느끼는 이 고양된 정신의 언저리에 서 있는 자기를 느끼는 것은 결코 에누리거나 자기기만의 허세일 수 없을 터이다. 스스로 다짐하듯이 천천히 발을 옮긴다. 나의 대가에서 돌아오는 작은, 그러나 탄탄한 나의 보람이라고 챙기고 싶은 마음이다.

1993. 2. 24.

임종의 병실에서

그가 위독하다는 전화를 받았다. 나 자신 무겁고 불편한 몸을 일으켜 최후의 순간을 헤매는, 오랫동안 함께 옥살이했던 동지의 병실을 찾았다. 의사의 말이 오늘을 못 넘길 것이라고 했다고 한다.

병상에 다가가서 까부러진 그의 귀에 대고 아무개가 왔다고 소리쳤다. 뜻밖에 알아듣고 손을 움직여 내 손을 찾는 듯했다. 얼굴이 거의 그대로 해골이라고 할 만치 살이 붙어 있지 않다. 손을 잡고 나서 팔을 환자복 위로 더듬으니 그야말로 장작개비 같은 뼈가 만져진다. 맥을 짚어보니 생각보다 아주 무력한 것 같지는 않으나 간격이 일정치 않다. 산소호흡기를 끼고 있는데, 먼저 왔을 때 보이던 링거는 꽂고 있지 않다. 본인이 한사코 싫다고 해서라고 했다. 무슨 생각에서일까. 말인즉 주사바늘을 꽂고 있는 것이 불편해서라고 했다는데 혹시 스스로 죽음을 짐작하고 그만두라는 것 일까.

　요전에 왔을 때도 있던, 아직 학생티가 가시지 않은 두 처녀가 공손히 그를 돌보고 있다. 꼭 효성스러운 손녀같이 정성스럽다. 사실 요즘 세상에 친손녀라 해도 이렇게 여러 날 밤낮으로 할아버지 병구완하기란 쉽지 않을 터이다. 몹시 가래가 고여서 고무줄로 뽑아낸다고 하면서 입가에 흐르는 것도 병상머리에 서서 쉴 새 없이 휴지로 걷어내고 있다. 그 모습이 경건하기조차 하다.

　환자와는 별로 할 이야기가 없다. 또 들으라고 이야기할 형편도 아니 된다. 할 이야기가 있다면 하직 인사인데 그것을 어떤 식으로 하랴. 곧 떠나가는 사람이라고 내놓고 하직 인사를 할 수도 없는 일이다. 내 보기에도 오늘 밤을 못 넘길 것 같은 동지에게 무엇을 말하여 생사를 가르는 이 순간을 채우랴. 말없이 지켜보고 또 아까도 만져본 팔과 다리의 뼈를 어루만지고 서 있었다. 환자가 어쩐지 그것을 싫지 않게 느끼고 있는 것이 느껴진다. 그것이 나의 마음을 또 좀 위로해준다. 내가 이 죽어가는 벗의 육체와 내 육체를 맞닿게 하고 있다는 것이 서로의 애정이 확인되는 듯하여 위로가 되는 것이다.

　그러는 중에 마침 어느 단체의 젊은 여성 몇 명이 문병을 왔다. 병상에 다가와서 지켜보다가 맞은편 곁에 서 있는 나를 보고,

이 어른이 어떤 어른이냐고 가만히 묻는다.

"글쎄요. 그것을 여기서 어떻게 이루 말할 수 있겠소."

그러나 순간 나는 문득 입을 열고 있었다. 그것은 마치 그 여성들에게 말하는 형식으로 벗에게 나의 하직 인사를 들려주는 마음이었다.

"이분은 한마디로 군자였지요. 내가 옥 안팎에서 만난 많은 동지들 중에서도 군자였지요. 여러분들은 군자라는 말을 아시오? 나이는 나보다 두어 살 아래이지만 나는 이분을 늘 군자로서 존경하였소. 첫째, 말이 적고 자기 의견을 쉽게 내놓지 않지만 언제나 진정 보아야 할 것을 잘 보고 있었고, 그의 생각은 여러 동지들 중에서도 언제나 정통을 좇는 광명정대한 것이었지요. 사상적으로도 말재간이나 꾸밈을 모르는 요지부동의 자세였지요. 그 점에서는 여러분도 잘 아시는, 최근에 북으로 송환되어 남북천지에서 정치적 사상적 순결성을 끝까지 지켜낸 영웅으로서 칭송되는 분에게 추호도 못할 것이 없는 출중한 분이지요."

실상 북으로 송환된 동지는 1950년대 중반 부산서 함께 징역살 때 어떤 생각이었는지 전향하고 출역하는 바람에 젊은 동지들 사이에 동요를 막느라고 고심했던 일을 상기한다. 다시 들어와서는 자기를 지켰기 때문에 문제될 것이 없다지만 사상적 순결성에 대한 것이라면 오늘, 세상에 알려지지 않고 마지막 순간을 보내고 있는 이 동지야말로 그와 같은 영웅의 칭송을 소리 없이 드리고 싶은 마음이 간절하였다.

"이분은 내가 알기에 늘 자기를 낮추는데 우리들 중 누구보다 수양된 분이고, 그 점에서 희귀하게 강한 의지의 소유자였지요."

나는 젊은 여성들에게 말하기보다 이 동지가 스스로 들어주기를 원하면서 좀 소리를 높여 말하고 나서 말을 멈추었다. 사실 눈 감고 숨넘어가는, 가래가 끓고 잘 들리는지 어떤지도 알 수 없는 죽어가는 친구에게 더 많은 말을 할 수 없고, 또 어느 의미에서는 들려주고 싶은 이야기가 그것이 전부라고 할 수도 있었다.

그러나 그가 나의 다하지 못한 이런 말을 듣고 생애 마지막 순간에 생애의 가치를 뚜렷이 확인하고 기쁨과 위안을 얻기를 진심으로 바라는 마음이었다. 또 그것은 감옥에서 만나 뜻을 같이한 나의 최후의 작은 정성이라 할 수 있었다. 또한 감히 나의 입을 통하여 우리 인민과 조국이 그에게 보내는 칭송이라고 들어주었으면 하는 마음이었다.

나는 1975년 감호처분으로 처음 만난 그에게 피차 독거의 처지라 많은 만남을 갖지 못했으나, 오래 그런 곳에 사노라면 이상하게도 함께 숨 쉬는 공기에 묻어나는지 피차의 마음과 삶의 모습의 모든 것을 알게 된 듯이 느껴진다. 그러나 그의 가정 사정에 대해서는 마침 깊이 알지 못했다. 다만 우리가 함께 같은 옥에 사는 십수 년 동안 그는 가족과 연락이 거의 없다시피 하였다. 편지도 없고 접견도 없고 영치금도 없는 듯했다. 그러나 가족이 없는 것이 아니었다. 아들도 둘이나 있고 딸도 있고 아내도 동기간도 있었는데 그렇게 관계가 단절된 것이다. 그리고 지금 이 마지막 병상에서도 그들과는 관계가 단절되다시피 하고 있다. 가족들 어느 누구도 병상 곁에 없는 것은 물론, 연락을 해도 운명을 지켜보려고 오지도 않는다. 동생은 제법 잘 살고 자식들도 지낼 만은 한 모양인데도 말이다. 나는 오늘밤을 넘기기 어렵다는 그를 지켜보면서 비록 그들이 모두 패륜의 인간들이고 가증스럽기 짝이 없지만, 그래도 본인은 마지막 한 번이라도 그들을 보고 미움이든 애정이든 원망이든 죄책이든 무엇인가 말하고 싶은 것이 있을지 모른다는 생각에 다시금 가족들을 오게 해주었으면 하는 생각이 간절했다. 물론 그를 돌보는 친구들도 할 수 있는 노력을 다해본 것은 사실이고 그래도 오지 않는 사람들을 어찌할 수 없고 또 지금 저 상태에서 와본들 무엇을 어찌 하겠느냐, 본인도 보기를 원하지 않는다는 의견이다. 그래도 나는 천륜의 정은 그것이 아닐지도 모른다는 미련이 남아서 여럿이 그에게 다가가서 다시 의사를 물어보기로 했다.

"누구 보고 싶은 사람 없어요? 아들 보고 싶지 않아요? 할머니 보고 싶지 않아요?" 하고 큰 소리로 귀에 대고 한 친구가 소리치니 그는 다만 입가를 움직여 그 뜻이 없다는 표시를 한다.

이것을 보는 나는 이 일가족의 비극적인 비인간화의 모습에 다만 암연(暗然)한 심정으로 입을 다물고 있었다. 일흔이 넘는 노구의 형여의 아비와 지아비가 죽는다 해도 오지 않는 자식과 아내나, 또 그들을 마지막 순간에도 보고 싶지 않다는 것이 진심이라면 그 자신의 마음이 얼마나 참혹하게 인간성이 손상된 것이냐. 어찌하면 인간성의 상실이 이 지경에 이르렀느냐, 이어서 그들을 이에 이르게 한 자들에게 생각이 미치니 비참한 중에도 분노가 새삼스럽게 가슴을 채운다.

그들은 40년의 시대의 고난을 사는 동안에 서로에 대한 애정과 인륜의 소중함을 서서히 저버리도록 권력에 의해 강요당한 것이다. 그의 옥살이 40년 동안에 젊은 아내와 어린 아들은 그 사무치는 고통에 아비와 지아비를 원수로 알게 되었다. 형언할 수 없는 반공 공포의 시절이 지나 이제는 전향만 하면 나와서 함께 살 수 있다는데, 저들로서는 절대로 이해할 수 없는 비전향을 고수하여 저들을 비탄과 세인의 쓰라린 냉대 속에 내던져두고 추호도 돌아보지 않는 아비와 지아비에 대한 원한이 생존을 위협하는 고통 속에 더욱 사무쳤을 것이다.

뿐만이 아니다. 그래도 초기에는 열심히 면회도 오고, 와서는 원한이든 위로든 주고받던 이들을 감옥 당국은 전향 공작을 위하여 어떻게든 그들을 갈라놓는 비인간적인 처사를 감행하였다. 비전향자는 나라의 원수이니 당신들에게 해로울 것이다. 그러니 다시는 면회 오지도 말고 편지도 하지 말고 돈도 보내지 말라고 위협했다. 오늘 죽어가는 이 친구의 가정도 그 공작의 희생이 되었다는 것을 증명하는 사실들은 본인에게서 나는 직접 들은 적이 있다. 더구나 사업으로 성공한 아우가 집안을 주름잡게 된 후로 철저한 반공 입장에서 비전향의 형과는 철천의 원수처럼 되어 가족들에게 관계 단절을 강요했다고 한다. 일제 때에는 시골 농촌에서 사범학교를 나와 학교 선생 노릇을 하는 형을 세상에 없는 형처럼 우러러보던 것이 그리 되었다고 그는 어느 때 나에게 말했다.

또 나는 그의 딸에 대한 애틋한 회상을 잊지 못한다. 1950년대 어느 겨울 서너 살 되는 딸을 업고 아내가 면회 왔을 때, 어린 딸이 작은 손에 사과를 쥐지 못하고 손을 오그리고 있던 모습이 눈에 선하다고 했다.

결국 이 육친의 지정, 부부애정, 형제우애, 집안이 돈독한 이 원래 충청도의 전형적인 순후한 인간들이 참혹하게 인간성을 상실한 것은 크게는 시대의 비극이고 가까이는 당국의 악랄한 전향 공작이 그 주범임이 분명하다.

이러한 인간성의 상실은 다만 이 친구와 그 가정에 한정되지 않는다. 이렇게 본인이나 가족들이나 오래도록 힘겨운 가난 속에 살아온 끝에, 만나서도 따뜻한 정 대신에 환멸과 원망으로 냉담과

적의 속에 사는 것을 보면 누구도 일방적으로 비난할 수 없는 만큼 그것은 더욱 비극적일 수밖에 없다.

그리고 지금 이렇게 한 동지가 비록 오래 고통을 함께한 친구들의 마음속에 귀중한 삶으로 남아 있지만 외로이 소리 없이 생애를 마감하고 있다.

환자에게 무슨 의학적 처치를 한다고 해서 병실 밖으로 나와 복도의 벤치에 멍하니 앉아 이런 생각에 잠기는데 그 간호하는 색시가 내 곁에 앉는다. 고마움을 다시 표시하면서, 벌써 여러 날이 되었는데 좀 교대를 해야 할 것을 그렇게 안 되는 모양이냐고 물었다. 그렇게 해서라도 내 미안한 마음을 알리고 싶었던 것이다. 그런데 이 건강하고, 임종의 병실에서도 늘 조용한 중에도 어둡지 않은 낯빛의 그녀 입에서 참으로 나를 감동시키는 말이 건네왔다.

"아니 교대할 사람이 없어서 그런 게 아니에요. 제가 하고 싶어서 교대하지 않는 거예요."

그녀는 죽어가는 나의 벗을 사랑하고 있는 것이다. 그를 최후까지 돌보는 것이 그녀를 행복하게 한다는 것일까. 내가 그 후에 다른 친구에게 들으니 나의 벗도 그녀가 곁에 없으면 찾는다고 한다. 10여 일 전까지 서로 알지 못하던 이들은 이렇게 해서 진정 사랑하는 할아버지와 손녀가 된 것이다. 어쩌면 그 이상의 것이 포함되어 있는 사랑인지 모른다. 그녀는 말하지 않지만, 이 할아버지에 대한 그녀의 사랑에는 늙은 혁명 전사에 대한 사랑이 포함되어 있음을 나는 안다. 그녀는 학생운동을 했고 졸업하고 나서는 어느 노동 단체에서 출판물의 편집을 도와주다가 조직이 개편되어 지금은 새로운 일을 위해 쉬고 있는 중이라고 했다. 이렇게 나의 늙은 벗은 가고 어린 벗은 자라고, 하는 것이 역사의 모습이라는 생각에 나는 새삼스러이 감동에 젖었다. 죽어가는 친구와, 그리고 나이가 너무 많은 나 자신의 삶이 젊은 그들의 삶에 이어지고 있다는 생각에 한참이나 그 자리에 머물러 떠나고 싶지 않았다.

1993. 6. 7.

어느 날의 일기

지난 5월 말 어느 날 저녁, 나는 한 선생의 서예 개인전 개관에 참여했다. 선생과는 옥중에서 만나지 못해 안면은 없으나 오래 그곳에서 지낸 분이고 전시회에 가면 다른 선생들도 만나게 되리라 반기는 마음으로 회장에 들어섰다. 주인공 선생에게 축하인사를 하니 근후전실한 인품이 곧 옛 벗과 같은 편안함을 느끼게 한다. 이윽고 만당하객을 이루었는데, 예상한 대로 서로 아는 옥중 동지들도 많이 눈에 띄었다.

주련(柱聯)과 액서(額書)로 된 정성스러운 글씨 수십 점을 돌아보니 범상치 않은 서격(書格)에 곧바로 깊은 감명을 받았고, 사체(四體)를 겸수한 적공이 자못 놀라웠다. 뿐만 아니라 그 글귀들이 하나같이 좋고, 피차의 지난날 삶을 염두에 두고 새겨서 보니 모두 쓴 이의 오늘의 마음자리를 그윽하게 알게 하는 듯, 미덥고 정다운 마음을 금치 못하였다. 오늘 우리가 비록 이렇게 턱없이 나이 먹고 세계는 우리가 젊은 날 그리도 갈망하던 모습과 어느 만큼 같은지 다른지 분분한 논의들이 무성하니 그야말로 선생의 서제에서 보이듯이 '임중도원(任重道遠, 책임은 무겁고 길은 멀다)'의 감이 새로운데, 그래도 이만치 서로 마음과 뜻을 오로지하여 역사를 믿고 오늘을 산다는 것이 스스로 대견하게도 느껴지는 시간이었다.

8시쯤 아직 회장에 많은 사람들을 남겨놓고 그곳을 나왔다. 밖은 어두웠다. 전시장 오른쪽으로 지금은 묘하게도 박물관으로 쓴다는 옛 총독부 건물이 보이고, 삼청동으로 올라가는 길모퉁이에서 내가 타고 갈 안국동 전철역까지는 인적이 뜸하고 가로등 불빛도 드문드문 있는 길이었다.

문득 적적한 길 탓인지 마음이 그늘지는 것이 느껴진다. 그러면서 옛일이 회상되는 것이다. 나도 일고여덟 살 때 아버지가 시키시는 대로 큰 붓글씨를 썼다. 해강 김규진이라는 이가 만든 검은 글자에 흰 뼈대처럼 가늘게 운필하는 법을 새긴 필첩으로 연습을 시키셨다. 황자원이 임서한 '구양순서 구성궁 예천명'을 두서너 번이나 임서한 기억도 되살아난다. 아버지께서 붓글씨는 해서로 필력을 단단히 닦아 놓아야 한다고 하시면서 사람이 사는 데에도 해서처럼 단정히 살아야 한다는 말씀까지 하신 것이 생각난다. 그 후 중학교를 나오면서 아버지 밑에서 글씨 공부할 기회가 없어졌고, 스무 살 이후 나의 삶 속에는 글씨 공부가 비집고 들 겨를이 없는, 내 나름의 질풍노도의 세월이 있었다.

그러다가 1960년대에 마흔이 훨씬 넘은 형여의 몸이 되었을 때, 생활에 얽매어 정신이 없는 중에도 문득 붓글씨가 쓰고 싶어졌다. 그래서 정초나 내 생일이나 이름 가진 날에는 오랜만에 큰 붓과 화선지를 대하여 다른 서체는 모르고 해서만으로 마음에 새기고 싶은 글귀를 몇 장씩 써보는 일을 했다.

다시 육십이 다 된 나이에 감호처분이라는 것을 당하고 나니 정말 옥중에서 할 일이 없었다. 젊은 날 열정적으로 읽은, 진정 보고 싶은 책들은 옛 애인 그리듯 간절하게 보고 싶을 뿐 이루지 못할 소원이었다. 그 밖에 그나마 볼 만한 책도 저들은 이러니저러니 하여 넣어주지 않았다. 그러니 읽을 책이 없었다. 별 짓을 다하며 소위 투쟁을 해보아도 종이와 연필은 넣어주지 않으니, 오가는 심사를 끼적여 풀어볼 길도 없었다. 정신생활은 늘 허기진 창자처럼 비어서 자양분을 구해 허덕였다.

그래서 나도 서예를 해보자는 욕심을 냈다. 이것은 직접 사상생활의 표현도 아닐 뿐더러 1975년에 대전교도소에 수감되어보니 어떤 사람들에게는 당국에서 서예반이라는 것을 만들어주어서 서예 공부를 시키고 소내 전시회까지 여는 것을 보았기에 허가되리라고 믿었다.

그러나 오랜 기간 요구하고 탄원하고 투쟁해도 역시 내게는 안 된다고 했다. 비전향이라는 것이 그 유일한 장애조건임은 다시 말할 것이 없었다. 청주보안감호소는 수용인원이 적고 비교적 한가한 곳이라 저들이 마음만 있으면 일주일에 한두 번 교화과로 불러내어 저희들 감시 하에 붓글씨 공부를 시킬 수도 있었을 것이다. 만일 그렇게만 해주었더라면 나도 오늘 전시회를 한 분을 비롯해, 작년 겨울 합동 서예전시회를 했던 여러 사람들처럼 일가를 이룰 정도는 못되더라도 혼자 쓰고 즐기며 감회를 부칠 정도는 되었을지 모른다는 생각을, 이 밤에 어둔 길을 혼자 걸으며 생각하니 얼마쯤 적막함이 스쳐간다. 결국 나는 그 안에서 성취한 것이 무엇인가. 그나마 붓글씨라도 공부했으면 스스로 위로도 위로려니와 지금 서예숙이라도 내어서 생활의 곤경을 타개하는 데 보탬이 되지 않았을까 하는 생각조차 스쳐간다. 그렇다고 붓글씨 공부하자고 전향할 수는 없는 일이었다. 그 안에서 저들이 비전향을 이유로 강요하는 최악의 차별처우가 투쟁의 대상이지만 동시에 그 최악의 차별조건에서 견디며 사는 것이 도리어 떳떳함이요 희열이기도 했다. 그것은 그 어린 시인의 시구처럼 '한점 부끄러움이 없는 삶'을 위해 지불하는 최소한의 대가인지도 모른다고 생각되었다.

그렇게 생각하고 살아온 내게 이 시간 머리를 수그리고 어두운 길을 걸으며 스쳐가는 이 적막함은 무엇인가. 사념이 이어지는 것은 다만 서예의 경우만이 아니다. 젊은 시절 다행히 시대와 역사에 눈 떠서 보잘것없는 행보이나마 조국의 역사가 옳은 방향으로 달리는 대열 끝에 섰다. 그러나 헛되이 옥살이에 묻히는 동안에 많은 세월과 가난한 재능을 탕진하고 아무 성취 없이 지금은 역사의 구경꾼처럼 되어 생애 마지막 시간을 경과하고 있다. 세상에는 많은 훌륭한 분들이 이 순간 이 땅의 역사가 요구하는 바를 위해 정성과 힘을 다해 삶을 불사르고 있는 것을 본다. 참으로 귀중한 젊은이들이 있고 나와 비슷한 시대를 살아온 노년의 인사들도 있다. 외람되이 그들과 견주어 스스로 부끄럽고 죄스럽게 생각하는 것은 당연하거니와 이제 이 스쳐가는 적막은 무엇인가. 턱없이 학문을 사랑하고 아주 게으른 것도 아니었건만, 성취 없는 적막은 마찬가지이다.

 소스라쳐 생각하기에 아마도 이는 내게 사심이 있는 것이리라. 전에도 사심이 전혀 없었다고 하고 싶지만 장담할 수 없다. 다만 전쟁과 옥중처럼 저들과 너무나 사나운 대치 속에 생활하고 또 마음이 외곬으로 가던 시기는 미처 그것을 자각할 겨를이 없었는지 모른다. 그렇다면 나의 생애 최만년에 이렇게 스쳐가는 사심의 정체는 무엇인가. 지금도 내 이름과 직접 결부되는 무엇을 가지고 싶다는 말인가. 어떠한 성취를 가지고 싶다는 말인가. 가령 붓글씨든지, 글이든지 아니면 무엇이든지 그러한 것들 말인가.

젊은 날에는 자기실현의 대망이라고 불리는 것을 가져보았다. 그러나 진실로 고매한 자기실현의 갈망이라면 그 '자기'가 반드시 자기 이름과 직접 결부되는 성취일 필요가 있을까. 역사의 한 시대, 한 인민의 전체 성취 속에 묻혀 있는 자기실현─그것이면 어떠한가. 원래 민중이 역사 속에서 자기실현 하는 모습은 그러한 것이 아니었던가. 나의 삶이 그러한 민중의 삶의 하나이면 어떠한가. 스쳐가는 적막은 역시 어쭙잖은 지식분자의 사심일 수밖에 없다.

위태로운 일이다. 잘못하면 내가 그나마 강의(剛毅)하게 거두어 잡고 있는 무엇이 볼품없는 몰골로 전락할지도 모를 일이다. 나의 지난날 옥중을, 사람들은 고난이라고 하지만 (어느 의미에서 가장 자유로운 정신으로) 외곬으로 지키던 나의 뜻, 나의 조국, 나의 세계를 사는 날까지 한 티끌 사심 없이 놓치지 않고 지키리라고 가만히 다짐해본다. 그러한 속에서 이 시대, 이 민족, 이 세계에서 일어나는 좋고 나쁜 모든 진실에 대해 어느 하나도 외면하지 않고, 얼버무리지 않고, 자기기만하지 않고, 양심을 건 대결을 통해 청년처럼 감동하고, 기뻐할 것을 기뻐하고, 분노할 것을 분노할 것이다. 비록 나가 싸우지는 못해도 마지막 지킬 자리를 결코 물러서지 않으리라는 남모르는 다짐이 혹시라도 나를 역사의 구경꾼이라는 이름에서 건져내줄까. 적막을 가시게 해줄까. 비록 역사의 전진에서 전위는 못될망정 생애 마지막 날까지 대열 끝에서 현역의 정신으로 살리라는 다짐으로 돌아가는 중에 무엇에서 풀려나듯 마음이 좀 편해지는 것을 느낀다. 적막이 가시는 것을 느낀다. 크든 작든 모든 사심은 정신의 자유를 잃게 하고 가난하게 하는 장본인이라는 말은 역시 옳은 말인가 보다.

그러나 아마도 나는 가다가 스쳐가는 적막함에서 아주 자유롭지 못할지 모른다. 슬픈 일이지만 만일 그것이 나의 이 남모르는 서슬 푸른 다짐을 더 서슬 푸르게 일깨우는 양념이라면 스쳐가는 이 적막함을 잠시 눈감아줄 수 있을까. 아니면 눈매를 찢고 마지막 그림자까지 내 가슴에서 씻어내야 할까. 여운이 이어지는 사념 속에 어느덧 내가 탈 전철역에 왔다. 전철 안에 앉아서 신문을 펼쳐드니, 나는 곧바로 늘 그러하듯이 거기 어떤 거짓이야기가 있는지, 어떤 진실이야기가 있는지 먹이를 후리는 맹금의 눈초리가 되어 지면을 훑는 데 나를 잊고 있었다.

1992. 6. 20.

참 좋은 날

해가 가고 해가 오는 이때쯤이면 노년의 사람에게는 생각을 안 해서 그렇지 생각을 하기로 말이면 가슴에 떠오르는 사람들이 한이 없다. 어머니를 생각할 때는 여든에라도 갓난아이가 되어 그리움이 솟고, 40년 넘게 먼 곳에 두고 못 보는 자식을 생각할 때는 지금도 어린것처럼 애틋하다. 간난의 시대를 함께 살다가 먼저 떠나간 벗들을 생각하면 소스라쳐 나는 누구인가를 다시금 스스로 되묻게도 되고, 근년에 새로 사귄 젊은 벗들의 이름이 떠오를 때는 요즘은 어찌 살고 있는지 궁금해지기도 한다.

그러나 나는 오늘 이 다정한 사람들을 모두 그만두고 이 한 사람을 생각하기로 했다. 무슨 글을 쓰라는 부탁을 받고 안 하던 일이라 망설이다가 부수가 많지 않은 조촐한 소식지라기에 알고 지내는 사람에게 사사로운 편지 쓰는 마음으로 무엇인가 쓰려는 참에 문득 이분이 떠오른 것이다. 그리고 곧 나라 안팎과 내 삶 안팎이 함께 어지러운 이 세밑에 그를 생각하는 것은 하나의 축복이라는 생각을 한다.

그는 1991년 5월, 겉으로는 또 한 번의 무위로 지나간 이 땅의 처절한 몸부림 속에서 스스로 불태워서 스러진 이정순 여사 그 사람이다. 사실 나는 당시 신문에서 본 그의 사연을 깊이 알지 못했다. 어쩌면 하도 놀라운 일들이 많이 벌어지는 때라 그에게 미처 깊은 주의를 돌리지 않은 탓인지도 모른다. 송구한 일이었다. 그러다가 그해 6월 말께 옥중 동지 김광길 선생의 추도식이 왕십리 천주교회 별채에서 있을 때 우연히『정의』15호를 보고 비로소 그 사연을 자세히 알게 되었다. 너무나 간절한 기도와도 같고 또는 짓밟힌 삶의 한풀이와도 같은 그분의 희귀한 감동적인 글귀들을 접한 것이다. 나는 곧 조국과 민중에 대한 그분의 지극한 사랑과 헌신의 정성, 고통스러운 삶 자체를 통한 올바른 역사의 통찰과 그에 부치는 거의 종교적인 경건한 소망에 깊이 감동하여 우리는 마음의 깊은 곳에서 서로 남남이 아니라는 심정을 금할 수 없었다. 교외의 사람으로서 외람된 일이지만 짐작하기에 신앙적으로도 범상치 않은 자리에 있는 영혼임을 직감할 수 있었다.

그래서 나는 평소 알고 지내는 어느 젊은 출판인에게『정의』편집자와 연락하여, 그분의 글귀를 더 수집해서 책으로 내 더 많은 사람이 볼 수 있게 되었으면 좋겠다고 열심히 권고했다. 그러나 관심을 보이는 듯싶더니 흐지부지되어 지금도 못내 애석함이 가시지 않는다.

이제 40제(題)쯤 되는 글귀 중에서 몇 제를 여기 옮겨보려 한다. 이 글귀들을 이른바 시인의 안목으로는 어찌 말할지 알 수 없다. 하지만 그것이 이른바 시가 아니고 그냥 단장(斷章)으로 치부되어도 그 고귀한 빛은 가려질 수 없을 것이다. 지면이 없으니 비교적 짧은 것들을 고를 수밖에 없는데, 이것을 취하고 저것을 남길 때 내 마음이 아플 정도로 하나같이 고귀하고 영롱한 영혼의 사랑과 슬픔의 숨결이 느껴지는 글귀들이다. 구절을 끊는 자리는 『정의』에 실렸던 그대로인데 왜 거기서 끊었는지 모를 곳도 없지 않다.

축제의 날
축제를 마음에 열으소서 / 축제를 마음에 닫으소서 / 축제를 마음에 펼치소서 / 축제를 마음에 나누소서 / 내 가까이 한 발짝 더 가까이 / 축제의 날 오소서 / 내 가슴으로 오소서 / 이런 날이 오소서 (1988)

나무야 나무야

너는 언제 남들처럼 / 잎사귀 피니 하였더니 / "나는야 나는야 / 한 발짝 더 가까이 / 아주 가까이 다가옴이니 / 더 크고 더 많이 피고파 / 늦으오니 / 잊지 말고 날 보아주소서 / 그때 나의 멋을 알으소서" / 하더라 나무야 나무야 / 너는 아직도 잎사귀 피지 / 않니 하였더니 / "나는야 나는야 깊고 깊은 마음이길래 / 늦게 피어 넓은 그늘 만들어 / 늦게 지려하오" 하더라 (1988)

내 한 몸 무게보다

슬픈 일이로다 내 나라가 어지러워 / 아픈 가슴이 우루누나 / 이 한순간들이 어느 곳으로 모으기 / 원하는고 / 깊고 넓은 높은 뜻에 / 이르려나 / 이르소서 충혼의 영령들이시어 / 내 사랑하고 애국하는 마음이 비록 작은들 / 내 한 몸 무게보다 더 하리라 (1988)

통일로 가는 나라

오고 싶을 때 물길 따라 오는 나라 / 가고 싶을 때 꽃길 따라 가는 나라 / 부르고 싶을 때 언제 어느 때나 부르고 / 손짓하는 나라 / 막히지 않는 나라 / 벽이 없는 나라 / 서로 나누는 나라 반기는 나라 / 좋아하는 나라 사랑하는 나라 / 서로 모이고 자랑하는 나라 / 이 산 저 산 산보하는 나라 / 부모 형제 자매 친구 맺힌 마음 풀어주는 나라 / 서로 알려주고 깨달음 받는 나라 / 이 길에서 저 길로 꽃향기 피우는 나라 / 이 산에서 저 산 끝까지 산메아리 듣는 나라 / 아픔을 나누고 기쁨을 함께하는 나라 / 못 가는 곳 못 오는 곳 없는 나라 / 끝이 없는 나라 이런 나라로 / 소원 이루어주소서 (1990)

내 타는 가슴 아시나이까
이 땅의 충혼님들이시어 / 보시고 계시나이까 / 높은 곳에서 이 땅에 내려오셔서 / 새 세대를 열어주소서 / 내 타는 가슴 아시나이까 / 저는 세워놓고 펴놓고 좋은 나라 / 흡족한 나라를 이룩하고저 / 하옵니다 이 땅에서는 내 직위가 / 없나이다 보기만 하여도 / 족하오리니 / 내 뜻 이루어주소서 (1992. 2. 9.)

기도 중에
너 그리도 방황하니 / 일어나 내 손을 잡아라 / 그리도 연약한 마음으로 / 내 손을 잡을 수 있겠느냐 / 일어나지도 못하니 어찌하겠니 / 내 손을 잡을 시간이 필요하구나 (1991)

기도 중에 2

주여 구원하소서 / 그리스도이신 주님이시어 / 내 어이 이다지도 방황 / 하나이까 시험날이 아직까지도 / 남아 있나이까 / 아니면 또다시 시작이옵니까 / 시작이 오면 일어나 다가가게 하여 주소서 / 아멘 (1991)

기도 중에 3
아버지시어 / 내 가슴에는 샘이 있나이까 / 어찌하여 그리도 눈물이 / 끝없이 흐르오리까 / 슬픔이 많아서 산처럼 쌓여서 그러하옵니까 / 아니면 죄가 눈물이 되어서 / 그리도 넘치옵니까 / 이제는 멈출 수 없나이까 / 이루어주소서 (1991)

이 글귀를 옮겨 쓰면서 생각나는 또 하나의 시구가 있다. 2년 전 어느 집에 갔다가 본 책인데, 라틴아메리카의 새로운 신학사상의 입장에서 그곳 핍박받는 인민들의 삶과 투쟁의 이야기들을 모은 책이었다. 나는 그 책 안 표지에 쓰여 있는 다음의 시구를 보았다.

나는 신을 보려고 찾았지만 / 보이지 않았다. / 나는 예수 그리스도를 보려고 찾았지만 / 보이지 않았다. / 나는 고통하는 형제들을 만나서 / 신도 그리스도도 형제도 보았다. / 그리고 우리들은 함께 / 걸어가기 시작했다. (일역본에서 옮김)

여기서 '우리들'은 신과 그리스도와 형제들, 이렇게 함께해서 우리들이라고 이해된다. 나는 이 글귀를 보고 새로운 신학사상의 정수를 접한 것 같았고, 그 책을 더 읽지 않아도 될 듯하여 읽는 것을 그만두었다. 나는 이 시인의 신앙적 경지와 그의 삶을 내 나름으로 깊이 이해하고 그의 신과 그의 그리스도와 형제를 보는 듯하였다.

나는 그와는 다른 모습, 다른 세계관으로 살아왔고 또 살고 있지만, 내가 가는 이 길 위에서 나는 그의 그리스도를 포함해서 삼천 년 인류의 위대한 교사들을 만나는 순간들이 있다고 믿고 있다. 그리고 만일 그들이 내가 사는 이 시대 이 땅에서 산다면 나의 길 위에 함께 섰을 것으로 감히 믿고 살아온 셈이다. 적어도 내가 걸어온 길을 승인하고 밀어주셨을 것으로 믿고 싶은 것이다. 그러기에 라틴아메리카의 전사가 고통하는 형제를 보고서 신과 그리스도와 형제를 함께 보고 손잡고 함께 역사적 삶의 대지를 걸어간다는 신앙고백과 선언을 접할 때 우리는 정녕 서로 남남이 아니라는 감동과 기쁨이 솟는 것이리라. 그리고 이 감동과 기쁨은 한 점 거짓 없는 진실이며 어디에 내놓아도 떳떳한 진실임을 믿고 있다.

이제 더구나 내가 오늘 한없는 애정과 슬픔과 외경으로 가슴에 떠올리고 있는 이분—나와 한 시대 한 조국의 땅에서, 나의 곁에서, 고통 속에서 그지없이 고귀한 삶과 죽음을 살고 간 이분—과 영혼이 일체임을 느끼고 행복해지는 것은 너무나 당연하고 자연스러운 일이다. 나는 이렇게 해서 그를 통해 비록 그의 삶과 죽음은 비극적이었지만 민중과 인간의 장엄한 승리를 내 안에 실감한다. 이러한 승리의 실감은 나의 소중한 의지를 지탱하고 고무하고 강화시켜줄 것이다. 간고하고 복잡한 시대상황 속에서 우리는 우리의 소망과 대의를 다만 부적처럼 마음에 간직하는 것만으로는 부족하고, 어떠한 작은 승리든지 또는 어떠한 보이지 않는 승리든지 삶 속에서 얻어내어 손에 잡고 나날이, 진실로 나날이, 승리를 실감하는 생활이어야 함을 다시금 되새겨본다.

 진정 오늘은 좋은 날이다. 어찌 생각하면 노년의 생활주변이 적이 신산스러운 이 세밑의 하루를, 진실로 위엄 있는 그의 삶과 죽음을 생각하면서 이 어설픈 글을 쓰는 시간은 나로서 다시없는 축복의 시간이다.

천주교정의구현전국연합 장기수가족후원회 소식지

『평화의 일꾼』(1993. 1.)

책이 많다

아침에 배달된 신문을 읽다가 아랫단에 실린 그 많은 책 광고들을 어쩔 수 없이 훑어보게 된다. 그럴 때는 문득 중학생이던 나에게 "현대의 비극은 책이 너무 많다는 것이다"고 하시던 아버지 말씀이 떠오를 때가 많다. 참으로 현대는 책이 많은 시대이다. 어쩌다가 대형서점에 들러 수천수만 권의 책들이 꽂혀 있고 널려 있는 것을 보면 이렇게 많은 책이 우리가 사는 데 꼭 필요한 것일까 생각하면서 아버지의 그 말씀이 떠오른다.

나야 무슨 책을 써 보려는 생각이나 능력이 본디 없는 사람이니 말할 것이 없지만, 그런 재능을 가지고 있는 사람도 책을 써서 이 많은 책더미 아니 책바다 속에 또 한 권을 더하는 일이 허망하지는 않을까 하는 생각이 들 때도 있다. 아버지께서 그 말씀을 왜 하셨는지는 알 수가 없다. 어쩌면 어린 독서가였던 내가 자꾸 책을 사 달라고 조르니까 입막음 정도로 하신 말씀이었는지도 모른다. 그것을 합리화하고자 하셨는지 "예전엔 사람이 꼭 읽어야 할 책이 그리 많지 않았다. 그러고도 사람답게 사는 도리를 대강 깨달을 수 있었고, 세상에 이로운 일을 남기고 가신 출중한 분들이 많은데 현대는 웬 책이 그리 많은지……" 하고 말끝을 흐리셨다.

이것은 실상 현대처럼 문명이 발달하여 각종 과학(인문, 사회, 자연, 기술)이 엄청나게 세분화하고 고도화한 이른바 정보사회에서는—그 모든 정보에 전문 분야별로 제각기 접하고 이용하지 않으면 살아갈 수 없는 세상에서는—전혀 맞지 않는 불평임이 틀림없다. 아버지가 말하는 예전 시절에도 한우충동(汗牛充棟)이라고 하여 책이 많은 것을 형용하는 말이 있지만 오늘에 비기면 많다고 해야 소꿉장난 같은 이야기이고, 그나마 많다는 책도 그 종류는 그리 많은 것이 아니었다. 심지어 아버지는 사서(四書)만 제대로 읽으면 사람 사는 데 그만하면 된다는 생각이었으니 참으로 어이없는 노릇이다.

그러나 어이없는 이 말이 곰곰이 새겨지는 데가 있는 것은 어찌 된 일인가. 나도 이제 웬만큼 늙어서인지 모르겠다. 아니면 그 많은 책—결국은 지식(이라는 말이 되겠는데)을 그 언저리에조차 서성거릴 수 없는 가련한 지적 능력에 대한 자기방어의 면이 되는지 모르겠다. 그러나 한편 책이 너무 많다는 반성은 나같이 미약한 지적 능력자만이 아니라 누구에게나 조금은 있어도 해롭지 않은 반성이 아닐까 하는 생각은 공연한 억지소리라고만 돌릴 수 없을 것 같다.

진실로 책이 너무 많다. 아버지 말투를 빌려 '예전에는' 책을 본다는 일이 반드시 진리를 탐구한다, 홍익인간이다 하는 따위의 거창한 소리를 하지 않는다고 해도, 적어도 먹고살기 위한 돈벌이로 책을 쓴다, 또는 이름을 낸다는 일로 책 쓰는 일은 적지 않았을까 생각해본다. 무엇인가 자기의 삶과 정성을 걸고, 말래야 말지 못하는 생명적·내면적 욕구에서 나오는 것이 있었던 게 아닐까 싶다. 그러니 그리 책이 쉽게 또는 많이 쓰일 수가 없었을 것이다. 지금이라고 그 많은 책이 모두 이러한 생명적 요구 없이 쓰인다고 생각되지는 않는다. 저마다 말래야 말지 못하는 동기에서 나온 것일 터이지만, 그래도 지금 사람들이 다소간 책 쓰는 열정을 자제하는 일이 쓴 이를 위해서나 세상을 위해서 좋은 일일 듯싶은 경우도 적지 않을 듯하다. 이른바 서적공해, 출판공해라는 말이 있을 법한 세상 모습이다.

책을 쓰는 사람, 책을 펴내는 사람 쪽은 그렇다 하고 책을 사서 읽는 사람 쪽을 본다면, "거기 산이 있으므로 산에 오르노라"라는 어느 산악인의 말은 혼탁한 세상에 일국의 청량제를 주는 좋은 말이지만, "거기 책이 있으므로 책을 보노라"라는 말은 그렇지 못한 경우가 적지 않을 성싶다. 청량제이기는커녕 그것은 서적공해— 결국은 정신공해에 자신을 내맡기고 있는 꼴이 되지 않을까 싶다. 어쩌면 시대착오적이라는 빈축을 살지 모르는 말을 하는 마당에 또 한 가지를 덧붙여 본다면 이 역시 예전에 아버지가 하신 말씀이다. 말씀인즉, "요즘 너희들 '이야기'를 들어보면 문학, 문학 하는데 예전에는 문장가나 시인이 따로 있던 것이 아니다. 대개 덕이 있는 큰 학자, 수기치인(修己治人)하는 정치가(실제는 큰 벼슬한 사람)가 글을 쓰면 문장(가), 시를 쓰면 시(인)가 되었다. 그러니 사람 되는 공부가 도저하게 되면 글과 시는 저절로 되는 것이지 어디 글을 쓰는 직업, 시를 쓰는 직업이 따로 있었느냐" 하는 것이다.

아마도 내가 청년시절에 흔히 있는 문학 취미에 젖어들까 두려워서 이르시던 말끝의 말씀이지만 이 역시 지금의 안목으로 볼 때 당치않은 소리임에 틀림없다. 일찍이 서양에서는 문학이 남아가 일생을 걸 만한 사업이었고, 동양에서도 근대에 들어오면서 그러한 방향으로 나아갔으므로 아버지 시대만 해도 이것은 이만저만한 무지의 소치가 아닐 수 없다. 그러나 이 역시 지금 내가 이 말을 되새겨보고 있는 것은, 다만 문학에 대한 나의 무지 탓이라고만 하고 싶지 않은 마음이 없지 않다.

문학은 먼저, 옛 사람의 경우는 아버지 말씀대로 경학(經學)을 닦고 실천적으로 도학을 바탕으로 수기치인하는 공부—쉽게 말하면 사람이 되는 공부, 사람을 다스리는 공부를 도저하게 하면 저절로 된다는 것인데, 결국 인생의 제일의(第一義)에 투철한 삶이면 글과 시는 저절로 된다는 말이 된다. 오늘날 그 제일의의 삶과 공부가 어떠한 것이 될까 하는 것은 졸연히 말할 수 없다 할 것이고, 또 그러한 삶과 공부를 하면 과연 아버지 말씀대로 글과 시가 저절로 될지는 더욱이나 확실치 않다고 할 것이다. 그러나 어쨌든 인생의 '제일의'에 투철한 삶과 공부가 아니면 진정 좋은 글과 시가 나올 수 없다는 것은 말할 수 있을 것 같다.

인생의 제일의 운운해서 이 포스트모던한 시대에 케케묵은 소리를 하는 것 같아서 면구스럽지만, 누가 뭐라 해도 한세상 사는 데 사람답게 산다는 것은 인생의 제일의가 아닐 수 없다. 또 사람이 산다는 것이 결국 역사를 산다는 것이라고 할 때에 그것은 역사를 올바르게 산다는 것이 될 수밖에 없을 것이다. 역사를 올바르게 산다는 말이 너무 고색창연한 말이라면, 요즘 세련된 포스트모던한 지성들에게 실소를 자아내게 하지 않을까 저어하지만, 나는 또 그러한 사람들이 아닐까 생각되는 사람들에 의한 소설, 시, 평론 등 그 많은 서적들이 대형서점의 서적대에 질펀히 널려 있는 것을 볼 때 실소 이상의 심사가 없지 않다.

참으로 현대는 책이 너무 많고, 역사와 인연이 없는 말들이 너무 많다. 그것들이 문학으로 행세하는 것을 보면서 예전 아버지 말씀을 현대적으로 재해석해서 되새겨보는 어제오늘이다.

1993. 4.

화랑단상(畵廊斷想)

인사동에 사무소가 있어서 오다가다가 화랑에 들어가곤 한다. 대개는 고서화전(古書畵展)이지만 현대화를 볼 때도 있는데 들어가 보면 대개 추상미술이라서 그림을 볼 줄 모른다고 그냥 나오는 것도 우습고, 오기로라도 찬찬히 돌아보고 나오는 일이 있다.

물론 별다른 감흥이 없다. 그때마다 속으로 생각하기를 지금 내기 듣기 좋게 볼 줄 모른다고 했지만, 실은 이 그림을 내가 볼 줄 알아야 할지 어떨지 종잡지 못하는 때가 없지 않다. 이 그림들이 보는 이에 따라 흥취가 진진할지 모르지만 지금 이 땅에서 우리 이웃과 함께 나누고 있는 고통, 슬픔, 기쁨과 어떻게 관계되는 일인지 어리둥절해지는 것이다.

미술이 어쨌든 이 시대를 사는 사람들의 삶을 어떠한 모양으로든지 표현해주는 것이라는 소박한 생각을 가진 사람들에게는 이 그림들이 딴 세상 사람들의 그림이 아닌가 의아해지는 것을 어쩔 수 없다. 이 사람들은 무엇을 먹고사는 사람일까, 어떻게 사는 사람일까. 사람마다 이 시대 이 땅의 역사가 간고하고 복잡한 위기적 상황이라고 야단들인데 이 그림 어느 구석에 그런 것이 표현되었을까.

듣건대 추상미술은 사물을 보는 대로 그리는 것이 아니라 화가의 심상에서 재구성된 이미지의 세계라고 하니, 내가 보고 모르는 것이 도리어 그 그림의 신기한 장점이 될는지도 모른다. 그러나 설령 그 이미지를 알아보는 사람이 있다고 해도 마치 은어를 서로 아는 사람들끼리 알아듣고 즐기는 이상의 의미가 있을까 생각해보기도 한다.

물론 나도 추상미술이 가지는 조형적 묘미에 황홀해지는 이의 마음을 전혀 짐작 못할 바는 아니다. 가령 나 역시 추사(秋史)의 글씨를 볼 때 세간에 통용되는 획이나 자형에서 볼 수 없는 특이한 조형적인 묘미에 일종의 신운(神韻)을 느끼는 때가 있다.

또 운란(雲蘭, 대원군의 난초)을 보면 그것이 어디 우리가 흔히 보는 난초인가. 전혀 난초 같지 않은 난초를 보정(保定)에 끌려가서 유거(幽居)하는 풍운아의 고분길굴(孤憤佶屈)한 감개를 그대로 풀어보는 심상이 마음에 와 닿는다. 일종 추상의 세계이다. 추상미술도 아마 상식적인 구상미술에서 볼 수 없는 파격적 조형으로 심상의 신기이취(神奇異趣)를 취하는 것이려니 생각해본다.

예전에 소련의 흐루시초프가 추상미술전을 보고, 이 그림은 말꼬리를 휘두른 것이냐고 무식한 소리를 했다고 해서 전 세계 매스컴에서 야단이던 일이 있었다. 나도 그 꼴이 될까 저어하면서도 역시 내가 간혹 보는 어떤 추상미술에는 아무래도 석연치 않은 의문이 마음을 스친다. 내 친구 중에 서양화 애호가가 있어서 언젠가 심방했다가 서가에 피카소 화집이 있기에 하도 고명한 화가인지라 잠깐 손에 들고 친구의 해설을 들어가며 훑어본 일이 있다. 초기 작품으로 서정적인 것은 나도 감흥이 있는 것도 있었으나 중기 후로 갈수록 역시 알아볼 수도 없거니와 흥취도 없는 그림들이었다. 일부러 사람 얼굴이나 모습을 기형으로 만든 것으로 보일 뿐이었다.

그러다가 친구의 해설로 그 유명한 〈게르니카〉를 보았다. 스페인내전 때 나치 독일 공군의 야수적인 무차별 폭격을 받은 소도시의 공포와 죽음의 처절한 비극을 추상미술의 기법을 한껏 살려 그렸는데, 그림 볼 줄 모르는 나도 소름끼치는 공포와 슬픔, 그리고 피카소의 사무치는 분노가 그대로 내 마음에도 와 닿는 듯했다. 과연 소리에 듣던 피카소로구나 감탄을 마지않았다. 그러면서 추상미술의 피카소에게 이런 그림이 있다면 우리나라의 추상미술가에게도 그 기법으로 이렇게 역사에 동참하는 그림도 있을 법하지 않을까 생각해보았다. 또 피카소는 우리나라의 조국 전쟁을 두고 그림을 그리기도 했다. 그 그림을 보면서 피카소는 내가 도무지 알 수 없는 그림만 그린 사람이 아니라, 아주 내 몸 가까이 이 시대와 이 세계를 함께 산 강렬하고 거대한 정신으로서 다가오는 듯했다.

이제는 추상미술전이라고 해서 경원하지 말고 들어가 보고, 그 큰 두 눈을 더욱 크게 뜨고 역사를 지켜본 피카소 같은 이 땅의 피카소를 찾아보아야겠다.

1993. 어떤 미술잡지.

아버지의 초상

내 안에 아버지는 그리웁고 아프지 않거니
어머니는 칠십 늦도록 아프고 그리웁거니
아마도 저 어른은 아픔 이상 이 어른은 그리움 이상

정녕코 아들 삶은 아비가 빚느니
아버지의 양심 아버지의 모순 아버지의 고뇌 아버지의 소망
어린 날 그 한마디 한 몸짓이 아들 모양 지었느니

　아버지는 1945년 봄 해방을 보지 못하고 돌아가셨다. 그러나 어머니와는 또 다른 의미에서 아버지를 늘 생각에 두고 지냈다. 시조에 보듯이 그것은 어머니와 같이 아프기만 한 대상이 아니라

그리움의 대상으로 내게 다가왔다. 아버지를 생각할 때는 이상하게도 아프기만 하지 않고 그리움이었던 것은 아마도 나의 인생과 관계가 있는 많은 정신적 사연을 가지고 있었기 때문인지 모른다. 사실 내가 지내온 날을 생각하면 그의 양심, 모순, 고뇌와 소망의 눈길이 닿지 않은 것이 없다. 의도적으로 교훈의 형태로 가진 것은 오히려 적고 그도 오다가다 던진 말 한마디와 행동 하나, 내 인생에서 가지는 의미를 생각하고 그리워하였다. 인간적 결함조차도 그 예외가 아니다. 실로 아들의 삶을 빚어 그 모양으로 만든 것은 아비의 삶이라는 감이 깊다.

그러나 그러한 그리움이 얼마쯤 슬픔의 감정으로 물들어 있는 것은 나와 아버지의 생애가 다 같이 실패의 생애라는 데 있다고 하겠다. 무엇보다도 나는 이렇게 오늘날 갇혀 있다. 늙도록 옥살이한다는 것은 시대의 어려움, 가슴에 지닌 뜻의 높고 먼 것을 들먹일 필요도 없이 실패의 인생임을 덮어버릴 수 없다. 내 자신의 결함과 역량의 미약함이 너무 뼈아프고, 내가 걸어온 길조차 납득할 만한 삶을 이루지 못함이 뼈아프다.

그런데 아버지의 생애는 어떠할까. 아버지는 양심과 소망, 그리고 총명에 있어서 남 못지않은 것을 가지고 있었다. 아버지는 현직 고을살이를 하는 내 조부의 막내아들로서 교동(嬌童)으로 자랐다. 그러나 16세 때 17세의 어머니를 꼬여 홀로 사시는 장모님에게 땅을 팔아 여비를 마련해서 일본으로 출분할 만큼 진취적이었다. 1906년 망국 4년 전의 일이다. 일본에서 선진 지식을 접한 아버지는 기울어가는 국운을 보며 무엇인가 하고자 하는 바가 있었던 것이다. 그러나 모처럼의 그 갸륵한 뜻—그 선구적 웅지—은 조모의 과도한 자애에서 오는 거짓 위독 전보로 8개월 만에 귀국함으로써 무너졌다.

이 첫 좌절로부터 망국 전까지 격동하는 크고 작은 사변을 20세 전후의 아버지는 초조와 울분 속에 겪었다. 중국의 양계초(梁啓超)와 일본의 후쿠자와 유키치(福澤諭吉)의 저술 등으로 근대사상에 개안(開眼)을 경험하기도 한 모양이었으나 어떠한 행동으로도 자기를 표현할 줄 모르는 나약한 양반자제였다.

아버지의 더욱 참된 좌절의 시작은 그 후의 행보로 나타난다.

조부는 망국과 더불어 벼슬길이 끊어지고 하인까지 합해서 30~40명의 가솔을 거느리고 무위도식하였다. 게다가 절제를 모르는 옛 생활풍조에 젖은 집안은 급속도로 몰락했다. 형제들은 어찌할 바를 모르고 우왕좌왕하고 부실한 구학문은 아무 소용이 없었다.

이러한 집안에서 아버지는 유일하게 정신을 차린 셈이다. 당시 침략자 일제가 식민지에서 써먹을 어느 정도 고급인력을 양성하기 위해 설립한 경성법학전수학교를 처갓집에 틀어박혀 독학으로 공부해 들어갔던 것이다. 3년으로 마치는 이 학교의 제3회 졸업사 진첩을 보면 훗날 민족법조인으로 활동한 가인(街人) 김병로가 조선인 조교수로 있었고, 더 후년에 군사정권의 집권당 당의장이 된 정(鄭) 아무개도 졸업생 동기였다. 이렇게 해서 아버지는 많은 인사들과 유위(有爲)의 청년들이 해외로 망명하거나 국내에서 싸우는 것을 보면서 구구한 가족의 구복을 위한 길에 들어선 것이다. 말하자면 정신을 차린 것이 아니라 정신을 잃었다고 하는 것이 옳은 일이었다.

 이 길에 들어선 뒤로는 오직 먹고사는 생활에 매몰된 생애였다. 먹고사는 길에 들어섰다고 하나 아버지는 일평생 출세하고 치부(致富)하는 길에서도 실패하였다. 역량도 없고, 의사도 소망도 그에게 있었는지 의심스럽다. 당시 그 학교를 나와 법원에 서기로 일선교육을 근무하면 변호사의 길이 어렵지 않게 열렸던 모양인데, 아버지는 조선은행의 행원이 되었다. 그 길을 택했으면 민족법조인으로서 떳떳한 생활을 할 수 있고 말년의 생활고초도 없었을 것인데 어째서 그것을 하지 않았느냐고 후일 내가 힐문하자, 아버지는 부양가족을 당장 먹여 살리는 데 필요한 수입이 더 나은 은행을 택한 것이라고 했다. 환경의 불운도 겹친 아버지의 의지의 약함을 나타낸 것이다.

 3·1 운동 전후 일이다. 은행에 들어간 아버지는 층층이 있는

일본인 상사 밑에서 전망 없는 만년 부하생활에 숨 막혔던지 만주 봉천(심양) 지점에 자원했다. 그러나 유아(내가 세 살)를 거느린 아버지 일가는 만주의 혹한을 견디지 못하고 겨우 2년 만에 귀국했다. 차차 대륙에서 자리를 잡고 무엇을 도모하려던 아버지의 의지도 좌절되고 말았다.

그 후부터는 아버지의 일시적인 안일과 평온, 그리고 낙백(落魄)과 실의의 날이 이어지는 생활이었다. 곧 은행을 그만둔 아버지는, 일본이 조선 농촌을 지배하는 수단으로 설립한 금융조합 이사 자리를 얻게 되었다. 강원도 해변의 조그만 면소재지에 있는 그곳에서 아버지는 명색이 기관장으로서 일본인 상사도 없고 여가도 많았다.

이렇게 아버지의 30대 중반 이후부터 몇 군데 전근하면서 지낸 십수 년은 아버지에게 소시민적 안정의 시기라 할 수 있다. 자녀들의 성장을 즐기고 그 교육에 힘쓰며, 당신도 젊었을 때 읽던 한서(漢書)로 시문을 읽고 큰 붓으로 서예를 즐겼고, 유성기로 (이 역시 어렸을 때부터 귀에 익은) 조선의 옛 풍류와 광대소리를 들으며 사셨다. 또 신식 독서도 하셨는데, 신문은 일본 본토에서 발행한 것을 비롯해 서너 개를 조합비용으로 읽었으며, 새로운 사조도 국문이나 일문으로 된 것을 어렵지 않게 구해보았다.

당시는 육당의 기행이나 춘원의 글이 읽히던 때라 그 책들도 서가에 있었다. 특기할 것은 일본의 나쓰메 소세키(夏目漱石)의 『나는 고양이로소이다』와 도쿠토미 로카(德富蘆花)의 『자연과 인생』 등을 읽은 것이다. 또 내가 소학교 6학년 때 아버지께서 톨스토이의 『부활』을 읽다가 "성서다!"라며 감탄을 마지않기에 나도 읽겠다고 하니 "너는 좀 커서 읽어라" 하던 말씀이 지금도 귀에 새롭다. (그럼에도 나는 그것을 읽었다.)

그러나 이러한 소시민적 안정의 시기도 곧 끝이 난다. 집안에서 여러 가지 사연으로 아버지 마음을 어둡게 했던 것이다. 우애가 특별했던 바로 위의 형님의 아편중독 치료는 경제적·정신적으로 무거운 짐이 되었다. 3남매의 연이은 진학은 시골생활을 감당할 수 없게 했다. 그리하여 아버지는 이사직을 그만두고 자영사업을 모색했으나 자금이 있을 턱이 없어 여의치 못하자 실직상태로 궁박에 시달리는 생활이 계속되었다.

그러는 가운데 내가 도일(渡日)하기 전 어느 날, 낙백한 초로의 아버지와, 서서히 시대적 고뇌를 하기 시작한 울굴한 심회의 아들이 마주앉아 나눈 대화를 기억한다. "아버지의 일생은 우리들 자식들과 어머니를 위할 일생이지 아버지를 위한 일생은 아니었어요. 나는 그렇게는 하지 않겠어요. 나 자신의 일생을 살 것이에요"라는 나의 말에 대해 아버지는 한참 듣고 슬픈 듯한 표정으로 이렇게 대답하는 것이었다. "그래, 네 말처럼 내 일생은 너희들과 너희 어머니를 위한 일생이었다. 그러나 그 너희들과 어머니를 내가 사랑하는데, 그 사랑하는 것들을 위한 일생이면 내 인생이라고 할 수 있지 않겠느냐." 그때의 쓸쓸한 아버지의 목소리가 지금도 귓속에 남아 있다.

한때 명색이 조그마한 기관의 장이었던 아버지는, 하급 외교원으로 거리를 돌아다니는 생활을 포함한 6~7년의 궁박한 시절을 보냈다. 후에 당시 중일전쟁에서 승리한 일본군은 중국 북부지방에 조선인과 중국인을 상대로 한 '합작사'라는 금융기관을 만드는데 아버지는 그곳에서 이사 자리를 얻었다. 일본의 새로운 식민지에서 일본의 세력으로서 행세하는 것이니 생각하면 기가 막히는 일이었다. 당시 중국 북부는 안전하다고 할 수 없었다.

여기서 2년 남짓 살고, 1945년 봄 나라의 해방을 보지 못하고 아버지는 열병으로 외지에서 외롭게 궁사했다. 세상의 안목으로 비참이라 표현할 수밖에 없는 아버지의 생애는, 그러나 나에게 가지가지 잊지 못할 사연으로 그리움의 대상이다.

내가 기억하는 최초의 감동은 내가 세 살 때 봉천에서의 일이다. 유년시절 어머니가 아버지 흉을 보듯이 말한 것에서 알게 된 것인데 사연인즉 이렇다. 아버지가 출장에서 돌아오는 길에, 여비를 소매치기 당해 오도 가도 못하고 올망졸망 어린것과 함께 추위에 떨고 있는 조선 아낙네를 인력거에 태워서 집으로 들이닥친 일이다. 하룻밤 재우고 여비도 주어서 귀국시켰다고 하였는데, 나는 이렇게 마음 따뜻해지는 이야기를 듣고 자라는 것을 행복하게 생각했다.

이보다 좀 더 의미가 있는 사건이 있었다. 내가 소학교 2학년 때 담임선생이 "이 반에 양반 집안인 사람이 있으면 손들어보라"고 했다. 나는 집안에서 양반이라는 소리를 별로 하는 사람이 없어서 무심히 지냈으나, 함께 살고 있던 외조모가 항상 그것을 들먹였기에 우리들이 소위 양반임은 알고 있었다. 그러나 나는 평소에 남들이 양반이라는 것을 무슨 자랑거리처럼 말하는 것을 왠지 싫어했기 때문에 몇 사람은 손을 들었지만 나는 손을 들지 않았다. 그러나 마음에는 편치 않은 데가 있었는지 집에 와 아버지에게 이 이야기를 했다. 그에 대해 아버지는 언하에 이렇게 말하는 것이었다. "참 잘했다. 우리는 지금 나라를 일본에 빼앗겼는데 그렇게 된 책임은 양반에게 더 있다. 왜냐하면 양반이 나라 일을 맡아서 했기 때문이다. 그래서 양반이 자랑이 될 것은 아무것도 없다."

1925년경의 시점에서 나라가 망한 것과 그것이 양반(지금 말로는 지배계급)의 책임이 더 크다는 것을 아홉 살배기 아들에게 이렇게 명쾌하게 일러준 구 양반에 속한 아버지가 그리 흔할까. 나는 그런 아버지가 자랑스러웠다. 그리고 이 일은 그 후 나의 정신 성장에 많은 영향을 주었다. 어쩌면 아버지가 예상한 것보다 더 많은 영향을 주었다고 하겠다. 그러나 아버지는 후년 누님의 혼처를 구할 때 역시 양반을 따졌다. 그 점에서 아버지는 모순된 사람이었던 것이다.

아버지는 나에게 소학교 입학 전에 『삼자경(三字經)』으로 한자를 대충 익히게 한 후 곧 『논어』 '학이(學而)' 장과 율곡(栗谷)의 『격몽요결(擊蒙要訣)』 몇 장을 가르치고 나서는 책을 놓고 나를 가르치는 것을 그만두었다. 그 이후로는 학교교육에서 스스로 지식을 얻도록 내게 맡겼다. 아버지는 이 무렵부터 나의 사람됨이 무겁지 않은 것을 아시고 『논어』의 "군자부중즉불위(君子不重則不威) 학즉불고(學則不固)"라는 구절을 외우게 하셨다. 나는 이것을 오늘에 이르기까지 잊지 못한다. 또 『격몽요결』 '입지(立志)' 장의 "사람이 학문 수양에 뜻을 세울 때 반드시 성인(聖人)으로 스스로 기약할 것이니 성인은 누구고 나는 누구냐. 일호도 그에서 물러서는 마음을 갖지 말라"는 구절도 마찬가지다. 유년시절 이래로 내가 이상주의적 삶을 표방하는 기연(機緣)이 된 듯하다.

나의 청소년기에 사고의 틀에 뿌린 씨앗은 약이 된 것도 있고 병이 된 것도 있는데 모두 아버지에게서 나온 것이라 해도 과언이 아니다. 아버지는 내가 당신이 살아온 세계인 공리공담에 이끌리기 쉬운 학문이 아니라 실학(實學)을 하기를 원했다. 나 또한 아버지가 원하는 것을 하고 싶었다. 실학을 한다는 것은 두 가지 면을 생각하신 듯하다. 하나는 당신이 성리(性理)의 폐해를 조선시대 양반들의 마음씀을 통해 진저리날 정도로 체험한 까닭이고, 둘째는 조선 사람으로서 일제 치하를 무난히 살아가기 위해서는 실학 중에서도 자연과학, 특히 공학 내지는 기술 분야가 적당하다는 견식에서였다. 이것도 당신의 체험에서 온 것이다. 타민족 지배 하에서 관리의 길은 피하고 싶었고 학문의 길로도 사회과학, 특히 경제학과 인문학, 철학 등은 원치 않으셨다. 아버지는 그것이 모두 일제 하에서 고난의 길이 되기 쉽다고 생각한 모양이었다.

아들이 긴 요양생활 중에 이것들에 가까운 학문, 특히 경제학과 철학에 점차 이끌려가고 그중에도 문학을 즐기는 기색이 보이자, 이것은 더욱 꺼려하는 것으로서 '문학여기론(文學餘技論)'을 말하며 나의 그 경향을 일찌감치 거세하려고 했다. 자고로 옛 문장이나 시는 문학을 전업으로 할 것이 아니라 사람이 될 공부를 도저히 하면 저절로 되는 것이라는 논법인데, 현대에 와서는 통용되지 않는 논이지만 나는 아버지의 그 뜻을 청종(聽從)하려는 생각이었다. 아버지는 문학이 가난의 길이라는 공리적 생각에 겁을 먹고 그 뜻을 끊으려 했다. 그러면서도 아버지는 다른 면에서 아들이 훗날 걸어갈 길을 부지불식간에 준비하고 있었던 것이다. 늘 아버지는 나와의 담화를 통해 자연을 사랑하고 마음이 깨끗한 사람의 눈을 열어주었다. 그러나 그러한 아버지는 『논어』를 함께 읽다가

은사 이야기가 나오는 구절에서는 은사를 독선기신(獨善己身)이라 하여 배척하고, 유가의 인간과 세상을 한층 더 나은 것으로 만들려는 현실적 노력을 높게 평가했다. 춘추시대의 제자백가가 여러 가지 생각으로 사람이 사는 모습을 이야기하는 가운데 혹은 참된 것이 그중에 있다 하여도 유가의 인간을 믿고 도를 찾으려는 태도를 존중했던 것이다. 유가적 합리주의를 존중하고 일체의 출세간주의, 신비주의, 초월주의를 배척했다. 이러한 의미에서는 불가나 노장도 마찬가지였다. 물론 석가의 자비나 그리스도의 사랑을 아버지는 때로 이야기했지만 근본은 현세주의, 경세주의, 합리주의, 그리고 인간의 진보를 믿는 입장이었다.

그러나 아버지의 모순은 나에게 곧 간파되지 않을 수 없었다. 일제시대 타민족 지배 하에서 이 경세주의가 실행될 기반이 처음부터 없다는 것이다. 경세주의, 즉 치국평천하의 길은 일제에 저항하고 투쟁하는 길밖에 없음이 자명해보였다. 그리고 나는 수신제가 치국평천하라는 것을 믿을 수가 없었다. 나는 살아가면서 인간적 결함이 더 자각되는 마당에 그것을 극복하려는 노력도 일생 모자랄 판인데, 어느 해에 수신하고 제가하고 그러고 나서 치국평천하하는 것이냐 하는 생각이 있었다. 그것은 곧 민족을 위하는 일, 사회를 위하는 일 가운데에 있는 것이 아닌가. 그리하여 수신과 치국평천하가 동시에 이루어지는 노력이 있지 않은가. 나의 이 생각은 후일 더욱 확고한 것으로 되어갔다. 곧 그것이 시대를 옳게 사는 것이라는 생각에 이른 것이다.

이 점에서 아버지가 어린 내게 인간이 사는 도리로서 유가 합리주의를 열심히 주장하신 것은, 후일 내가 마르크시즘으로 가는 길을 준비하고 계셨던 것이다. (아버지의 또 다른 소망인 자연과학을 한다는 것은 그 후에도 오랫동안 나의 소망이었고 갈등으로 남았다.) 그러나 20대 초반에 실제 내가 나름의 사색 끝에 당시 가장 절실한 문제였던 민족문제와 새로이 시야가 깊어진 사회문제를 동시에 해결해주는 것으로서 마르크시즘에 깊이 들어갔을 때 아버지는 몹시 당황하셨다. 더구나 그때는 아버지의 낙백의 시기였다.

내가 도일하기 전부터 아버지는 "무엇이 되어도 좋으니 사회주의자만은 되지 말아다오"라고 애원하다시피 하였다. 그리하여 마르크시즘에 대한 책은 읽지 말기를 원하였다. 앞서 말한, "나는 나의 일생을 살겠다"라고 아버지에게 선언했던 전후의 일이다.

마침내 동경에서 내가 검거되었을 때(실제 무슨 일이 있었다기보다 태평양전쟁을 시작한 일본의 일반적 탄압이었다) 이미 낙백한 아버지는 엽서에 짤막한 편지를 보내셨다. "부재기위 불모기정(不在其位 不謀其政)"이라는 『논어』의 일구였다. "그 지위에 있지 않으면 그 정사를 도모하지 말라"는 일구는, 자기 뜻을 어기고 구금되어 있는 아들에게 한 아버지의 질책이었다. 이 밖에는 별다른 나무람이 없었다. 아들은 일제 하에서는 모든 조선 사람이 그 지위에 있다는 생각을 하고 있었으며, 동시에 아버지를 생각하고 암연(暗然)했던 것을 기억한다.

아버지는 사업으로 집안을 일으켜보려고 궁리하던 어느 날, "이 사회에서 사업을 하여 돈을 번다는 것은 결국 노동자의 노임을 깎는 일이요 그 외에는 돈이 나올 구멍이 없다는 것을 뼈저리게 느낀다"고 했다. 아버지는 그렇게 아들의 마르크시즘을 두려워했음에도 실제로는 마르크시즘의 가장 핵심적인 이론을 알고 계신 셈이었다.

당시 나는 2차 세계대전의 발단이 되었던 독일의 폴란드 침공을 목도하면서 모든 부르주아 민족독립의 이론이 허사이고, 나라 안에서 착취가 없는 사회주의 세계질서 안에서만 민족 착취가 없는 민족독립의 길이 있다는 것을 뼈저리게 느끼고 있던 때이다. 아버지는 말은 하지 못해도 아들과 같은 생각을 하고 계셨던 것이라고 나는 생각한다. 그러나 이것이 얼마나 먼 역정을 인류에게 요구하는 것인가. 더욱 세계의 여러 사변들을 보는 오늘날 옥중에서 아버지의 생을 생각하며 나의 생을 생각하고, 또 역사의 보폭(步幅)이 느린 것을 생각하고 생각에 잠긴다.

아버지는 언젠가 나에게 술회했듯이 사랑하는 아내와 자식들을 위한 일생이라는 생각으로 외지에서 궁사하셨을까. 그럴지도 모른다. 아니, 그렇기를 바란다.

  그러면 나의 일생은 나의 일생이니 내 생각대로 살겠다고 한 나는 어떠한가. 내 생각대로 산다는 그 길에서도 나는 납득할 만한 삶을 가지지 못했다. 결국 아버지와 나는 그 양심과 그 소망에도 불구하고 타고난 사람됨이 기우(氣宇)가 부족하고, 사람된 그릇이 부족하고, 정성이 부족하여 그렇게 돌아가시고, 또 오늘 나의 모습을 이루었다. 환경과 기회가 부족했다고 말하고 싶지만, 그것을 박차고나갈 용기와 기략이 없었다는 것을 놓칠 수 없다. 이 점에서 나와 아버지는 같은 한을 나누어가진다고 할 수 있다. 말하자면 버릇없는 말로, 동병상련이라고나 할까. 그러는 중에 나에게 미치신 뜻과 마음을 굽이굽이에서 그리움으로 회상하는 것이다.

  아버지가 생애 마지막까지 보여준 낙천과 유머감각은 나의 그리움을 더한다. 그 참혹한 실의의 시절에도 늘 온화하고 부드러운 여유를 잃지 않으셨다. 좋은 서화를 보면 즐거워하시고 옛 풍류와 소리를 즐기셨다. 예사로운 기품이 아니었음을 지금 더욱 간절하게 기억한다. 그리고 낙백의 한가운데서도 끝까지 인간의 고결함을 잃지 않으신 것은 놀라운 정도였다. 이룸이 없이 70줄에 갇혀 사는 아들은 그래도 아버지의 삶보다 조금 더 위엄 있는 삶이 될 것을 기약한다.

  역사의 보폭이 느리고 개인의 삶은 허무하게도 너무나 짧다. 사람마다 누구나 자기 생애에서 무엇인가에 승리를 하는 것은 허용되지 않는다. 그러나 자기 자신에게 자기를 유지하기 위한 삶에서는, 자기 사는 동안에 승리를 볼 수 있는 것이 있지 않을까. 내가 적어도 나 자신에게서 패배하는 인간으로 남고 싶지 않은 것은 아버지가 끼치신 것의 덕택이라고 믿는다. 아버지를 생각하는 그리움이 이것으로 나의 최종적인 것이 되는 것은 이 때문이다.

1992. 9. 22.

사모애(思母哀)

　흔히들 징역을 사는 것은 사는 본인이 아니라 밖에 있는 가족들이라고 한다. 그들이 일상적으로 닥치는 먹고사는 심려와 사람들의 냉담과 때로는 적의, 그리고 그에 따른 원망과 고통은 실제로 사람이 견디기 어려운 것일 것이다. 그것은 감옥 안에서 평온하게 흘러가는 대부분 날들의 고통에 비길 바가 아니다. 실제 안에서 당하는 징역의 고통에 몇 배 되는 것이라 하겠다. 더구나 그러한 고통을 주는 것이 본인 자신의 생각 하나에 달렸으며, 따라서 그만두게 할 수 있다고 하는 예방구금에 처해 있는 사람의 고통은 이루 말할 수가 없는 것이다. 나와 같이 처음부터 가난한 정신사에서 생명적 의미를 가진 신조라 할까, 사상에 의해서 그 고통과 슬픔을 자기 사상생활 속에 묻고 지내는 경우에도 항상 마음 밑바닥에 생명을 깎는 아픔으로 남는다.

심지어 내 생각에 따라서 곧 이 생활을 그만둘 수 있다고 단순히 생각하는 아내에게, 그것은 인력으로는 어찌할 수 없는 일로서 만일 그러한 일을 한다면 나가서 산다고 해도 마음의 병으로 제명에 죽지 못할 것이다. 그래도 좋으냐고 말한 적이 있다. 선량한 아내는 나의 슬픔을 믿었던지 아무 말 없이 돌아갔지만 실제 그때는 절벽같이 막다른 세상에 그곳에서 생을 마칠 것을 바라보고 있을 때였다. 가족들이 죽겠다고 울부짖음에서 오는 처절함만큼이나 안에 있는 나도 처절한 아비이며 비정한 지아비였다.

어머니는 내가 예방구금되기 4년 전인 1971년 우리 나이로 82세에 돌아가셨다. 그러니까 보안감호 옥살이를 하는 동안의 고통은 모르고 돌아가셨다. 그러나 나는 옥살이 기간 동안 무시로 어머니를 생각하고 옥살이를 함께했다고 해도 과언이 아니다. 어머니 일생의 암담과 고난과 비통을 가져온 근원이기 때문이다. 오죽하면 내가 사회안전법으로 재수감될 당시에 작은누이가 첫째 생각했던 것이 어머니가 내가 감금되는 것을 보지 않고 돌아가신 것이 천만다행이라는 것이었다고 한다.

외아들인 나는 어릴 때부터 병약하여 어머니를 주야로 애태우게 한 애물이었다. 가까스로 보통학교와 고보를 다니면서 간혹 재주 있다는 소리를 들었으나 고보 5학년에 올라갈 무렵 결핵성 늑

막염으로 휴학을 하고 오랜 요양생활로 다시금 애를 태우게 하였다. 그 후 일본에 가서 있은 지 다섯 해째에, 이번에는 1년 가까이 피검 구금 소식을 듣고 암담한 낙망에 떨어지게 했다. 때마침 전후해서 집안의 영락과 이어서 아버지의 하세는 어머니에게 신산(辛酸)을 더하게 하였다. 뿐만 아니라 해방 무렵 외지에 있던 아버지와 내가 발진티푸스로 동시에 사경을 헤매었고, 그 이전에 두 딸이 요절하는 등 어머니는 인생의 모진 고통을 다 겪으셨다.

그리고 해방, 그리고 나의 비합생활, 그리고 6·25 전쟁, 나의 북상과 며느리와 손녀의 이산, 소위 역산가족으로서 흉흉한 인심 속에 핍박을 참고, 다시금 나의 남하와 체포, 딸들에게 의지하여 10년의 옥바라지, 아들 석방과 여전히 시대적 불안과 궁핍 속에 아들과 함께 몇 해를 더 사시다가 생을 마감하셨다.

그러한 끝마당에 온 것이 나의 기약 없는 예방구금이었다. 다시 그 비참을 맞기에는 실로 너무 가혹한 생애였다고 할 수 있다. 그러나 살아 있는 나로서는 위에 적은 고비고비마다 어머니가 겪은 일들을 되새기며 신음하다시피 한 것은 어쩔 수 없는 일이었다. 그것이 옥살이하는 마음가짐으로서 나에게 적절치 않은 것임을 알고 부끄럽게 생각하면서도 생각이 미칠 때마다 나는 실제 감방에서 홀로 신음했다.

어머니는 "평생 지내온 고락과 풍상을 대강 적는다"고 수기를 써두신 것이 있다. 내가 먼젓번 징역 중이었고 어머니 나이 일흔이었다. 그중에서 내 평생 잊지 못할 죄와 그에 대한 당신의 마음을 다음과 같이 적고 있다.

> 네가 전후 집안 가사를 다 제폐(除廢)하고 다만 홀로 외로이 너만 바라고 사는 이 불쌍한 어머니를 헌신같이 거리중천에다 버리게 되니 섬섬약질(纖纖弱質) 어머니가 어데 가 몸을 붙일 곳이 없어서 너 북으로 간 그해 겨울 추운 엄동설한에 거리로 벌벌 떨며 옷도 없어 홑옷을 다 떨어진 걸 입고 방황하며 다니는데 하루는 배가 고파서 기진맥진하고 누가 내 몸을 붙이지는 아니하고, 할 수 없어 내 섬섬약질이라도 힘을 써서 열심히 일을 하고 남의 집에 있더니 그 집에서도 나를 의심하고 시민증 없어서 못 두겠다고 빨리 나가라고 하니 눈물지며 밤에 나와서 다시 방황하는 신세가 되었구나. 그리도 만고의 없는 고생과 그리도 슬픔을 가슴속에 품고 그 고통을 받으면서도 내 일절 아들의 탓을 아니 하고 그중에도 소원은 아무쪼록 우리 현칠 목숨 살아 모자가 다시 만나 오늘날 서러움 받은 심곡소회를 옛날이야기처럼 하여 보기를 축수하며 일호도 자식 원망을 아니 하고 살며 오늘날까지 너 좋은 아들 되기만 축수하고 때를 기다리는 ……. (후략)

이라고 혹독한 고통을 쓰시면서

> 어떤 때 혼자 스스로 생각하면 너 가고 싶은 길을 걸어가게 하여 만류 못한 것이 어미가 잘한 것인지 못한 것인지 내 생각에 알 수 없다.

하셨으며, "너도 네 마음대로 못하여 인력으로 못하여 그리 하는 것이지만 보통 인간이라면 무슨 식구가 많으냐. 따뜻한 가정을 이룰 수 있겠지만 너도 할 수 없는 일이기 때문에 이리 되어 어머니를 이와 같이 남에 없는 풍상과 슬픔을 겪게 하는 것이다"라고 쓰시어 나의 걸음이 어찌할 수 없는 것임을 천분만분 헤아려주셨다.

어머니는 해방 후 언제부터인가 나에게 "애야, 보통 사람같이 살자", "남들처럼 살자"라는 말씀을 애원하듯 되뇌셨다. 그것을 가슴 아프게 들으면서 시종 '보통 사람같이 살지 않는' 아들로서 어머니를 슬프게 하고, 마침내 먼저 번 징역을 마치고 난 후에 어머니는 누이에게 "네 오라비가 마음이 독해졌다"라고 체념하듯이, 또는 남의 자식을 두고 말하듯이 술회하셨다고 한다. 그런 어머니가 아들이 가는 길을 이렇게 헤아려주시고 아들에 대한 애정과 믿음 속에서 언제나 현재의 고통과 슬픔을 이기고 사시리라 굳게 마음먹고 계셨던 것을 생각하면 생전의 고난을 몇 배로 하여 옥살이

하는 아들의 마음을 아프게 한다. 또 그렇게 하심으로써 어머니가 인간으로서의 위엄을 지키신 데 대하여 아들로서 느끼는 고마움과 존경과 감격은 한이 없다.

어머니는 조선조 말기에 공주 벌터의 감사(監司)댁이라 불리는 한산 이 씨의 세가에서 태어났다. 어린 나이에 아버지를 여의었다고 하나 넉넉하고 엄한 가정교육을 받으면서 자라 대갓집 여인 풍도가 몸에 배어 있는 분이었다. 시가도 역시 공주 국실의 부가 현직 수령이며, 조부는 이조참판인 평산 신 씨 가문에 열네 살 때에 들어오셔서 망국의 풍상을 겪었다. 그리고 일제 식민지시대, 해방, 전쟁과 격동하는 나라의 운명과 일신에 닥치는 고락을 고스란히 사시고 타고난 총명과 강인한 생활의지와 아들에 대한 무한한 애정으로 생을 다하셨다.

성품도 어디까지 선량하고 온화하여 고초를 겪는 영락 속에서도, 체구가 남달리 조그마하고 머리는 거의 없어 새머리같이 되신 어머니지만, 밖에서 돌아와서 대문에 들어서면 그 방에서 환한 기운이 도는 듯한 온기를 느끼게 하였다. 제1차 출옥 후 내가 재혼하고서 간혹 늦게 귀가해 어머니 방에 불이 꺼진 것을 보고 들여다보려고 하면 아내가 주무신다고 말려 그대로 내 방으로 오곤 했다. 후에 알았지만 어머니는 마루 끝에 내 구두가 나란히 놓여 있는 것을 보고 비로소 안심하고 주무셨다고 한다.

아내가 외출할 때는 당신이 나의 밥상을 부지런히 차려주시며 마치 아들이 재혼하기 전의 모자처럼 호젓한 마음을 즐기시는 듯했다. 어머니 말년에 아침 겸상을 하고 있을 때면 새다리같이 가느다란 다리를 내보이면서 힘이 없음을 한탄하기도 하셨다. 내가 무슨 일에 그리도 절망고하였던지 무심히 지나친 것이 두고두고 마음에 새겨진다. 그때 십전대보탕이라도 한 재 지어드렸더라면 얼마나 위안이 되었을까. 약이라면 생각나는 것이 있다. 어머니는 노인 변비로 늘 신고(辛苦)하셨다. 내가 예방구급시에 의서를 읽다가 '마자인환(麻子仁丸)'이라는 약방문을 보았는데, 내가 변비로 고생할 때마다 이것을 어머니 생전에 알지 못한 것이 한스러웠다.

이런 것을 쓰려면 한이 없다.

어머니의 인품을 나타내는 한 가지 얘기를 더 하자면, 사위가 의용군으로 나가 생사를 모르는 작은딸을 데리고 나의 옥바라지를 하실 때의 일이다. 리어카 배추장사에게서 배추를 사는데 딸에게 "얘야, 배추 값 너무 깎지 마라"고 하셨다 한다. 젊은 여자들끼리 기를 쓰고 값을 흥정하는 것을 보고 어머니의 너그러운 마음에 차마 보기 싫었던 것이다. 또 어머니의 중년시절(아버지가 외지에 있을 때), 집에서 일하는 여인을 아랫목에 재우고 아이들과 당신은 그 다음에 잤다는 이야기는 두고두고 집안의 이야깃거리가 되었다. 그가 감기라도 들면 자기가 대신 고생해야 한다는 때문이라는 것이다.

어머니는 그 고난 속에서도 옛 여인의 대체적(大體的) 사고를 할 줄 아는 강의(剛毅)한 분이었다. 1945년 봄 중국에 계시던 아버지와 서울에 있던 나, 두 사람이 동시에 발진티푸스를 앓다가 아버지가 별세하셨다. 두 사람 중에 한 사람이 남을 바에는 앞길이 많은 내가 남는 것이 천리(天理)라고 하면서 슬픔을 삭이셨다.

또 여든 노구에 조금도 논리에 어긋남이 없는 추상같은 판단을 하신 분이기도 했다. 나는 성미가 온공스럽지 못한 아들로서, 나의 사상적인 행보는 그렇다 치고 일상적인 언행에서 어머니의 뜻을 많이 어김으로써 어머니를 슬프게 했다. 지금도 기억하는 나무람이 "나는 이미 팔십이 되었다. 잘못이 있어 고치더라도 늦었으니 네가 고쳐라"고 하신 말씀이다. 그만큼 청아하고 이치에 밝으신 분이었다.

그러면서 평소에 참고(慘苦)나 슬픔을, 옥에 있는 나나 밖에서 데리고 있는 딸들이 마음 상할 것을 두려워하여 조금도 내색하지 않는 인고의 어머니셨다.

어머니는 말년에 이르면서 더욱 부처님께 의지하셨는데 절에서 얻어온 『다라니경』을 방 사면에 걸어놓고 운명하셨다. 최후까지 정신은 말짱하시어 어린 아기처럼 울부짖는 나의 말을 눈을 감은 채 죄다 듣고 가셨다.

어머니는 옥중의 아들에게 편지하실 때마다 끝에 늘 '그리운 모'라고 서명하셨다. 내게도 어머니는 영원히 '그리운 모'였음을 새겨본다.

이렇듯 어머니는 나의 옥중에서 그리움이고 아픔이요 또다시 돌이킬 수 없는 죄에 대한 뉘우침으로써 업고(業苦)라 할 만한 존재였다. 그리울 때는 어머니를 생각하는 것이 따뜻한 꿈을 주고, 아플 때는 가슴을 오려내는 비통으로 신음케 하였다. 그러나 현재의 나는 어머니와 나의 가족을 두고 내가 생각해야 할 또 하나의 생각을 가슴 깊이 되뇐다.

세상에는 가족들의 고초와 비통을 생각하고 전향을 말하는 사람들이 있다. 내 주위에도 많은 동지들이 그것을 이유로 전향하였다. 그러나 나는 가족들의 고초와 비통 때문에 도리어 전향을 할 수 없다고 말해야 한다고 생각했다. 가족들은 그 고통을 이미 나로 말미암아 겪고 있고, 또 나의 어머니처럼 죽고 있는 것이다. 그런데 그 내가 자기를 버리면 그 고통과 그 죽음을 어디에서 보상받을 것인가. 내가 꿋꿋이 그들의 고통과 죽음을 짊어지고 있어야 그들이 그나마 그것을 보상받을 수 있는 길이 되지 않을까. 나의 어머니, 나의 아내, 나의 아이들, 그 뿐이랴, 나의 친구들의 그 수많은 고통과 비통을 위해서도 자기를 지켜야 하지 않겠는가. 내가 그들의 불행을 지어냈고, 그들은 또 그런 나를 사랑하기 때문에 그 불행을 짊어지고 살아가고 있다. 다른 것은 다 그만두고 다만 그것만을 위해서도 나는 자기를 지켜야 하겠다. 이렇게 업고와 같은 어머니 생각이 구원일지도 모른다.

1992. 9.

또 다짐

　하루 종일 지식노동(번역)이라는 것을 뼈아프게 했다. 중국문학에 관한 해설서이다. 집안 아이가 내게 얼마간의 돈을 벌게 해준다며 부탁한 일이다. 그 일을 하면서도 마음에는 꼭 죽은 자식을 생각하듯 뭉클하게 맺혀 있는 아픔이 있다. 그것은 청주 생활 13년 동안 써 놓은 시조 노트(약 1300수 이상)를 나올 때 주지 않더니 결국엔 그 사람들이 태워버렸다는 소식을 지난 28일에, 옥살이 때 나를 취급하던 검사를 통해 들은 때부터 생긴 가슴앓이다. 그래도 그전까지는 설마 어떻게든 찾을 수 있으려니 생각했다. 그런데 알아봐 달라고 부탁한 검사가 청주에 물어보니 그런 대답이 왔다는 것이다.
　오늘도, 아니 요 며칠 무엇을 할 때나, 길을 갈 때나 오늘처럼 책상에 앉아 일을 할 때나 가슴에 못이 박힌 듯 저리다. 자식 잃은 사람이 그 아픔 잊으려고 무슨 일에 골몰한다더니 나는 연일 그 책 번역을 정신없이 기계적으로 계속하였다. 오늘도 그리했다. 지금은 밤 12시다. 자려고 이불을 펴면서 문득 떠오르는 생각이 있다.

전에도 무슨 일에 마음이 상하면 마음 상함이 실상 부질없지 않으냐, 어머니 돌아가시고도 살았는데, 나라가 망하고도 살았는데, 라고 스스로 위로해보던 일이 있었으나 이번에는 그와도 좀 다른 생각으로 전과 달리 마음이 좀 가라앉는 것 같은 느낌이다.

그것은 이런 생각이다.—내가 그렇게 시조 지으면서 10여 년 산 것이면 그것으로 되지 않느냐. 그것이 지금 있다고, 또는 없어졌다고 해서 내 자신에게 무슨 차이가 있느냐. 내 사람됨에 더할 것도 덜 것도 없는 일이다. 나는 그 시조들 속에, 그 시조를 생각하고 지어보는 시간 속에 나를 유지하고 나를 닦고 또 무엇인가 위로받으면서 살지 않았느냐. 그 속에 나의 모든 슬픔, 고통, 기쁨, 모든 가치 있는 감정이 있었다. 그리고 그것이 나의 삶 자체였고 그 결과로 나라는 인간이 되어 지금 여기 있다. 그것이면 되지 않느냐. 그것이 있다고 무엇을 내가 할 것이냐. 누구에게 보이지 못해 한이냐, 아니면 후세에 남기겠다는 것이냐. 그렇게 해서 내가 산 것이다. 그리고 죽는 것이다.

이런 생각을 자꾸 마음속에 되뇌니 내가 차츰 무엇인가 다른 사람으로 되어가는 듯한 생각이 들고, 그 느낌이 내 마음을 좀 편하게 해준다. 그리하여 내가 옥중에서 그 시조들을 지으면서 살았듯이 오늘 이 시간을 또 진지하고 정직하게 살면서 내 자신, 그리고 내 시대, 내 역사에 책임지는 일을 생각하고 살아가는 것이다.

　아무 일도 못하고 아무 성취 없어도 그 시조들을 짓고 살던 시간처럼 그렇게 끝까지 살아가면 되지 않겠느냐. 가끔 시조집을 죽은 자식 생각하듯 그리워하는 것이야 어찌하랴. 그러나 너무 아파할 것은 아니다. 내 삶, 내 인간됨은 그런 것과 그리 상관이 없다. 그 시조들을 지으면서 수양한 나라는 인간은 여기 이렇게 있으니까 말이다. 내 시조를 태워버린 사람들 미운 것이야 둘째 셋째 일이다. 밉기는 미워도 내가 지금 이렇게 산다는 일 자체가 더 중요하다. 너무 마음 상하다가는 병나겠다. 이런 일로 병난다면 얼마나 어리석은가. 물론 그것을 찾는 일을 아직은 포기하지 않는다. 그러나 그것이 있어도 없어도 내 삶의 가장 귀중한 것과는 상관이 없다는 좋은 생각을 하였으니 이 생각을 놓치지 말 일이다.

　이렇게 쓰면서도 마치 죽은 자식이 웃던 모습, 슬퍼하던 모습, 재롱떨던 모습이 가슴에 사무치듯이, 그 시조집에 쓰인 이 감동 저 감동이 가슴에 오가고 그러면 뭉클 멍드는 마음을 금할 길이 없다. 애착이란 이런 것인데 늘 죽을 공부, 죽을 공부 생각한다는 내가 이래 가지고 어떻게 그것을 잘 맞이할 수 있으랴.

살아 있는 동안은 어쨌든 삶에 대하여 모든 정성을 다하되 집착은 말아야 한다는 연래의 마음공부를 다시 한 번 새기면서 그럴수록 오늘의 내 삶에서 근본적으로 중요한 일만 생각하고 정성을 다해야 한다. 그 점에서 가슴에 두어야 할 일, 무엇인가 자기를 그것에 관련시켜야 할 일들이 얼마나 많이 전개되고 있는 시간이냐. 지금의 이 땅, 이 시대, 이 역사, 놀라운 시간이다. 청년시대 이래의 애타는 마음으로 온 정성을 다해서 작으나마 내 삶을 완성할 시간이다. 그러고 나면 집착이 발붙일 데가 어디에 있겠느냐.

이것을 쓰고 나니 마음이 풀린다. 이제 거기서 나온 이후부터 그리도 하려고 마음먹으면서 못하는 일―나날의 기록을 조금씩 옮겨놓기 시작해야 한다. 날마다, 순간마다 자기를 노트에 정리하는 시간을 가져야 한다. 날짜를 따져서 처음부터 차례로 지난 일 전부를 한꺼번에 정리하려고 벼르고만 있지 말고, 이렇게 우선 그날 있는 일과 생각을 정리하자. 될 수 있으면 옥중에 있을 때처럼 그것들을 시조로 옮겨볼 일이다. 그 생각, 그 감동을 더욱 정련하기 위하여.

그 일 자체에서 마음을 휘어잡을 수 있지 않더냐. 그리고 힘도 얻고 위로도 되지 않더냐. 밖에 나와서는 시조 짓기가 엄두도 나지 않으니 내 정신이 그만큼 흐트러진 것이다. 강인한 의지로 흐트러지는 마음을 휘어잡아야 한다. 시조는 그 한 방편일 수 있다.

또 이렇게 노트에 그날 생각을 적어보는 것도 그 한 방편일 수 있지 않겠느냐.

1989. 1. 7.

16명 동지의 가신 날

청주에 내려가서 옥중에 남은 친구들을 면회했다. (나이가 많다는 이유였는지 비전향자 중에서 몇 사람씩 미리 내보냈다.) 강 동지, 한선화 씨(한백렬 동지 자제)와 민가협 관계자들이 안에 있는 여러 동지들 만나는데 나도 몇 분을 만나게 되었다. (면회를 안 시켜줄 것 같더니 워낙 세상 바람이 좋게 불어서인지 만나게 해주는가 보다.) 그때 이러저러한 이야기와 오가는 심사가 있었지만 모두 적을 것 없고, 이 노트에 남겨두고 싶은 말은 그때 동행했던 최남규 동지와의 면회 때의 일 한 가지이다.

면회 가기 며칠 전 내게 강·한 양 씨가 자료로 삼는다며, 감호자 중 그 안에서 돌아간 친구들을 말해달라고 했다. 하지만 나는 몇 사람밖에, 그것도 돌아간 해와 날짜는 아주 희미하게 말해줄 수밖에 없었다. 사실 감호 처음부터 끝까지 내가 그때그때 알고 듣고 지낸 것인데 충분히 정확하게 전해주지 못했다.

그런데 그날 청주에 가서 최남규 동지를 만나 물어보니 돌아간 16명의 이름을 돌아간 순서대로는 물론이고, 무슨 일과 어떤 병으로 돌아갔다고 앉은 자리에서 손꼽은 것이다.

나는 놀라움과 감동을 금치 못했다. 사람들은 단순히 그것을 그분의 기억력이 강해서 그렇다고들 한다. 물론 맞는 말이다. 그 안에 있을 때도 나는 그분의 뛰어난 기억력에 감탄한 일이 있다.

그러나 이것은 단순한 기억력의 문제가 아니다. 그가 동지들의 죽음을 정성을 가지고 항상 머리 안에 되풀이해서 손꼽아보는 정성, 언제인가 어디에 그 사실을 보고하게 될지도 모른다는 의무감에서 힘써 기억에 새겨두는 정성 아니면 아니 되는 일이다. 나에게는 그러한 정성이 없었던 것을 그분의 말을 들으면서 깊은 감동과 부끄러움으로 가슴에 새기게 되었다. 나는 그저 건성으로 머리에 집어넣고만 있을 뿐인데, 그분은 자주자주 떠올리고 되풀이해서 뇌리에 박아 넣어둔 것이다.

돌아간 동지에 대한 그 애정과 의무감, 놀라운 일이다. 그 많은 동지들의 이름과 죽음의 순서, 정확히 순서대로—이는 비상한 의식적인 노력을 계속하지 않으면 결코 기억해내지 못하는 일이다. 그것도 졸지에 면회장에서 갑자기 묻는 말에 그렇게 정리된 대답을 한 것은 머리에 항상 정리된 상태로 지니고 있다는 증좌이다. 나와 비교할 때 놀랍고 고마운 일이다. 나는 그보다 더 무슨 중요한 일이 있어서 그렇게 동지들의 죽음을 정리하여 기억하지 못했단 말인가.

 돌아오는 차 안에서도 여러 가지를 생각했다. 그 일에서도 나의 사람됨을 많이 짐작할 수 있다는 생각을 떨칠 수가 없었다.

1989. 3. 28.

하나의 반성

어디서 베꼈는지 이런 쪽지가 나왔다.

> 새로운 것이 낡은 것과 병존하는 오늘에서는 방법의 문제로서는 낡은 방법으로 해결할 수밖에 없다. 그렇지 않고 어떻게 잘 해결할 수 있을 것인가. 그것이 생활현실에…….
> ―고르바초프

참으로 무서운 통찰이다. 다만 그에게 진정 '새로운 것'에 대한 신념과 의지가 견지되어 있을 때에만. 그러나 그 보장이 있는가. 그것을 믿고 싶다.*

굳이 생각해본다면 그 이하의 코멘트로 미루어보아 '새로운 것'에 대한 의지가 확고할 때에 한해서 일시적 후퇴로서 당장 '낡은 방법'으로 대처하는 것이 허용될 수밖에 없는 '현실'적 사정은 있는 법이다. 그것을 당장 '새로운 방법'을 강요하고 강행하는 방법으로는 해결되지 않는다는 뜻으로, 고르바초프가 현재 소련이 개혁과정에서 겪는 고충의 일변을 표출한 것이라고 볼 수 있을지 모르겠다.

그 경우에도 여전히 '새로운 것'을 실현하려는 고르바초프의 변혁의지가 확고히 견지되어야 하고, 그것이 인민들에 확신되는 상태라는 것이 전제조건이 된다. 그렇지 않으면 그것은 무원칙한 타협, 혼란, 패배주의로 이어질 수 있는 것이다. 소위 보수강경파에 대한 고르바초프의 타협이라고, 소위 개혁파에 의해서 지탄되는 것이 이런 것일까. 이번 쿠데타를 전후한 모든 소련 사태가 하나의 설명으로 도출될 듯도 싶다.

고르바초프는 '새로운 것'에 대한 신념이 있는 듯 보인다. 그러나 그것을 밀고나갈 의지력에는 부족함이 있는 것 같다. 소위 강경파(쿠데타 파)는 중국의 4대 원칙 견지라는 점에서 옳은 원칙에

---

* 고르바초프의 말을 내가 '참으로 무서운 통찰'이라고 평가한 진의는 무엇인가. 좀 분명치 않다. 그 글귀의 전후 맥락에서 이런 긍정적 코멘트를 하게 하는 특수한 뜻이 있었던가. 통상이라면 '새로운 것'과 '낡은 것'의 병존(결국 투쟁관계일 터인데) 상황 하에서 어떻게 '낡은 방법'으로 해결할 수밖에 없다는 말이 성립될 수 있는가. 그것을 '무서운 통찰'이라니.

서 있다고 생각된다. 그러나 소련 사회주의 모순의 극복에 대한 자각이 정확하고 강력하지 못하다는 점에서 장기적 견지에서 사회주의 발전을 저해하는 것이 될 수 있다는 불안이 있다. 한편 급진개혁파는 '변하지 않기 위해서 변하는 것이 아니라 근본적으로 변해버릴 위험성'에 대한 자각이 미약하거나 아주 없거나 아니면 아주 변해버리기를(사회주의를 포기하기를) 원하는 여러 경향이 혼재되어 있는 위험성이 심각하다. 이것은 역시 소련 인민, 특히 그 노동계급의 전위분자에 의해서 청산되어 진정한 원칙성이 회복되는 동시에 진정한 사회주의의 역사적 발전을 위한 개혁이 이루어져야 한다고 생각된다.

뜻하지 않게도 고르바초프의 말이 인용된 쪽지에 대한 주석이 오늘날 소련 사태에까지 이야기가 미쳤다. 오늘의 소련 사태와 세계공산주의운동의 제문제에 대한 사견을 다소간이라도 계통적으로 정리하는 일은 다음에 기약한다.

1989. 10. 10.

일기에서

아침 기상 자리에서

어쩌다가 1975년 예방구금 당하기 전의 생활 메모를 읽고 잠시 생각에 잠기다. 당시의 그 고뇌와 갈등.

―예방구금은 어느 의미에서는 그 고뇌와 갈등에서 도피시켜 준 사건이라는 면이 있었다는 느낌. 당시 경제적으로도 백척간두였고 정신적으로 백척간두였다.

―어쩌면 그 궁경(窮境)에서 벗어나는 유일한 출구였는지도 모른다. 더 고통스러운 막다른 골목이었지만 당장은 당시의 궁경을 모면하는 출구. 참 비참한 도피였다.

―실상 그 당시에도 잠재적으로 이런 느낌이 없지 않았던 듯싶다.

1989. 8. 16.

케테 콜비츠

적어도 50년 전에 감동을 가지고 본 케테 콜비츠를 독일공보원의 전람회에서는 만나지 못했다. 죽음, 절망, 비통의 테마가 특히 그의 초기작에 두드러져 보이는데(그 경우에도 내면적인 생명의 억센 감정이 느껴져서 나약하지는 않다), 그보다는 케테 콜비츠가 그러한 비통을 딛고 후기에 더 많이 그린 고통하는 농민과 그 아낙네들의 선이 굵은 모습, 고통을 삼키고 슬픔을 내면적으로 삭이면서 힘겹다고 할까 힘 있게라고 할까(원래 이 두 가지는 함께 붙어다니는 것이 삶이지만) 살아가는 모습, 죽음이 아니라 '삶'을 그린 것을 나는 더 보고 싶었다.

그에게 있는 죽음과 절망과 비통의 깊이는 물론 감동적이 아닌 것은 아니지만(그것도 인생의 근본적인 실상과 정서의 원천이지만)그 샘물을 마시면서도, 또는 마시고 나서도, 그러나 죽음이 아니라 삶을 사는 인간상에 나는 이 나이가 되어도 더 감동한다. 죽음과 낙망과 비통에 깊이 젖으면 젖을수록(이것은 늙으니 날이 갈수록 깊다) 나는 죽을 수는 없고 사는 날까지 이렇게 살 수밖에 없다는 진실. 그럴진대는 사람답게 살 수밖에 없다는 진실에 의지해서.

1991. 9. 2.

김동원 감독 특별전에 부치는 글

영화에 대해 아는 것이 없는 내가 이 글을 쓰는 것이 적절치 못한 줄은 알지만 나에게는 다음과 같은 인연이 있다.

1990년대 초 출옥 직후 나는 씨를 알게 되었고, 그의 작업장인 '푸른영상'을 간간이 찾게 되었다. 너덧 명 작은 집단의 리더 격으로 수수한 얼굴에 말수 적은 그에게서 나는 오래 사귄 사람처럼 친근함을 느꼈다. 무엇보다도 자기 일에 꿈을 가지고 사는 사람, 아니 마음속에 역사를 산다는 것 자체에 꿈을 가지려고 하면서 살고 있는 사람 특유의 생활의지를 느끼게 하였다. 그리고 그것이 나이 50을 바라보는 오늘에 있어서도 변함이 없다. 이는 전망이 아득하리만큼 장기적이고 복잡하고 간고한 역사를 사는 사람에게 참으로 귀중한 일이 아닐 수 없다.

그 꿈의 실체의 일단을 우리는 오늘 특별전에서 볼 수 있을 것이다. 15년 동안 그는 장애인, 철거민, 장기수 등 호소할 곳 없는 사람들의 고난에 찬 생활 모습을 응시하고 영상으로 기록했다. 그 고통과 투쟁과 그리고 그 속에 맥맥이 흐르는, 또는 격정적으로 분출하는 생활의지를 기록하고 있다.

기록영화는 아마도 그 생활과 생활의지를 역사의 진실로서 함께 사는 것인 동시에 작가로서는 보는 사람에게 함께 아파하는 애정, 공동으로 새로운 생활을 이룩해나가는 의지, 그리고 그 과정에서 오는 희열까지 공유하게 하는 일이라 생각된다.

씨의 사업이 계속 발전해서 역사의 벽면에 웅대한 벽화와 같은, 이 시대의 기록이 되기를 바라마지 않는다.

2001. 1. 12.

문답

80세가 넘은 동독의 마르크스주의 경제학자 쿠진스키와의 『한겨레신문』 대담기사를 읽고.

"당신은 어떤 유형의 마르크스주의자냐?"
"나는 마르크스·레닌주의자다."

일견 동의반복같이 들리는 이 답언 속에 담긴 무한한 함의(含意). 어찌 보면 선(禪)의 불립문자(不立文字)를 생각하게 하는 대답이라는 감이다. 이 시대를 보는 그의 눈(소·중·동구권의 변화를 보는 눈)이 많은 점에서 나와 일치점이 있는 듯이 보여 든든함을 느낀다. 나 자신에 대하여 그에 대하여 진행 중인 사회주의의 변화들에 대하여, 또 새삼 많은 것을 생각하게 한다.

나는 일제시대부터 일본 간행의 경제학서에서 그의 이름을 알고 있었으나 유명한 통계학적 실증적 연구―절대적 빈곤화 법칙의 증명 등 그의 저술을 읽은 기회는 별로 없었다.

1989. 10. 30.

부패할 날 없이

잇단 중국, 동구권 등의 지도층의 부정부패, 부와 사치, 일반 민중과 동떨어진 차별적 생활상태에 대한 보도를 접하고, 또 인민들의 항의시위와 패퇴 굴복 등의 보도를 접하면서 기가 막히는 마음. 동방의 작은 나라의 코뮤니스트로서 해방 이래 작으나마 박해를 견디어온 것은 누가 뭐래도, 그리고 다른 것은 모두 제쳐놓고라도 사회주의가 지니는 도덕적 우월성, 인간 위신의 정통성에 대한 자존과 확신이었는데, 이것들이 무슨 짓들인가―루마니아, 동독의 붕괴. 가탄가탄의(可嘆可嘆矣).

그러나 희망과 자존을 잃지 않는다. 그들은 소위 지도층이고 나는 초야의 코뮤니스트이다. 언제까지 그것으로 남았다가 죽을 것이다. 실제 나는 죽을 날이 얼마 남지 않았다. 실제 나는 언제나 소위 지도층이 되어 부패할 겨를 없이 살다가 죽을 것이다. 차라리 다행한 일이다.

1989. 12. 9.

S 동지에게

생각해보면 나는 나 나름대로 나아가는 이 길(살아온 길) 위에서 예수님을 만나고, 부처님을 만나고…… 또는 누구누구 인류의 위대한 교사들을 만나고 있다고 믿고, 그들이 만일 오늘의 세대, 오늘의 이 땅에 사신다면 나와 같은 이 길을 갈 것이라 믿고, 적어도 내 가는 이 길을 승인해주실 것이라고 믿고 나로서는 간고한 시대를 견디어 살아왔소. 외람되게도 만일 그들이 나의 이 길을 승인해주지 않는다면 나는 그들의 거짓됨을 슬퍼하면서 내가 그리도 사랑하는 그들과 이별할 수밖에 없다고 생각하였소.

다만 '붕괴되는 소련 동구권의 현실'에는 소련 사회주의의 특수한 발전과정에서 규정되는 국면(소위 소련 모델)의 문제와, 사회주의 일반의 일정한 단계에서 원리적으로 제기되는 새로운 모순적 계기라는 문제가 혼합 중첩되어 상승적으로 복잡하고도 곤란한 양상을 보이고 있는 것 같소. 필요한 것은 새로운 대안 찾기보다는 이 두 국면을 변증법적으로 정확히 구별 처리하면서 정돈, 재건, 새로운 발전이 모색되어야 한다고 생각하여 보지요. 쓰라리지만 오랜 시간이 걸릴 테지요. (아마도 내 생애를 넘어서 오랜 시간.)

나는 '위축된 17년'이란 선생 자신의 말은 선생 특유의 위악적

과장이라고 생각하고 싶소. 우리는 실제로 그렇지 않았던 것이오. 우리가 사는 이 땅에서 자기 양심의 사상적·정치적 입장을 떳떳이 공언하고 살 수 있었던 유일한 장소가 그곳이 아니었소? 세상에 모든 사람들이 아무도 쉽게 할 수 없는 그런 생활을 어찌 위축이라고 말할 수 있겠소?

사회변혁운동의 최전선이 어디 고정적으로 선이 그어져 있는 것이오? 상황에 따라 인권운동이 최전선이 될 수 있고 가장 가열찬 싸움이 되는 것을 우리는 세계 인권운동의 여러 경우에서 보고 있소. 그것이 세상의 모순 구조를 흐려 놓는 '역기능'이 될 수 있다는 것을 우리는 언제나 경계해야 하겠지만 구더기 무서워서 장 못 담그겠소?

당신의 말과 같이 운동 진행의 정황이 순교자를 있게 하는 것이지 순교자가 따로 있는 것이 아니잖소. 당신의 예수조차 죽음에 직면해서 "아버지, 만일 될 수 있는 일이어든 이 잔을 저에게서 멀리하여 주시라. 그러나 저의 뜻대로가 아니라 당신 뜻대로"라고 기도했으며, 또 마지막 죽음의 순간에서 "하느님, 하느님, 왜 저를 버리셨나이까"라며 절규하지 않았소. 그러나 하느님의 뜻대로 그는 죽었지요.

운동가가 항상 이러한 순교자의 죽음을 마음에 다짐하는 것은 훌륭한 일이지요. 그러나 운동의 한복판에서 열렬히 다른 동지와 함께 싸우고 있으면서 이러한 순교자의 죽음을 말하는 것은 순진을 넘어서 운동에서 일종의 엘리트주의가 아닐까 하오. 함께 싸우는 대중·민중과는 동떨어진 감정이라고 해야 할 듯해요. 대중과 더불어 싸우는 지금 목전의 운동 정황에, 그야말로 순(殉)하는 삶 속에 어느 겨를에 순교자의 모습이겠소. 실제는 당신에게 당치않은 소리 한마디.

1991. 10. 11.

2부
비전향장기수 송환에는 남은 일이 있다

옥중독어(獄中獨語)

여기는 고요한 절 너무나 편안한 절
자네는 죽었는가 아니야 살고 있어
혼자서 지니기에 너무 큰 소원이 살고 있어

―『필부(匹夫)의 상(像)』에서

문학은 내게 무엇인가

　우리가 대개 생각하고 있듯이 문학이 삶에 대하여 분석적 인식을 주는 것이 아니라 삶을 총체적으로 그려내고 느끼게 하고 생각하게 하는 것이라면, 나도 인생의 여러 국면을 분석해서 생각하는 능력이 생기기 이전인 아주 어렸을 때부터 '어린 감수성 나름으로 삶이 총체적으로 다가와서 무엇인가를 느끼게 한 것'이 있었던 것으로 생각된다. 문학은 내게 그렇게 하는 것을 도와주었다.

　그러한 의미에서 문학과 나의 첫 만남은 좀 당돌하게 들릴지 모르지만 한시(漢詩)와의 만남이라고 할 수 있다. 일고여덟 살 내 유년시절 아버지께서는 붓글씨로 주련(柱聯)이나 액서(額書)를 쓰시면서 내게도 쓰게 하셨는데, 그 시구가 『당시삼백수(唐詩三百首)』나 『천가시(千家詩)』에 보이는 한시이고 그것을 새겨주면서 간단하게 해석해주시곤 했다. 지금도 생각나는 시구는 '송하문동자 언사채약거 지재차산중 운심부지처(松下問童子 言師採藥去 只在此山中 雲深不知處)'라느니 '원상한산석경사 백운심처유인가(遠上寒山石徑斜 白雲深處有人家)' 따위인데, 나는 이런 것을 어린 나름으로 아름답다고 느꼈던 모양이다. 그리고 소박하게나마 자연에 대한 사랑, 특히 동양적인 자연과 인간과의 친화성 등이 마음에 새겨졌고 뒤에 회상하면 나는 이때 우리 삶에는 공명이나 이욕 이외의 어떤 소중한 가치가 있다는 것도 어렴풋이 느꼈던 것 같다. 이러한 감각은, 그 후 내 전 생애의 행보에서 나타나는 형태는 변화가 있었지만, 근본적으로 일정한 바탕으로 남았던 것으로 보인다.

이와 곁들여 내 유년시절 감수성에 깊이 다가온 또 하나의 세계는, 이 또한 좀 당돌한 것 같지만, 우리 고래의 음악의 세계이다. 요즈음 흔히 국악이라고 부르는 음악인데 이것도 아버지께서 1920년대 우리네 가정에 흔치 않았던 유성기로 영산회상, 시나위 등 소위 향악(鄕樂)과 궁정음악, 종묘악 등 소위 정악(正樂)을 즐겨 들으셨다. 가령 향악으로서 거문고, 가야금, 대금 등의 산조와 춘향전, 흥보전 등의 광대소리를 당대 명창, 명인들의 소리판으로 들으셨다. 아버지는 어린 나를 보고 유성기의 태엽을 감는 곰배팔이를 돌리라고 하셨고, 할 수 없이 그렇게 하면서 곁에서 듣는 중에 뜻도 모르고 말도 모르면서 그저 좋아지는 귀가 틔었다. 지금 사람들은 전문가 이외에는 들어보지도 못한 이동백, 송만갑, 김창환, 김창룡, 정정렬 등 수많은 명창들의 판소리를 나는 이때 듣고 지금도 귀와 영혼 속에 생생하다.

　이 부분에서 문학과 연관되어 뒤에까지 남은 영향은 좀 특이한 것이다. 나는 청년시절에 마르크시즘에 접근하면서, 우리 고전음악의 정서로서 요즘 훤전(喧傳)되는 '한(恨)' 또는 '한의 미학'에 반발하는 정서가 생겼다. 게다가 나의 생활상 변화도 있고 해서 그 음악을 20대 초 이후부터 오랫동안 거의 듣지 않게 되었다. 당시 나는 우리 음악은 '흥'은 흥인데 너무 슬픈 흥이라고 생각했다. 그 흥은 우리의 삶, 특히 옛 백성들 삶의 비극이나 비통을 극복하려는 의지나 정서와는 반대되는, 인종과 체념의 정서에서 나오는 너무나 슬픈 흥이라고 느꼈던 것이다. 오랜 단절 후에 우리 음악을 다시 들을 때면 그 슬픈 흥에 저도 모르게 빠져들지만 그 빠져듦에는 어쩌면 이상과 같이 굴절된, 그만큼 더 살 깊은 슬픈 흥이 있다고 할지 모른다. 소위 정악, 가사 등에는 이러한 한의 미학이 없다. 그것은 전중(典重)하고 아정(雅正)하다. 지난날 우리 역사에서 지배계급이었던 이른바 사대부(士大夫)의 음악인 셈인데, 물론 그 창작자들은 고대 불상을 만든 석공들처럼 민중계층에 속한 악공들이었지만.

　나의 소년시절에 문학과의 만남은 대체로 세 갈래로 더듬어볼 수 있을 것 같다.

그 하나는 중학교 초학년급 전후부터였던 톨스토이와의 만남이다. 나는『인생독본』상·하권(일역본)을, 아는 것은 아는 대로 모르는 것은 모르는 대로 참 애독하고 또 정독했다. 거기서 옛 서구의 무수한 철인과 사상가들의 이름을 알게 되었고, 짤막하게나마 그들 사상의 정수들을 접한 셈이다. 물론 후에 생각하면 그것들은 모두 톨스토이의 안목에서 선택된 것들이다. 그에게 있는 독특한 종교적·도덕적 요소들에 물든 것이었으니 전적으로 전형적인 서구적 지성이라고 할 수는 없을 것이다. 하지만 어쨌든 나는 이로써 서구적인 정신이나 지성과 만나고 그리스도교적인 것과도 만나게 되었다. 그 책의 7일마다 실려 있는 단편소설풍의 글 중에서 읽은 「가난한 사람들」, 「미리엘 주교」, 미국 노예해방운동의 선구자 「해리슨의 전기 이야기」 따위에 내 영혼이 통째로 떨리는 감동을 느껴 문학의 위력을 맛본 셈이었다.

후일 톨스토이 정신세계의 한계를 비판적으로 보게 된 이후에도, 그리고 지금도 나는 그와의 만남을 부끄러워하거나 후회하지 않는다. 그의 사상과 사람됨의 웅덩이는 너무 커서 거기서는 진정한 그리스도인과 무신론자, 공산주의자 등 가지각색의 사상가들이 함께 나올 수 있다고 생각되었다. 결국 그것은 한마디로 인도주의라고 하기에는 너무 크고 넓은 휴머니즘의 웅덩이이며, 특히 그 지극히 강인하고 지성스러운 구도자적 모습에 어린 나는 깊이 감동하였던 것이다. 나도 말하자면 그를 시발점으로 하여 그 후 코뮤니즘을 넘보는 길에 들어섰다고 할 수 있을는지 모른다.

또 하나의 갈래는, 소년 후반기에 걸쳐서 비로소 근대문학을 접한 것인데, 이는 기묘하게도 일본 현대작가들(일본의 명치, 대정, 소화 연대의 작가들)의 소설이었다. 자연주의 소설, 중산지식층의 교양소설, 사실주의 소설, 그중에서도 일본 현대문학의 한 특징인 소시민의 사소설적 사실주의 소설(요컨대 당대의 일본에서 생산된 부르주아 문학)들에 접한 셈인데, 어찌되었든 내게 그것은 근대적 자아의 각성의 의미를 지니는 것이었다. 그러나 그것은 본래의 건전한 것이기보다는 이미 자의식 과잉의 위험을 내포한 근대적 자아라고 할 수 있는 것이었고, 이 버릇은 후일 더 심각하게 사회적 실천이 없는 소시민 지식인의 고뇌의 몸짓으로 이어지기도 하는 것이었다. 그래서 이 시기 나의 자의식은 말하자면 사회적·역사적 시야가 미약한 이른바 인생론적 모럴의 탐구―인간, 어떻게 살 것인가의 모색이라고 할 수 있다. 그 모럴은 한마디로 인간의 진실, 거짓 없는 삶의 갈구였다고 할 수 있다. 그것은 또 모든 위대한 인간 속에 허위와 왜소함, 허약을 발견하는 우상파괴적인 것으로 일주하는 것이기도 했다.

이 무렵 나는 결핵성 질환으로 오래 요양을 했다는 것과, 때마침 가세의 영락과 곁들여서 소년기 이래로 까닭 없이 산다는 것이 너무 엄청난 것임에 겁을 먹었던지 심정상 페시미즘 내지는 니힐리즘에도 기울었다. 그래서 그 방면의 서구 소설 또는 동양적 관조주의, 달관주의 내지는 노자, 장자와 불가의 서적 등에 이르기까지 유치한 이해이나마 그 세계를 엿보며 방황하기도 했다.

물론 나는 이 시기를 전후해서 한편으로눈 차차 일역본으로 서구문학에도 접근했다. 주로 19세기 말 러시아 대작가들의 소설, 슈투름 운트 드랑(Sturm und Drang) 이후의 독일문학, 루소, 위고, 로맹 롤랑 등 프랑스 작가, 마르크스가 좋아했다고 해서 기를 쓰고 셰익스피어 등을 섭렵했다. 이어서 일본과 서구의 좌익문학도 접했는데, 당시 일본 문단에는 이미 소위 전향문학으로 접어든 때여서 나는 한편으로 더욱 혁명적 사상의 충격적 영향을 받으면서 한편으로는 싸워보기도 전에 이미 패배하고 투항한 자들의 고뇌의 몸부림을 대리 경험하는 꼴이 된 굴절된 지성이었던 셈이다.

또 당시 1936년경은 이미 파시즘이 세계의 평화와 문화를 위협하는 시기에 들어서서 고리키와 로맹 롤랑 등 세계의 거대 지성들이 세계문화 옹호대회를 파리에서 열고, 앙드레 지드의 제1차 소련 기행이 있었던 무렵이다. 나는 스스로 진보적 지성을 겨냥하면서 그 운동을 뜨거운 눈빛으로 지켜보기도 했다. 이야기가 좀 앞질러 가고 혼란스러운데 어쨌든 나의 문학 편력은 이렇게 흘러간 셈이다.

　이 시기를 좀 되돌려서 요약하면, 근대적 자아의 본질인 비판정신이 아직 올바른 출구를 못 찾고 다만 그 근방을 맴돌며 방황하면서 자기 삶과 사회의 모든 존재와 현실에 부정적 측면으로만 심각한 관심이 돌려지는 시기였다. 이러한 방황의 방파제가 되는 것이 내게 또한 없지는 않았다. 우선 우리 집안(결국 아버지)에 존재했던 유가적 교양, 특히 그 유가적 합리주의 정신―종교를 포함한 모든 초절주의를 배격하고, 노장(老莊)과 같은 독선기신(獨善己身)하는 개인적 은둔주의 등을 배격하는 현세적 경세주의(經世主義) 정신이 있었다. 다만 유가적인 소위 수기치인(修己治人)의 사대부적 덕목은 식민지 하에서는 통하지 않는 이야기라서, 나로서 그보다 더 뚜렷하고 중요하게는 유년기 이래의 민족적 불행에 대한 막연하지만 절박한 감정, 점차 좀 더 성숙해진 민족주의적 각성이 허약한 페시미즘(내지는 니힐리즘)에 침몰하는 것을 막아준 듯하다.

　또 이와 관련해서는 하세가와 뇨제칸(長谷川如是閑)이라는 일본인 작가가 나에게 제법 중요한 의미를 지닌다. 그는 동서고금의 교양에 정통한 좌파 자유주의자에 속하는 사회평론가로서 소설도 썼다. 당시 나는 그의 저작을 거의 모두 수집해서 탐독할 만큼 그에게 빠져들었는데, 그는 나의 부정적 정신 방황에 그 나름으로 종지부를 찍는 말을 들려주었다. "총반적 부정은 총반적 긍정에 통한다"라는 말이 그것인데, 인생의 모든 것을 총반적으로 부정해 버리면 특정한 무엇을 특별히 부정할 필요가 없게 되고 총반적으로 긍정할 수 있다는 이야기였다. 지금 생각하면 밑바닥에 불건전한 관념주의적 트릭이 있지만, 나는 이로써 명확히 마르크시즘에 들어가기 직전에 적어도 추상적인 인생론적 인생 탐구에서 근본적으로 인생 긍정의 정신을 지니게 되었다고 느꼈던 셈이다.

문학과의 관계에서 세 번째 갈래는 우리나라 현대문학과의 만남이다. 이것은 사실 본격적으로는 상기한 두 시기보다 훨씬 뒤진 시기인 동시에 관심을 가진 후에도 그리 많이 읽지 않았고 문단에도 관심이 없었다. (이것은 후에 생각하면 잘못된 일이었다. 불행하게도 나는 일본말로 된 책을 더 많이 읽었고, 심지어 이론적 사색도 일본말로 할 정도로 불행한 지적 체험을 한 사람이었다. 그렇지만 일기는 우리말로 썼다.) 내가 우리 문학을 초기에 이렇게 적게 접한 것은 내가 끝내 문학의 길에 들어서지 않게 된 한 이유가 될 듯하다. 그것은 단적으로 우리말의 아름다움에 감동하는 기회를 제한했고, 따라서 우리말을 단련하는 기회도 제한한 결과가 된 셈이다.

20세를 넘어서면서 나는 인생문제가 추상적으로 사회적·역사적 시야를 떠나서 풀 수 없고, 그 시야 위에서만 가능함을 점점 더 명확히 깨달아가게 되었다. 이론서적으로 합법 출판물 중에서 마르크스주의 시각이 짙은 철학과 사회과학, 역사서를 접하게 되었는데 특히 정치경제학 관계서로써 당시 일본의 대 마르크스주의 경제학자 가와카미 하지메(河上肇)의 『제2 가난 이야기』, 『경제학 대강』, 자본론 해설서인 『자본주의의 발전』 등은 내게 새로운 세계의 개안(開眼)이었다. 또 그 무렵에 함께 접한, 인간 사유에서 형식논리를 극복하고자 한 변증법적 사유는 내게 정신적 해방이라고 이를 만한 큰 각성이었다. 그 후 몇 년 동안 나는 마르크스주의 문헌의 주요 원전을 일역으로 얻어 읽을 수 있었다.

또한 이 무렵에는, 소년시대 이래 뭐니뭐니 해도 음으로 양으로 언제나 내 정신생활의 밑바닥에 자리 잡고 있었던 민족주의도 그 전보다 더 폭넓게 생각하게 되었다. 약소민족의 독립이 국내·국제적으로 약육강식의 자본주의 세계질서 하에서는 도저히 달성할 수 없고 사회주의 세계질서 안에서만 가능하다는 비교적 명확한 각성에 도달하게 되었다고 할 수 있다. 또한 모든 문학작품의 이해와 감상도 이러한 사회경제(사)적 배경에서 이해하게 되었고, 이는 또 내게 있어서 계급적 관점에 대한 한층 더 명확한 각성이기도 한 셈이었다.

여기서 문학과의 관계에서 내게 아주 중요한 의미를 지니는 또 한 권의 책을 특별히 잊을 수가 없다. 우에다 스스무(上田進)가 번역한 『고리키 문학론』이라는 책이다. 내가 자생적으로 모색해 찾아낸 문학과 인생에 대한 생각에 대하여 나 자신보다 더 정확한 표현을 이 책에서 발견하는 것 같은 감동을 받았다. 나는 이 책을 1937년 초판이 나온 직후인 1938년에 읽었다.

그동안 내가 더듬어가던 마르크시즘이 과학이었다면, 이 책은 마르크시즘의 인간학이라고 할 만하였다. 나에게 『고리키 문학론』은 '인간, 어떻게 살 것인가'의 결정판이었던 셈이다. 이 책은 문학을 보는 눈을 통해서 인생, 그리고 역사적 인간을 보는 눈을 내게 주었다. 그 후 비록 내 시력이 미약했다고 할 수 있을지는 몰라도, 이 눈이 멀거나 애꾸눈이 되어본 일이 다시는 없었다고 스스로 생각하게 만들어주었다.

그러나 이러한 나의 정신사에서 나는 한 번도 제대로 문학청년이 되어보지 못한 채로, 굳이 말한다면 사상청년, 철학청년이 되어간 셈이다. 특히 1938년 이후, 즉 일본 땅에서 학생도 아니고 다른 무엇도 아닌 듯한 세월을 보낸 이후부터 더욱 그렇게 되어갔다. 당시 내가 교류한 일본인 친구와 선배들은 대부분 좌익운동 경력자들이었다.

이 시기에 문학과도 관계가 있는 나의 또 다른 지적 경험이 있다. 당시 나는 미술을 하는 일본인 벗들과 사귀면서 서양미술의 세계를, 그리고 또 다른 이유에서 서양음악을 좀 더 가깝게 접하게 되었고 나 나름대로 심취하곤 했다. 미술에서는 근대미술의 리얼리즘의 발전 모습을 역사적으로 더듬었고, 르네상스로 거슬러 올라가서 미켈란젤로와 레오나르도 다빈치—인간과 그들 세계—를 열정적으로 더듬어보았는데, 전반적으로 르네상스의 역사와 인간의 모습에 정신적 해방을 맛보았다. 그리고 우리 민족의 역사와 인간이 진정 해방되려면 이 르네상스 시대를 경험하는 것으로부터 시작해야겠다는 감동을 얻기도 했다. 음악에서는 처음으로 베토벤의 '고뇌를 통한 환희'의 정신을 접하고서 인생에서 고뇌를 고뇌로서 사랑하게 되었다.

각설하고, 여기서 내가 문학청년이 되지 않고 문학과 멀어져간 기묘한 연유를 잠깐 생각해본다. 돌아보면 이것도 역시 아버지의 영향에서 온 것인데, 소위 '문학여기론(文學餘技論)'이라는 것이다. 아버지는 망국 전후에 청년기를 겪은, 그래도 다소간 각성한 신지식인으로서—그 후 생애는 무위로 끝난 분이지만—지금 생각해도 놀랄 만큼 새로운 사고를 지닌 분이었다. 그런가 하면 또 놀랄 만큼 구식 정서도 지니고 있던 분으로서 내가 차츰 문학 내지는 문필생활에 지향이 있는 것을 알아채고 그것을 거세하려는 뜻에서였는지 "가로대 문학은 자고로 경세가(결국 예전 세상에서는 큰 벼슬)나 큰 학자가 여기(餘技)로 하는 것이다. 당송팔대가를 보아라. 경세와 학문이 도저하면 문필은 저절로 되는 것이지, 어디 남아가 일생 사업을 문필을 목적으로 하는 일이 있느냐"고 하셨다. 아마도 당시 문학을 하면 일평생 밥을 먹지 못한다는 공리적 생각을 합리화시키는 논법이었을 법한데, 그것은 나에게 자연과학 특히 공학을 전공하라고 역설한 것으로 짐작이 된다.

아버지는 특히 "조선 사람으로서 당시 식민지 사회를 정치적으로 거리낌 없이 사는 데 과학기술이 제일이다. 그 밖에 무엇을 하겠느냐. 또 과학기술은 네가 생각하는 어떤 사회가 되어도 가치가 있는 것이지만 다른 것은 가치의 변동이 있게 마련이어서 믿을 수 없다"고 하면서 조선의 실학 사상가들마저 들먹이셨다.

당시 나는 문학에 대한 관심이 지속되는 한편 철학과 사회사상에 눈이 점차 깊어지며 동시에 식민지시대 상황에 대응하는 개인적 진로를 고심하는 중이었다. 그때 아버지의 이 말씀들이 불만이었지만 한편으로는 귀에 솔깃하였다. 또 점점 깊이 빨려들어간 철학공부에 본격적인 자연과학 지식이 필요하다는 생각이 있었다. 그리고 나중에는 유물론적 견지에서 조선 자연과학사상사를 전공하면서, 어느 중학교의 이과 교사라도 되면 내 철학 지향과 생활상 문제가 어느 만큼 조화되지 않을까 하는 공리적인 생각에 빠져든 셈이다.

그러나 이는 역시 매우 잘못된, 내 삶을 놓고 양다리 걸치기 한 생각이었음을 훗날 뼈저리게 알게 되었다. 한때 나는 그 방면의 학교에 들어가 (내가 존경하는 과학사가를 좇아서) 자연과학에 몰입하려고 안간힘을 썼지만, 여전히 강렬한 사회적·역사적 관심 때문에 끝내 과학의 길에서 자기를 세워내는 기회를 놓쳤다.

그런데 내가 문학에 들어가지 못한 더 근본적인 이유로는, 지금 생각하면 내게 문학적 자질과 재능이 없었다는 한 가지 이유를 말하면 족하다. 우리에게 문학적 재능이란 무엇인가? 그것은 어떠한 일이 있어도 끝까지 문학을 하겠다는 의지, 말래야 말 수 없는 열정 그 자체가 재능일 것이다. 하지만 그 열정이 내게는 없었던 것이다. 나는 내면적으로 처절한 전진과 후퇴를 반복하면서 지그재그의 길을 통해 결국 마르크시즘과 코뮤니즘의 길로 나아갔고 (그 길에서도 나는 내가 납득할 만큼 이룬 것이 없지만), 문학도 자연과학도 나의 것이 되지 못했다.

이렇게 본다면 문학은 나의 첫사랑이다. 첫사랑이 일평생 애틋한 것처럼 나는 지금도 문학을 창작자로서가 아니라 감상자로서, 감히 말한다면 그 어설픈 비평가의 자리에서 문학을 곁눈질하는 것을 그만두지 못하고 있는 듯하다. 말하자면 슬픈 딜레탕트라고 할 수 있다.

문학이 나의 첫사랑이라면 자연과학은 나의 짝사랑이다. 여러 가지 사정으로 짝사랑에 그쳤지만 역시 영원한 짝사랑이고, 지금도 그 방면 책을 볼 때는 못 다한 사랑처럼 뜨거운 설렘으로 그 세계를 이해하고 싶어진다.

나의 마르크시즘, 코뮤니즘의 길, 그것은 내게 어떤 사랑인지도 알 수 없다. 미운지 고운지도 모르고 그저 한평생을 같이 살 수밖에 없는 삶처럼 운명적인 사랑인지도 모른다. 물론 그 사랑에 불만은 없다. 불행하지도 않다. 청년시절처럼 여전히 이 시대와 역사가 함께 슬픔과 고통이 있는 것은 사실이지만, 우리가 산다는 것이 결국 역사를 산다는 것이라고 한다면 그 슬픔과 고통을 끝까지 살아서 마침이 또한 삶의 보람일 수도 있다는 생각을 해본다.

어쩌다가 공연히 길어진 변변치 않은 이야기를 마치면서 짧은 글귀를 하나 덧붙인다.

오늘 우리 시대가 올바른 역사생활을 지향하는 정신에 있어서는 참으로 복잡하고 간고한 문제들로 휩싸여 있다. 특히 소련 사태 이후 사람들은 방향 상실의 애달픔과 자신을 추스르는 어려움을 서로 말하고 있다.

그러나 역사의 좌절은 이 시대 우리만의 것이 아니다. 나는 천지개벽에 비견할 만한 1917년 사변의, 오늘날 좌절 속에서 인류 역사상 또 하나의 천지개벽이었던 프랑스혁명의 좌절 당시 민중들의 쓰라린 좌절감을 생각한다. 신사들이 회의에서 만든 혁명적 선언이 휴지조각이 되는 것을 막아내고 이를 역사에 고착시켰던 민중의 진출―특별히 바스티유로 진격했던 아낙네들처럼 최하층 민중들의 아픔이 어떠했을까를 생각한다. 만일 오늘 소련 사태에서 그러한 아픔이 우리에게도 있다면 우리도 다음 글귀에 보이는 것처럼 생각해보면 어떨까. 그리고 역사를 더 멀리 보고, 모든 시대에 고통하고 승리한 민중답게 견디어보는 것이 어떨까.

> 대혁명의 뒤까지 살아남은 한 상퀼로트(Sans-Culottes)는 나폴레옹 제국이 자유를 짓밟아 없애버리는 것을 가슴 무너지는 마음으로 지켜보았다. (······ 중략 ······) 새 혁명의 때마다 그는 이상의 공화국이 다시금 태어나는 것을 믿고 있었다. 그의 청춘을 비추어주었던 1793년의 태양은 어두운 지평선 저쪽으로 허무하게 가라앉고 말았지만 그는 영혼의 밑바닥에 그 불멸의 빛을 언제까지나 놓치지 않고 지키고 있다.
> ― 폴 니콜(Paul Nicolle)의 『프랑스혁명사』 끝 페이지에서.

1995. 7. 24. 서울지역 대학생 문학연합 여름창작교실 자료집.

예수는 내게 누구인가
— 기독교인 회합에서 담화

제가 예수라는 이름을 처음 알게 된 것은 아마 일고여덟 살 때일 겁니다. 그때 저는 시골에 살았는데 제 누님의 친구인 '사라'라는 누님이 성탄절 새벽이면 우리 집 창가에 와서 찬송가를 불러주었어요. 그때 예수란 이름을 알게 되었는데 그 양반(예수)이 아주 가난하게 태어났고 십자가에 못 박혀 돌아가셨다는 것을 들었어요. 의미는 잘 몰랐지만 그것이 예수님과 나의 첫 만남이었습니다.

그런 관계가 특별히 의미 있게 성장되지는 못했어요. 우리 집안은 유가적인 합리주의 정신이 지배하고 있었기 때문에 하느님이 세계를 창조했다거나, 원죄라는 것 등을 거의 받아들일 수 없는 분위기였죠. 어렸을 때는 이해를 못했지만 초월적인 존재에 대해서 생소했기 때문에 하늘이라 하더라도 우주의 법칙 정도로만 이

해했어요.

그러다가 한 15~16살 때부터 신이라는 존재에 대해 조금 더 깊이 생각할 기회가 있었습니다. 톨스토이를 통해 신에 대해 생각하게 되었는데 예수에 대해서도 좀 더 가까이 갔지요. 그 이후 제 나름대로 성서를 읽기는 했으나 다만 산상수훈 같은 것이 내 마음에 다가올 뿐 종교적인 것으로 발전할 수 있는 그런 것은 없었던 것이죠. 집안의 유가적인 합리주의 정신이나 학교에서 배우는 과학적인 지식으로 말미암아 우리의 삶을 합리적이고 과학적으로 생각하게 되었죠.

그러다가 스무 살 때쯤 신과의 관계에서 최초로 잠정적인 결론이 나오기 시작했어요. 그때 일기에 "신이 계신지 안 계신지는 모르겠다. 그러나 만일 계시다 하더라도 내 삶이 하느님의 눈 밖에 나지 않는 삶을 살면 되지 않겠는가"라고 썼어요. 그 후에 그런 생각이 좀 더 다른 변화를 가져왔습니다. 초월적인 신이 존재한다는 것은 도저히 받아들일 수가 없었지만, 차츰 철학책을 보면서 저는 스피노자의 범신론을 알게 되었어요. 모든 만물에 내재적으로 신이 있단 얘기죠. 초월적이고 인격적인 신이 있다는 얘기가 아니라, 모든 생물, 물건, 산, 나무에까지 신이 내재한다는 것에 귀가 솔깃했던 겁니다. '아, 그럴 수 있겠다.' 범신론적인 신과 꽤 상당한 기간을 같이 했어요. 이전의 잠정적인 무신론적 결론보다는 마음이 좀 편해졌지요.

그것이 또 변합니다. 스물 한두 살 때부터 마르크시즘을 공부하기 시작했어요. 민족문제에 주력을 두게 되었지요. '우리 민족의 불행을 어떻게 극복하고 살아가야 하느냐' 하는 생각이 강하게 들었어요. 내 예전 그리스도인인 친구의 얘긴데, 그가 방학을 맞아 동경에서 돌아올 때 "서울역에 내리니까 많은 지게꾼들이 지게를 베고 자더라. 우리 민족은 왜 이렇게 불행해야 하느냐. 나는 하느님이 계신다고 생각한다. 당장 하느님 멱살을 잡고 당신은 왜 이 사람들을 이렇게 불행하게 하느냐고 따지고 싶다"라고 하는 말을 실감나게 들었어요. 차츰 현실적이고 인간적인 것에 눈을 돌리면서 마르크스주의에 자연스럽게 들어가게 되었지요.

아주 직접적인 동기는 민족적인 불행이었지요. 또 당시 사회적 문제에도 더 깊이 눈을 뜨게 되었는데 계급적인 빈부의 차는 어린 마음에 휴머니즘의 입장에서 보았을 때 도저히 납득할 수 없는 그런 것들이었습니다. 아무 죄 없는 선량한 사람들이 가난 때문에 고통을 당하고 있다는 것에 대해서 설명이 안 되는 거죠. '왜 이 사람들이 불행한가. 아무 이유 없이 불행 속에 떨어져 있다. 민족도 그렇다.' 자연스럽게 사회주의 사상에 깊이 공감하게 되니까 마르크스주의 철학에 심취했고 유물론 철학이 그대로 받아들여졌어요. 따라서 범신론과는 멀어졌지요. 종교적인, 또는 철학적인 의미의 어떠한 신의 개념도 더 이상 나에게 필연적인 것이 아니었습니다. 그러면서 사회적인 실천을 하게 되었고 감옥에 들어가서 박해도 받게 되었지요.

마르크스를 만난 이후로 나의 정신적 방황이 적어졌지만 아무리 그런 철학을 갖는다 할지라도 마치 모범답안을 가진 것처럼 계속 그렇게 흔들리지 않는다는 것이 쉽지 않습니다. 여러분도 신앙을 가져서 아시겠지만 신앙을 가졌다고 해서 흔들리지 않는 것이 쉽지는 않지요? 신앙이라는 것은 흔들림을 통해서 더 굳어지는 것이라고 생각합니다. 저도 역시 일정한 사상을 가졌지만 계속 대결하고 묻고 실천하는 과정에서 박해도 받고 더 굳어지면서, 그렇게 살아온 셈이죠.

마르크스주의를 접한 이후로 그 길을 실천하다 보니까 종교, 혹은 신이 문제가 아니고 종교교단, 특히 기성교인들이 내가 고민하는 것들과는 다른, 아무런 관계가 없는 일들에만 마음을 쏟고 있더군요. 민족적인, 사회적인 고민이 있는데 마음속으로 기도만 해서 되느냐 하는 생각이 들었어요. 기도만 하면 불행해지지 않는다고, 거기에 구원이 있다고 얘기하더란 말입니다. 그것은 바로 내가 추구하는 이 사회의 갈등과 고통을 극복하기 위한 지향과 노력을 거세하는 것밖에 되지 않아요.

레닌이 '종교는 아편'이라고 말했는데, 여러분에게는 이것이 좀 이상하게 들리지요? 그러나 실제로 기성종교들이 사회변혁이라든가 역사에 대해서 말할 때 그런 데에 눈을 감게 하고, 가리게 하는 역할을 했다는 것을 말한 것뿐입니다. 종교의 본질이 어떻다는 얘기는 아니에요. 그러나 그렇게 되니까 전투적인 무신론이라는 게 생겨요. 관념적인 이런 종교하고는 싸워야 되겠다 이거죠. 그러니까 점점 신과 멀어지는 거예요. 제 삶을 전체적으로 볼 때 지금이나 그때나 저는 무신론이라 할 수 있지만 그렇다고 해서 신이 있다 없다를 따지는 문제에는 그다지 생각을 하지 않아요. 다만 현세적인 면에서 종교인들이 반역사적인 활동을 하는 경우에 그들과 대립하는 것입니다.

그러나 전 과정을 통해서 저는 이상하게도 성서를 읽어왔습니다. 저는 계속 예수와 성서에 관심을 가졌고, 특히 예수의 행적 중에는 마르크스주의자가 된 이후에도 마음에 와 닿는 것이 적지 않았어요. 1954년쯤 징역을 살 때 성경을 또다시 깊이 읽을 기회가 있었어요. 일부러 병을 핑계 삼아 병동(病棟)에 들어가서 큰 맘 먹고 일본어로 번역된 구역성서를 한 달 가까이 읽은 적이 있어요. 전에는 신약만 읽었을 뿐이거든요.

저는 예수와 신을 구별해서 느낍니다. 처음에는 성서를 읽을 때 도무지 그 얘기가 나에게 가까이 오지 않아요. 뭔가 가까이 느낄 방법이 없나 모색하는 가운데, 에르네스트 르낭(Ernest Renan)이라는 프랑스 사람이 쓴 『예수전』은 인간적으로 예수를 나에게 한 층 가까이 해주었어요. 아쿠타가와 류노스케(芥川龍之介)라는 일본 사람이 쓴 『서방(西方)의 사람』도 인간의 안목으로 예수를 느끼게 해주었지요. 그 사람들과 생각이 같다는 게 아니라 우선 예수와 한결 가까워졌고, 그들을 통해 예수를 인간의 눈으로 보는 것을 알았어요. 나중에 예수에 대해 비판적인 글도 읽었으나 이제 예수는 나에게 한 인간, '인류의 위대한 교사'라는 자리에 있게 되지요. 오늘 주제인 '예수는 내게 누구인가?'를 한마디로 말한다면 '위대한 인류의 교사'라고 말할 수 있습니다. 여러분에게 외람된 말씀이지만, 인간으로서 인류의 위대한 교사라는 면에서 예수에 대한 저의 애정이나 존경은 남 못지않다고 생각합니다.

인간으로서의 예수를 생각하면서 성서를 읽으니까 아주 가슴에 와 닿는 얘기가 많이 나옵디다. '아, 예수는 참 많은 인간적인 고뇌의 체험을 한 분이로구나. 어려운 세상을 살면서 인간에 대한 큰 애정을 가지고 사셨구나.' 그 체험이 저에게 와 닿는 부분이 많았어요. 예를 들어 "너희는 땅의 소금이다"라는 부분이 있지 않습니까. 저는 젊은 시절 공산주의자로서 스스로를 소금이라고 생각했거든요. 소금이 그 맛을 잃어버리면 아무데도 소용이 없어 땅에 버려지고 사람들에게 밟힌다고 나와 있죠. 그것이 마치 내 사상을 고수하는 데 '아, 내가 소금이 아니면 모르지만 나 스스로 소금이라고 자각하고 있다. 근데 소금이 짠맛을 잃어버리면 땅에 버려지듯 내가 내 본질을 버리면 소금이 아니었던 것보다도 더 천한, 발에 밟히는 그런 존재가 되겠구나', 그렇게 해석하게 되더군요. 이런 제 모습을 보고 저를 맡은, 종교학을 한 교회사(敎誨士)는 "당신은 성서를 가지고 공산주의를 하는구려"라고 말하더군요. 당신 같은 사람이 예수를 믿으면 굉장히 열렬한 종교인이 될 거란 말이죠.

저는 제 길 위에서 예수를 만나고 있습니다. 예수 그리스도뿐만 아니라 부처님, 공자님도 만납니다. 내 자신이 옳다고 생각하는 나의 길 위에서 이런 분들을 만나니까 내 마음이 편하고 더 든든해지는 겁니다. 사상이나 철학적으로 다른데도 불구하고 말입니다. 그분들은 어려운 시대를 인류에 대한 애정과 사랑을 가지고 끝까지 옳게 살려고 하지 않았어요? 저는 마음에 드는 게 말이죠, 예수가 "진리는 사랑인데 이웃을 사랑하는 것과 신을 사랑하는 것이 같다"고 얘기한 것입니다. 한 마르크스주의자가 보기에 예수의 그런 모습이 굉장히 많은 체험을 한 사람으로 보이게 해요. 해방신학에 관한 어떤 책에서 본 시가 생각납니다.

"나는 신을 찾았다. 그러나 보지 못했다. 나는 예수 그리스도를 찾았다. 그러나 보지 못했다. 나는 고통하는 형제들 안에서 신도 그리스도도 형제도 보았다. 우리들은 함께 걸어가기 시작했다."

여러분들은 신을 자기 내부에 가지고 있기에 어떤 면에서는 참 행복한 분들이라고 생각합니다. 예수 믿는 친구가 나한테 선교할 때 저는 부드럽게 거절하면서 이렇게 대답했어요. "글쎄 말이야, 아마 난 그 양반의 은혜를 못 받은 사람인가 보오. 내가 우연히 마음에서 우러나서 예수를 믿고 싶은 생각이 들면 그게 은혜일 거야. 지금 나는 그게 안 되니까." 사실상 마르크스주의 유물론자가 이런 말을 하면 어떤 사람은 이단자 같다고 말할 수 있을지 모르지만 저는 조금도 그런 데서 모순을 느끼지 않아요.

제가 사는 동안은 내 철학과 사상으로 살지만, 그 철학이라는 게 꼭 특별하게 예수님이나 인류의 위대한 교사들과 다른 길을 가는 것은 아닙니다. 오히려 제 길을 그분들이 보고 승인해주고 밀어주고 같이 가자 하는 소리를 듣는 것이 제 길을 가는 데에 더 든든하다고 생각해요. 그래서 심지어 젊었을 때는 이런 생각도 했어요. 만일 이 시대 이 땅에서 예수나 이런 분들이 내가 가는 길을 안 간다면 나는 조금도 미련 없이 당신들을 등지겠다고요. 만일 당신들이 내가 가는 길을 나쁘다고 할 때 당신들은 가짜다, 이런 생각이지요. 그런 성숙하지 못한 감각도 가져봤는데 이젠 그런 표현을 할 생각은 없어요. 어쨌건 제가 가는 길이 그분의 길과 만날 수 있고 같이 얘기할 수 있다고 생각하니까요.

성서에서 아주 감명 깊게 읽은 이야기가 몇 군데 있어요. 제가 예수를 이해하는 징표가 될 수 있으니까 말씀드리고 싶습니다. 제일 생각하게 하는 구절은, 왜 예수님이 세상을 구원한다고 제자들에게 확신을 주지 않았습니까. 마지막으로 예수가 골고다에서 돌아가시기 위하여 예루살렘으로 올라가실 때 제자들에게 비로소 나는 이번에 가서 죽는다고 말씀하시지요. 그전까지 예수의 제자들에는 여러 부류가 있었을 거예요. 출세하겠다는 사람도 있고 천국 가겠다는 사람도 있고, 순수하게 예수님을 따른 사람도 있는데 그들에게 "나는 죽는다"고 했으니 얼마나 실망했겠어요.

성서에 나오는 제자들의 반응 중에서 베드로가 "그런 일이 있어서는 안 됩니다" 하지 않았어요? 내 맘에 와 닿는 것은 예수님 대답이에요. "사탄아! 너는 지금 신의 생각을 하지 않고 사람들의 일만을 생각하고 있구나." 오랜 박해, 내 약함, 이런 것이 느껴질 때 내가 베드로처럼 정말 생각해야 할 것은 버리고 인간의 생각을 할 때가 있을 거란 말이에요. 그때 '아, 이 친구(이 친구라 해서 미안합니다)도 그런 것을 충분히 이해하고 있었구나' 하는 생각이 들더군요. 예수님도 약할 때가 있었을 거예요. 많이 있었죠. 사실상 이 이야기는 사상을 떠나서 누가 듣든지 깊이 들으면 올바른 길을 가려는 사람에게 늘 고통과 갈등 가운데 힘을 줄 수 있는 얘기라 생각해요.

또 이런 이야기에 감동받은 적이 있습니다. 예수님이 전교를 시작하기 전에 세 번 시험을 당하지 않았습니까. 사탄이 예수를 성전 꼭대기에 세우고 "네가 정말 하느님의 아들이라면 떨어져봐라" 하죠. 그때 예수는 "신을 시험하지 말라"고 그랬어요. 예수님에게는 아주 심각한 시련입니다. 예수님으로서는 "나는 떨어져서 정말 죽지 않았다. 하느님이 계시지 않느냐"고 증명하는 것이 더 좋았을지 몰라요. 예수님은 하느님의 권능을 확신하고 있었지요. 그러나 그러지 않고 예수님은 하느님을 시험하지 말라고 그랬어요. 신에 대한 신앙이 얼마나 강하면 그랬겠어요. 그분이 아주 깊은 체험을 한 분이라는 생각이 듭니다.

자기가 소중하게 가지는 신조(그리스도인에게는 신앙이겠지요)를 의심하지 않는 것은 물론이고 시험해보지 말라는 태도, 이것이야말로 무엇인가 진실로 소중한 것을 지키는 모든 사람의 고뇌이고 투쟁이고 승리의 모습이라고 생각합니다. 한마디로 예수님은 나에게 이렇게 멀고 또 이렇게 가까이 계신 분입니다.

『성서와 함께』 1993년 6월.

소련 쿠데타가 전해진 날

저녁 때 임명욱 씨와 함께 작은 주점에서 맥주를 마시고 있었다. 늘 하는 것처럼 그가 나에게 대접하는 자리였다. 그와 만나면 주로 사상이나 문학에 관련하면서 우리가 사는 시대에 대한 이야기를 순서 없이 주고받는다. 그는 소설을 쓰려는 계획을 가지고 있는 운동권 출신의 진보적 감각의 소유자로, 모교인 경희대 부근에 이념서적 전문의 작은 서점을 경영하고 있었다. 우연한 기회에 알게 된 나에게 늘 정중하고 친절했다.

그날도 한참 동안 이야기를 나누고 나오는데 그가 카운터에서 신문 한 장을 들고 나왔다. 나와서 몇 걸음 옮기면서 그 신문 표제를 보여주었다. 검은 바탕에 흰 글자로 "고르바초프 실각"이라는 커다란 표제였다. 호외였다. 하루 종일 그나 나나 집에서 책 읽고 있다가 나온 터라 그동안 라디오도 못 듣고 호외도 못 본 우리는 그 시각에 처음으로 그 사실을 알게 된 것이다. 그는 걸으면서 계속 말없이 신문 호외를 읽고 있었다. 나도 입을 꾹 다물고 말없이 길을 걸었다. 이상하게도 별다른 생각을 하지 않은 것 같다. 무엇을 생각하기에는 충격이 너무 컸던 모양이다.

우리는 먼젓번 주점에서 호외를 보기 전에, 그가 전화를 걸어서 만나기로 약속한 또 다른 맥주 집으로 가고 있었다. 줄곧 둘은 말이 없었다. 그는 여전히 신문을 보고 있었다. 약속 장소에 와서 보니 상대는 아직 오지 않았고 그래서 둘만이 방에 올라가서 마주앉았다. 그제야 다 보았는지 신문을 내게 건네주면서 무엇인가 중얼거렸는데 나는 그 말을 기억하지 못한다. 다만 그 말에 대해서 내가 "구경꾼 입장이니까 그런 말하지"라고 한 것이 기억되고, 그 말을 받아서 그가 "구경꾼이라니요? 그동안 소련이 우리에게 얼마나 문제였습니까?"라는 의미의 말을 한 것을 기억한다.

이로써 보면 최초의 중얼거림이 아마도 경악 속에서도 기정사실로서 받아들이는 반응이었던 것 같다. 그제야 나도 무엇인가 생각을 하기 시작한 모양으로, 나는 기정사실로 받아들이는 것을 보류하는 태도로서 구경꾼처럼 쉽게 무슨 의견을 가지기에는 이르지 않느냐는 반응이었던 것 같다. 그는 곧 이러한 나의 유보적 태도에 반발하듯이 고르바초프 정권이 그동안 우리나라 문제—남과의 수교 등 관계 진척, 북과의 정책 갈등 등 우리에게 불리한 정세를 조성했던 사실을 더 분명히 표시함으로써, 자기 의사가 구경꾼의 입장이 아니라고 말하는 것이었다. 그러나 그도 아직은 뚜렷이 쿠데타 사태를 지지하는 데까지는 나가지 않은 눈치였다.

나는 곧 신문을 받아들고 읽으면서 머리 한구석에서 이 사태에 대하여 생각을 모으기 시작했다. 그가 말하지 않아도 근래 소련의 대북정책은 늘 마음을 무겁게 하던 터였다. 확실히 우리 민족적 이익에 부합되지 않는 것이며, 그것은 전반적으로 페레스트로이카 외교의 우려스러운 또는 위험스러운 정책선상에 있었다. 또 직접 우리 민족의 이해관계를 떠나서도 날이 갈수록 소련의 개혁이 갈팡질팡하면서 혼미를 거듭하고 국제적 지위가 약화되어가는 것을 볼 때, 무엇인가 커다란 전기가 있지 않으면 안 되겠다는 것은 세계적으로 뜻있는 자의 공통된 생각이었다고 할 수 있다.

그러므로 당장 단기적 관점에서는 쿠데타가 성공하여 여기 신문에서 말하는 소위 보수강경파가 집권하는 것이 우리 민족문제에 유리한 정세라는 생각은 곧 머리에 떠올랐다. 그러나 곧 또 한편으로는 세계사의 관점에서 소련의 사회주의 개혁의 성공이 진정 인류사의 역사적 발전이 되기를 바라며 지켜보아왔던 입장에서, 장기적으로는 그들의 집권을 무조건 지지할 수 없는 측면이 없지 않다는 생각이 머리를 스쳐갔다. 다시금 소련 내부에 경직된 정치 정세가 조성되고 동서관계도 악화되는 것이, 직접 우리나라 문제에 국한해서 생각하더라도, 반드시 유리한 국제조건일까 하는 것은 장담할 수 없는 문제라는 생각도 들었다.

이 모든 것은 삽시간에 한 느낌으로 머리를 스쳐간 것이므로 깊은 분석이나 검토를 거친 나 나름의 책임 있는 견해일 수 없다. 무엇보다 나로서는 북의 태도 표명이 기다려지는 것은 어쩔 수 없는 일이다. 그리하여 지지니 반대니 하는 문제를 그 이상 더듬지 않고 덮어두기로 했다. 그러니까 처음의 "구경꾼이니까 그렇지"라고 말할 때의 유보적 태도에 약간의 생각을 경과하고 나서 다시 돌아온 셈이다.

그러면서 한편 신문기사에서 쿠데타 주동인물들의 인적사항을 주의 깊게 읽었다. 예상된 바대로 군부, KGB 등 군사력 장악기관의 주요 인물들이었다. 차차 머리가 제대로 돌아가면서 첫째, 70여 년 공산당 지도 하 소련 정치사회에서 군부 쿠데타가 발생했다는 사실 자체에 거부감이 느껴졌다. 국가경영은 어디까지 당내의 노선투쟁에서 진로가 결정되어야지 후진국 뜨내기 정권들처럼 군부 쿠데타가 튀어나온 것이 비통했다. 그렇게 소련의 정치사회가 조직적으로 취약한 것이었다는 말인가. 최소한도 사회주의권의 지도적 국가로 생각해왔던 만큼 그 사실은 창피하고 또 비통했다. 또 그 주동세력이 가증스러웠고 그것을 허용한 고르바초프 정권의 취약성이 창피하고 비통했다. 어떻게 그 지경이 되었을까. 정치적 지도역량이 그 지경이라면 어차피 고르바초프는 자기 역량이 쇠진된 사람임은 분명하다. 그래도 그의 개혁 출발을 환영하고 성공을 기대했던 사람으로서 애석은 하지만 정이 떨어졌다.

그 비통한 심정은, 사회주의 소련에 그러한 창피한 사태가 있다는 것이 70년 사회주의 혁명과 건설을 위하여, 그리고 제2차 세계대전 때 사회주의 소련을 지켜내기 위하여 모든 희생을 견디며 싸운 소련 당의 당 대중, 소련 인민, 그리고 사회주의에 자기 민족과 인류의 장래를 걸고 싸우고 있는 전 세계 선량한 인민들의 갈망과 양심에 대한 배반이라는 생각 때문에서 온다. 쿠데타 세력의 주관적 의도 여하를 불구하고 끝까지 당내 정치투쟁으로 당당히 싸우는, 정치에 있어서의 당적 원칙성과 인민적 원칙성을 저버리고 손쉽게 일을 해치우려는 도박자의 수법에 호소한 것을 허용하면 앞으로 언제 어느 때, 또는 세계의 다른 사회주의 국가에서 그런 분자들의 준동이 언제 어느 때 있지 말라는 법이 없지 않다는 데 생각이 미쳤다. 장기적으로 볼 때 이는 세계 사회주의운동에 어떠한 손실보다도 더 큰 손실의 씨가 될 수 있다는 데까지 생각이 미쳤다.

이렇게 생각하니, 나는 조금 전보다는 좀 더 분명히 쿠데타에 대해 냉담한 생각을 가질 수 있게 되었다. 그러면서 우리나라 문제 해결에 있어서의 손익타산 문제가 계속 마음을 무겁게 짓눌렀다. 사태의 진전이 진정 여러 가지 의미에서 남의 일이 아니고, 구경꾼이 될 수 없는 바로 우리나라의 문제와 인류사의 문제에 직결되고, 그것은 곧 이 시대를 사는 모든 사람의 양심의 문제에 곧바로 이어진다는 감이 깊어진다.

이런 생각이 머릿속에 두서없이 지나가는 중에 출판사의 젊은 사장 등 두 사람이 와 넷이서 맥주를 나누었는데, 누구도 소련 사태에 대해 그저 놀랍다는 말뿐 별다른 이야기를 하지 않았다. 그렇게 술만 마시고 출판에 관계된 이야기를 적당히 하다가 늦게 헤어졌다. 나는 전철을 타고 집에 돌아오면서 근래에 자주 하게 되는 생각을 되뇌고 있었다.—내가 젊은 날 이래로 애타게 지니고 살아온 갈망이 궁극적으로 배반당하지 않을 것임만이라도 확인하고 죽고 싶다는, 그야말로 애타는 갈망이다.

이제 사회주의 최대 중심 국가이며 지도적 국가인 소련에서조차 최대 시련을 맞고 있는 시점에서 그 갈망은 타격을 받고 있는 만큼 그만큼 더 애타는 것이 됨을 느낀다. 우리 민족의 장래, 인류의 장래가 바로 내 70년 삶의 문제로 다가오면서. 그런데 죽을 날은 이제 그리 멀지 않다.

1991. 8. 19.

중국의 시련

중국 사태(6·4 사태)에 대한 생각을 정리해본다.

정확한 정보 없이 무슨 정리를 할 것인가.

그 출발-진행-사태의 절정-계엄령-사태의 수속(收束).

그 단계 단계에서 보이는 빛과 그림자를 내 나름으로 느끼지 않을 수가 없다. 그러나 정확한 사태 파악이 없는 상태에서 무슨 말을 쓰랴.

그와 같이 수속된 것은 결국 잘된 일이라는 생각은 확실하다. 그러나 가슴이 무겁고 쓰라리다. 그와 같이 파국으로 가기 전에 다른 길이 없을까. 그러한 파국으로 간 이상 그와 같은 수속 이외에는 길이 없다. 무엇인가 다른 길이 —4대 원칙이 견지되는 기반 위에서 그 운동이 시작될 때의 좋은 대의도 살려지는 길이 얻어졌더라면, 하는 아픔은 여전히 남는다.

　그리고 시작은 좋았지만 그 파국으로 치달아간 데에는 학생과 군중들에게 과오가 있었던 것을 부인할 수가 없다. 특히 조자양 총서기가 현장에 나가 눈물로 진정을 호소할 때에 학생과 군중들은 그의 말에 따라야 했다는 생각을 그 당시 보도를 보는 순간에도 가졌고, 그 후에도 끝까지 떨쳐버릴 수 없다. 그러면 그들의 대의도 제한적으로, 그러나 현실적이고 역사적으로 가장 옳은 정도와 범위 내에서 살리고, 동시에 수속 및 수속 이후의 모든 쓰라린 사태 없이 중국의 개혁적 노력이 진전될 수 있었을 것이다.

　만일 4대 원칙 자체가 처음 시작할 때에는 예상하지 못했던 정도로 위태롭게 된다면—군중운동의 모멘텀이 붙으면 저들 자신도 통제할 수 없는 정도로, 또는 방향으로 일탈할 수 있는 것은 우리가 모든 혁명운동 과정에서 많이 보아온 바다—그때는 도리가 없다. 그와 같은 수속의 방법, 힘에 의한 수속의 방법밖에 없고 그것은 정당한 일이다.

　이제 바라는 것은 수속을 위한 운동이 어느 정도까지 가느냐, 그 운동 자체에 모멘텀이 붙어서, 이번에는 먼젓번 학생, 군중운동의 모멘텀과 반대의 방향으로 지나치게 맥진(驀進)하지 않기를 바랄 뿐이다. 결국 살려야 할 것은 4대 원칙인 동시에 민주적 개혁(정치적·경제적)의 견실한 진전이다. 위대한 승리의 경험을 축적한 당이고 인민이며 또 그 지도자들이니, 아마도 가장 올바른 길을 택해서 올바른 정도에서 진행될 것을 믿고 싶다. 지도자들 간에 사심 없기를 믿고, 바라고 싶다―가령 비원칙적인 권력투쟁.

중국이든 소련이든(그 사이에도 발전단계의 차이야 물론 있지만) 어쨌든 그들은 사회주의가 새로운 생산력의 발전을 달성하기 위해서는 그에 알맞는 생산관계(따라서 상부구조로서의 정치구조)를 발전시켜가야 할 단계와 과제에 직면하고 있는 것은 분명하다. 그 해결을 위하여, 즉 사회주의의 새 단계에 처한 생산력과 생산관계의 모순의 해결을 위하여 지금 진행되고 있는 개혁은 반드시 성공적으로 완수되어야 함은 이제 누구에게도 분명한 것 같다.

물론 인민 각자가 가지고 있는 발전단계의 정도, 따라서 당면한 민족의 역사적 과제에서는 서로 다름이 있을 것이다. 따라서 개혁 노력도 일률적 형식으로 될 수 없고 누가 누구의 모범이라고 직접적으로 말해질 수는 없을 것이다. 그러나 사회주의도 내부의 모순을 부단히 극복하면서 새로워져 나아가야 할 실체임에는 틀림없다.

전에도 늘 생각해오는 것이지만 우리는 우리 자신 내부의 모순을 두려워할 것 없고 더구나 감출 것도 없다. 모순은 제때에 정확히 감지되면 될수록 좋은 것이다. 그리고 감지되면 반드시 해결의 방도는 나서게 마련이다. 해결할 수 있는 문제만을 문제로 제기한다 함은 역사가 증명하고 있지 않은가.

중국 사태를 멀리서 바라보면서, 또 소련의 개혁 노력의 빛과 그림자를 바라보면서 세계사의 장래, 인류사의 장래, 그 속에서의 우리 민족과 인민, 우리 혁명과 역사적 장래를 가슴속에 돌아보고 살펴보는 사념이 간절하다.

그러나 나의 이론적·실천적 체험이 너무 가난하다. 그러기에 애타는 만큼 힘 있는 인식을 얻기가 어렵다. 더 정확한, 그리고 권위 있는 관점에서 오는 해석과 인식을 접하고 싶다. 나는 그 관점이 무엇인가를 잊지 않을 것이다. 그것은 엄격히 명심해야 한다.

1989. 7. 10.

통한의 날

언제부터인가 모든 매스컴—잡지, 신문, 방송 심지어 전문연구 잡지 등에서 사회주의 몰락이라는 말이 아무 거리낌 없이 쓰이고 받아들여지고 있다. 나도 이제는 이 말에 놀라거나 슬프거나 분노하는 일 없이 읽어 넘어가고 있다는 사실을 새삼 남의 일처럼 돌아보게 된다.

소련의 상황은 참으로 소련의 몰락이라는 감을 부인할 수 없고, 미국은 이제 명백한 소련 해체의 일정을 정식으로 시작하고 있는 것 같다.

고르바초프를 중심으로 한 연방체제 유지의 정책(최근 야코브레프, 세바르드나제 등으로 인력이 보강되는 듯하지만)은 결국 소련 해체의 길을 막기에 역부족인 것 같다. 경제위기는 심화되었고 인민들은 목표 없는 나날을 우왕좌왕하면서 오늘의 경제궁핍에 대한 모든 책임을 페레스트로이카와 사회주의에 돌리는 상반된 듯이 보이는 표면적 양론으로 분열되어 있다. 그리고 그것을 종합해서 올바른 사회주의의 전진을 기도하는 세력은 아직 미약한 듯이 보인다. 태동은 하고 있는 듯하나 큰 결집을 이루지 못하고 있다. 무엇보다 당장의 인민의 경제적 불만을 해결할 방도가 우선 미국 등 외국의 경제원조에 의지할 수밖에 없다는 비참한 상황에서 그들의 노력이 발전하기에는 사태가 너무 급박하다. 거기에다 민족주의적 감정이 전 연방의 각 공화국을 정서적으로 지배하고 있고, 미국 등 소위 서방제국은 그것을 부추기면서 개별적 경제원조를 미끼로 삼아 그들을 체제 변질과 연방 해체의 길로 끌고 가고 있다.

　소련의 몰락—사회주의의 몰락이 이 지경에 이르도록 행보를 가게 한 것은 결국 고르바초프에서 시작한 페레스트로이카 과정의 실책과 정책 혼란이었다. 고르바초프의 페레스트로이카 철학이 소련 사회주의 발전을 위해 일단 필요하고 필연적이었다고 긍정적으로 보는 입장에서도, 그의 그 후 정책과 정치지도력은 그 엄청난 사업을 시작할 수는 있었지만 옳게 끌고나가기에는 역부족이었음이 판명되었다. 그 손실은 소련에, 아니 인류의 역사에 참으로 너무나 크고 심각한 것임에 틀림없다. 고르바초프에게 그 책임을 지워보았자 속 시원할 것이 하나도 없는 너무나 비통한 좌절인 것이다.

　도대체 옐친 같은 자, 또 그 추종자들도 한때 공산주의자였단 말인가. 다만 소련 사회주의 사회에서 또 하나의 출세주의자였을 뿐일까? 아니, 틀림없이 그들은 공산주의자는 아니고 어느 사회에서나 출세를 추구하면 된다는 따위의 출세주의자이다. 그리하여 용하게 어느 정도 출세한 성공자들인 것이며, 자본주의 사회에서 얼마든지 볼 수 있는 엘리트 관료에 불과하다. 결국 그들에게 공산주의는 출세의 도구였을 뿐이다. 그러나 그들만은 아니다. 오늘 그래도 사회주의를 고수하고 있는 중국이나 우리 사회에도 그러한 자들이 없으란 법이 없다.

　이제 진정 바라는 것은 소련에서 이와 같이 공산주의가 출세의 도구가 되지 않는, '사이비'가 아닌 진정한 공산주의 세력이 정돈, 재건되어 새로운 발전을 하는 것이다. 또한 오늘 사회주의를 고수하고 있는 중국 등에서도 사이비 공산주의자들을 효과적으로 청산, 배척하면서 진정한 사회주의의 발전을 지켜내는 일이다. 만일 그러한 사이비 등을 비호하고 온존하는 사회주의라면 소련과 같은 몰락의 위험이 연기될 뿐이지 극복되는 것은 아니라고 해야 할 것이다.

　이제 중국의 운명은 인류역사를 짊어지는 데 중요한 기둥이 되었다고 할 수밖에 없다. 소련의 페레스트로이카 초기에 그 실험이 인류역사를 가늠한다고 생각하면서 '참으로 잘 해주기를 바랐던' 그 간절한 소망을 이제는 중국에 걸 수밖에 없다. 다만 그 4대 원칙의 고수가, 진정한 민주주의와 사회주의의 발전을 왜곡하고 저지하는 사이비 출세주의자들의 사욕을 위해 이용당하는 것을 최대한 극복하는 방향으로 더 느리지도 더 빠르지도 않는, 그야말로 황금적인 변증법적 정세판단에 입각하여 개혁과 발전(경제에서 그리고 정치에서)이 진행되기를 간절히 바란다.

우리 민족은 민족통일이라는 지상과제가 절박한 만큼 사태는 더욱 복잡하다. 게다가 사회주의와 자본주의적 발전을 통일적으로 성취하기 어려운 국면이 있는 만큼 그 양면에서 오는 난점은 더욱 미묘하고 심각할 것으로 보인다. 사회주의가 인류 발전의 움직일 수 없는 대도인 것만큼 민주주의도 인류 영원의 목표일 수밖에 없다.

사회주의가 민주주의의 최고 형태라고 믿고 살아온 사람으로서 그간의 갈등이 이리도 심할 줄은 실로 생각지 못했는데, 아마도 그 갈등을 이리도 심화시킨 것은 역시 스탈린 시대의 소련 사회주의의 진행 실태였음을 부인할 수 없을 듯하다. 스탈린은 그 공적과 과오가 너무나 불가분으로 결합되어 있어서 참으로 분석이 지난한 역사적 존재이다. 오늘의 소련 사태의 직접적 원인 제공자가 고르바초프라고 한다면, 그 원인(遠因) 내지는 근본원인은 스탈린의 공과(功過) 가운데 과오 쪽 사태의 누적이었다고 볼 수 있다. 그렇다면 그 역사적 평가는 원대하게 아주 장기적으로는, 즉 인류사적으로는 역시 부정적일 수밖에 없지 않을까 하는 비통한 결론을 나 자신은 부인할 수가 없다.

만일 스탈린 시대부터 사회주의 사회가 빠지기 쉬운 여러 부정적 요인들—교조주의, 관료주의, 개인 숭배적 경향, 계급독재가 아닌 당 독재 내지 개인에게 지나친 권력의 집중, 당내 민주주의의 결여(국민에 대한 민주주의는 고사하고 혁명적 선진 부대인 당내에서조차 민주주의가 형해화하는 당의 메커니즘)—에 대한 올바른 투쟁이 진행되고, 그야말로 높은 혁명적 민주주의적 룰(rule)이 실천, 발전되어 왔더라면, 오늘의 소련 사태 및 그의 영향과 지도 하에 있던 동구나 기타 각국 당에 있게 된, 그리하여 오늘날의 몰락을 직접 초래한 모든 부정적 요소—그 하나로서 진정한 혁명적 공산주의자가 아닌 관료주의자가 국가를 경영하는 사태—가 일찌감치 극복되어갔을 것이다.

그러나 이제라도 늦지 않다. 이렇게 말하는 비통은 너무나 크지만, 역시 이제라도 늦지 않았으니 새로운 출발을 해야 한다는 것 말고 다른 도리가 없다. 사회주의로서 남아 있는 중국, 그리고 우리나라를 비롯한 사회주의 국가들에서 이제는 진정 그 뼈아픈 부정적 경험을 똑바로 자각 극복하는 노력 토대 위에서 사회주의를 고수해야 한다. 또한 소련 동구권에서 몰락한 사회주의도 같은 원칙에 튼튼히 입각해서 재건하는 수밖에 없다.

자본주의가 사회주의로 이행하는 데 일정 기간 프롤레타리아 독재의 시기를 경과해야 한다는 명제는 이론적으로나 실천 경험에 의해서 여전히 진실 타당하다. 그러나 그 프롤레타리아 독재는 내용상으로나 형식상으로 부단히 올바르게 민주주의적인 것으로 변화 발전해야 하는데, 스탈린 시대에 그 변화 발전이 올바르게 성취되지 않은 것이 오늘 사태의 원인이라고 할 수밖에 없다. 그렇다고 해도 인류역사의 발전에 있어서 적어도 현 단계의 상황에서는 노동계급의 지도성, 따라서 노동자당의 지도성은 견지되어야 한다. 단, 당내 민주주의가 발전되고 형식적이 아닌 실질적으로 보장되는 조건이 반드시 필요하다. 그리고 그 당내 민주주의의 확충에 비례해서 인민들에 대한 일반 민주주의가 확충되고 당이 진정 신뢰받고 존경받는 당이 됨으로써 당의 지도성이 자연스럽고 자발적으로 보장되어야 할 것이다. 그 길을 통해서 소련, 동구, 중국, 우리나라 등 전 세계적으로 사회주의가 다시 회복, 발전되고 신생되는 길이 인류사의 방향일 것을 믿고 오늘을 살아가는 수밖에 없다.

1991. 11. 30.

K 선생에게 드리는 글

매양 『한겨레』의 역사칼럼에서 통일문제 등에 관한 선생의 글을 접할 때마다 남다른 감명을 받고 있는 사람이올시다. 이렇게 글을 올리는 것은 지난 『민족 21』의 창간기념식 때 선생의 인사말씀에도 있었고 칼럼에서도 언급되었던 것으로, 나의 이해에서 잠깐 의아한 대목이 있기에 선생께 말씀드려 보려고 하는 것입니다. 무례함을 용서해주시기 바랍니다.

그에는 두 가지 점이 있습니다. 첫째로, 선생께서는 연합제와 연방제를 말씀하시면서 "연방제안이 주장하는 대로 외교권과 군사권을 즉시 하나로 하는 일은 지금 사정으로 어렵지 않은가"(『한겨레』 2001. 2. 12.), 또 그전에 "연방제에서 말하는 대로 지금 당장 2정부 위에 외교권과 군사권을 가지는 1국가를 두는 것은 역시 시기상조라 할 수 있다"(『한겨레』 2000. 12. 4.)라고 두 군데나 같은 언급을 하셨습니다. 선생께서는 연방제가 두 지역정부에는 외교권과 군사권이 없는 것으로 이해하고 계시지 않았나 하는 것입니다. 이것은 연방제의 주장과는 다른 점이 있습니다.

공동성명의 일방의 서명자인 김대중 대통령은 15일 공항에서의 귀환보고에서 다음과 같이 말하고 있습니다. "2항은 2체제 2정부 현재 그대로다"라고 전제하고 나서 연합제를 설명하기를, "처음부터 바로 외교권, 군대통솔권을 중앙정부가 가져야 한다는 것이다. 지방정부는 내정만 하여야 한다고 하는데 이것은 전혀 불가능하다."(『조선일보』 2000. 6. 16)

둘째로, "북쪽은 연방제, 즉 1국가 2정부 2체제를 통일의 완성단계로 생각하는 데 반해, 남쪽은 1국가 1정부 1체제를 통일의 완성단계로 보는 점에 문제가 있다고 할 수 있다"라고 한 대목입니다. 즉 1국가 2정부 2체제의 연방제를 '통일의 완성단계'로 생각한다고 규정짓는 점에 관해서입니다. '완성단계'란 일단 그 이상의 변화를 배제한, 따라서 영구적인 것이라는 것을 함의하고 있습니다. 과연 북의 입장을 그렇게 생각할 것인가? 이것이 나의 부족한 생각으로는 의아한 점이라 하겠습니다. 지금 통일운동을 해 나가는 데 그것을 논하는 것이 실천적으로 큰 의의가 없다고 생각되기도 하나 선생이 특기하여 문제로 삼고 계시고 또 선생 말씀의 비중으로 보아 작은 문제는 아니라고 생각을 하게 됩니다.

먼저 첫 번째 문제에 대하여는, 1980년 10월 10일 북쪽의 제6차 당대회에서 김일성 주석에 의하여 연방제가 제안될 때 문제의 군사권과 외교권에 대해서는 다음과 같이 규정되어 있습니다.

"일곱째…… 쌍방의 군대를 각각 10~15만 명으로 줄여야 합니다. …… 조선인민군과 남조선 국군을 통합하여 단일한 민족련합군을 조직하여야 합니다."

이는 적대감정을 가지고 100만 명이 넘는 군대가 현재 대치하고 있는 것과는 달리, 주로 국내치안 임무로 변화할 것이며 더구나 "고려민주련방공화국은 중립노선을 확고히 견지할 것"(제의 중 열째)이라고 하였으므로 대외방어라는 임무는 현실적으로 매우 적은 것입니다. 만일 그럴 경우가 있다면 남과 북의 민족연합군은 공동으로 대적할 전우들로서 관리 통솔에 특별한 어려움이 예상되지는 않는다 할 것입니다.

특히 외교권에 관해서 말한다면,

"아홉째 고려민주련방공화국은…… 각각 다른 나라들과 독자적인 대외관계를 가지게 되는 조건 하에서 련방정부가 두 지역정부의 대외적 활동을 통일적으로 잘 조절하는 것이 필요합니다."

"북과 남이 다른 나라들과 맺은 대외관계 가운데서 경제관계를 비롯하여 민족 공동의 이익에 어긋나지 않는 대외관계는 계속 유지하여야 합니다. …… 북과 남의 지역정부들이 다른 나라들과 쌍무적 관계를 가지는 것은 허용하여야 합니다."

이외에도 외교권에 관한 여러 정책이 열거되어 있으나 인용은 이것으로 그치려 합니다. 외교권 보장의 문제는 이상으로 충분하다고 생각되기 때문입니다. 선생께서는 이러한 인용이 필요하지 않으신지, 어찌하여 군사권과 외교권에 관해 그러한 언급을 하셨는지 의아함을 금할 수 없습니다.

1991년 신년사에서 "우리는 고려민주련방국 창립 방안에 대한 민족적 합의를 보다 쉽게 하기 위하여 잠정적으로 련방공화국의 지역 자치정부에 더 많은 권한을 부여하며, 장차로는 중앙정부의 기능을 더욱 높여나가는 방향에서 련방제 통일을 점차적으로 완성하는 문제도 협의할 용의가 있습니다"고 한 것이 어떠한 권한이 될는지 모르나, 어쩌면 '낮은 단계의 연방제'의 내용이 될는지도 모릅니다. 그러나 적어도 당면한 군사권과 외교권은 이미 현재의 연방제안에 포함되어 있다고 할 것입니다. 그야말로 북쪽 사람이 말했다는 것처럼 "통일을 그렇게 멀리 잡을 것 없이…… 하려고만 하면(민족이 결단만 하면) 연방제는 그렇게 많은 시간이 필요하지 않다"고 할 수 있을 것 같습니다.

두 번째 문제를 말해본다면 연방제가 '통일의 완성단계'인가 하는 것입니다. 그런데 '북쪽 고위층의 말'이라고 전하시는 말도 그것이 그런 의미로 딱 부러지게 연결되는 것은 아니라고 생각되는 것입니다. 뿐만 아니라 북의 제안에는 어디에도 연방제가 통일의 완성단계라고 표명된 바가 없습니다. 다만 베트남의 전쟁통일도 독일의 흡수통일도 우리는 원하지 않고, 또한 할 수 있는 처지도 아니기 때문에 "우리가 말하는 련방제는 당분간 남북조선이 현재의 정치제도를 그대로 두고 조선민주주의인민공화국 정부와 대한민국 정부의 독자적 활동을 보장하면서 동시에 두 정부의 대표들로 구성되는 최고민족위원회를 조직하여 주로 남북조선의 경제문화 발전을 통일적으로 조절하는 방법으로 실시하자는 것입니다"(1960. 8. 김일성 주석 제안)라고 제안한 것입니다. 이 정신은 1980년 제안에도, 1991년 제안에도 변함이 없다고 생각됩니다. 즉 우리가 처한 형편에서 이 길밖에 없기 때문에 '당분간' 우리 문제를 '통일적으로 조절하는 방법'이 연방제라고 하는 것입니다.

그렇다면 연방제 실시에 의해서 '통일적 조절'이 상당한 기간 진전되어 정치제도를 포함한 경제·사회 등 여러 분야에 더욱 완성된 통일을 실현하는 전망을 우리는 포기할 이유도 의무도 없는 것이라 하겠습니다. 우리 민족이 함께 노력하여 그 기간을 단축하고 그때의 정치제도 기타가 어떤 것이 될지 모르지만 우리 민족의 역사생활에 가장 적합한 것을 공동으로 창출해나갈 수 있어야 합니다.

그러기에 오늘 우리는 통일의 완성단계를 따지는 것보다는 통일의 첫 단계인 연방제를 실시하는 데 민족의 전 역량을 집중할 필요가 제기된다고 할 것입니다. 특히 오늘의 국내적·국제적 실정에서, 자칫 분단의 딴 살림이 영구화될 위험성이 더 많은 국가연합(2국가 2정부 2체제)보다 '당분간'(불완전하나마) 연방제(1국가 2정부 2체제)로 살면서 서로의 생활방식을 서서히 뜯어고쳐 나가서 마침내 1민족 1국가 1정부 1체제의 완전한 통일국가를 성취하는 것이라고 생각하는 것입니다. 이것이 우리의 민족 심리와 정서에서는 가장 자연스러운 전망이며 목표입니다.

그러므로 '통일의 완성단계'를 지금 따지기보다 먼저 연방제를 두고 민족의 단합된 힘을 기울이는 것이 실천적으로 통일운동에 부합되는 것이라고 생각하는 것입니다. 통일의 구체적 절차나 방법에 대하여 남북의 학자들이 열거한 '산적한 문제'들을 연구하는 것도 중요하지만, 통일은 어느 의미에서는 그보다도 민족과 인민이 단합된 의지에 의한 역량의 문제라고 해야 할 것입니다. 정치는—넓게 역사는 항상 그것에 의해서 결정되었음을 우리는 알고 있습니다.

연방제가 말씀하신 대로 북의 사회주의 체제 유지를 위한 한 방편이라고 생각할 수 있습니다. 남쪽도 자본주의 체제 유지를 위한 것은 마찬가지라고 생각합니다.

통일 전 동독은 사회주의적 민족과 자본주의적 민족으로 나누어 2개의 민족국가 성립을 주장했다고 들었으나, 결국 동독은 사회주의 체제를 발전시키지 못하고 그렇게 흡수통일되고 말았습니다. 민족을 그런 식으로 만들어가기에 짧은 역사 시간으로는 어려운 모양입니다. 남북 베트남은 전쟁에 의해서 독일과는 반대 방법으로 통일이 이루어졌습니다. 중국은 대만에 대하여 1국가 2정부 2체제를 주장하고 있으며 홍콩과 마카오에서는 그것이 실시되고 있습니다. 대만은 대륙 중국과 여러 가지 면에서 대소의 차가 워낙 크기 때문에 대만의 흡수통일은 역사의 기정 코스인 듯이 보이고 있습니다.

그에 반해 우리는 2개의 민족국가가 되기를 원치 않으니 언젠가는 연방제를 디딤돌로 하여 하나의 체제를 가진 하나의 민족국가가 되기를 바라보고 있습니다. 말하자면 우리에게 있어서 연방제안은 민족통일에의 권도(權道)라 할 수 있을 듯합니다. 그것이 민족통일의 영구적 완성단계인 것처럼 거론되는 일이 있다면, 그것은 이 권도로서의 의미에서일 것으로 생각하고 싶습니다. 권도는 아무래도 정도(正道)가 전제되고 또 그래야 그 존재가 허용될 것입니다.

이상 선생의 칼럼 등에서 촉발된 나의 부족한 소견을 중언부언하여 보았습니다. 과히 허물하지 마시고 보아주시면 감사하겠습니다.

2002. 4.

비전향장기수 송환에는 남은 일이 있다

지난 9월 2일, 63명의 비전향장기수가 북에 송환되었습니다. 사필귀정이라는 말 그대로 참 잘된 일로서 우리가 함께 쾌재를 불러 마지않습니다. 아울러 비전향장기수 송환을 위해 애쓰신 민주통일 진영 인사들에게도 감사하는 마음을 금할 수 없습니다.

그러는 한편 비전향장기수 송환의 일이 그것으로 끝난 것이라고 생각지는 않습니다. 비전향장기수로서 아직 북쪽 땅을 밟아보지 못한 사람이 상당수 있기 때문입니다. 이들도 옥중의 고난 속에서 조국의 자주, 민주, 통일의 일념으로 살아온 터이니 가고 싶은 마음이야 남만 못지않은 것입니다. 그러나 남쪽에도 북쪽에도 가족이 있기에 한쪽을 택하면 다른 한쪽을 저버리게 되어 이산가족의 아픔은 또 낳게 됩니다. 그리하여 자유왕래가 허용될 때까지 어쩔 수 없이 남쪽에 남기로 한 것입니다.

이것은 양쪽 모두에게 인륜관계의 단절이라는 비극이 아닐 수 없습니다. 지난 번 송환이 인도적 문제이었다면 그것과 동일한, 아니 심정상으로는 더욱 비참한 인도상의 문제입니다. 그리고 이 인도상의 문제를 해소하는 것은 다른 것이 없습니다. 비전향장기수의 자유왕래를 허용하여 그쪽도 만나고 이쪽도 만나서 인륜관계를 회복하게 하는 일입니다.

물론 자유왕래란 일반인에게 있어서도 근자에는 남북관계의 진전으로 밝은 전망이 없는 것은 아닙니다. 하지만 주소 확인, 서신왕래, 면회소 설치, 그리고 자유왕래 등 단계마다 처리해야 할 복잡한 절차도 많고 따라서 얼마나 시일을 요하는지 알 수 없는 일입니다. 그에 비하면 비전향장기수의 경우는 이미 조사된 바도 있고 숫자도 적으며 절차도 지난번의 예를 따르면 되는 일이므로 즉시 실행에 옮길 수 있는 일입니다. 무엇보다 비전향장기수 송환이라는 특수한 경우로서 이미 송환이 이루어진 연속선상의 후속조치라는 점이 강조될 수 있습니다.

근일 각계 인사가 각종 업무를 이유로 남북왕래를 하고 있는 터라 얼마 되지 않는 비전향장기수의 자유왕래를 경계해야 할 일은 없다고 생각됩니다. 북에서는 물론 비전향장기수 송환에 준해서 환영할 것으로 믿습니다. 송환을 위해서 애쓴 인사들이 통일운동의 일환으로 일반 인민의 자유왕래를 추진함과 동시에 우선 비전향장기수 송환의 남은 문제로서 그들의 자유왕래 문제를 제기할 수 있어야 할 것입니다. 또한 그것은 일반 인민의 자유왕래를 이끌어내는 데도 도움 내지는 돌파구로써 작용할 수 있을 것이라고 생각됩니다.

지난번 북으로 간 분들이 머지않아 남에 있는 가족들을 초청하고 또는 본인들의 남행도 추진될 것이 기대됩니다. 이것은 송환 후에 남아 있는 인도상 문제로서 당연히 실행해야 할 문제입니다. 그와 똑같이 절실한 인도상 문제로서 현재의 시점에서 비전향장기수의 자유왕래 문제도 정당히 제기되어야 한다고 생각됩니다.

이에 덧붙여서 잠깐 생각해볼 것이 있습니다. 전 비전향장기수 송환추진위원회의 관계자 말에 따르면 앞으로 통일운동의 입장에서 전향 경력을 가진 사람도 북송을 원하는 사람은 이를 추진하는 취지로 의견이 모아진다고 합니다. 생각하면 그분들도 부당한 장기구금에 의하여 강제로 전향을 표명하게 된 권력당국의 폭압의 희생자라고 할 수 있습니다. 통일운동이 광범한 대중의 호응 아래 진행되고 있는 상황에서 굳이 전향의 사실을 논한다는 것은 매우 조심스러운 일임에 틀림없습니다. 실제 우리는 통일에 뜻을 같이 하는 동지입니다.

그러나 한편 비전향장기수 송환 뒤 우리 운동의 목표로서, 앞에서 말한 비전향 동지들의 인도적 문제를 해결하기 위한 자유왕래(또는 남쪽 가족의 초청)보다 이 문제가 먼저 논의되는 것은 문제가 있다고 생각합니다. 사리로 보더라도 북에서 그것을 쉽사리 환영할 것이냐도 문제입니다. 물론 일반 인민의 입북 기도도 기꺼이 받아들이는 상황에서 이것을 거절할 일은 없으리라고 보이지만, 여러 가지 생각해야 할 점이 없지 않습니다.

생각하기에 전향은 장기구금의 고난 속에서 자기를 지키지 못하고 당국의 강제에 굴복하는 것을 의미합니다. 비전향은 바로 그 강제에 대항해서 끝까지 자기를 지키고 조국에 대한 충성과 인간의 위엄을 지킨 일입니다. 그러기에 북에서도 그들의 송환을 그리도 끈질기게 요구하여 성사시켰으며, 또 인민들에게도 존경과 환영의 뜻을 다하게 한 것입니다. 그런 점에서는 전향한 사람들은 스스로 다른 바가 있다고 생각합니다. 먼저 간 분들과 같이 조국과 역사에 대한 충성의 살아 있는 증표로 삼을 수 없습니다. 후대를 위해서도 어떠한 고난에서도 서슬 푸르게 자기를 지키는 정신을 일깨우는 데도 도움이 되지는 못할 것입니다.

이렇게 말한다고 해서 이미 말한 바와 같이 현 상황에서 그분들을 추호도 달리 생각하는 것은 아닙니다. 다만 비전향장기수 송환 후 운동의 선후를 생각할 때 그러한 문제가 고려의 대상이 될 수 있으며, 남아 있는 비전향장기수의 자유왕래 문제를 더욱 진지하게 생각하자는 것뿐입니다.

곁들여서 언급할 것이 있습니다. 권력당국의 불법적인 강압에 말미암은 장기수들의 희생에 대한 당국의 입장표명과 보상조치는 적당한 시기에 반드시 이루어져야 합니다. 특히 아무런 범법행위 없이 양심 자체를 범법의 원인사실로 하여 장기간 구금한 사회안전법 적용자에 대하여는, 국회가 동법 개정 제안 이유로서 '보안감호처분은 사실상 동일한 행위에 대하여 이중처벌을 하는 제도로서 일사부재리 원칙에 위배하고…… 국민의 기본적 인권에 제약을 가하여 왔다'고 하여 동법은 폐지되었으므로 이에 대한 사과와 보상은 당연히 있어야 할 것입니다.

그 첫 조치로서도 당국은 비전향장기수의 자유왕래를 반드시 허용하여야 하며, 또 통일 진영에서는 이를 반드시 요구할 수 있어야 합니다.

『오마이뉴스』 2000. 11. 3.

두 개의 삶에 부쳐서

　가와가미 하지메(河上肇)가 아마도 환갑이 훨씬 넘은 1930년대 전반이 될 터이다. 대학교수를 그만두고 그 엄혹한 시절에—일본공산당이 거의 아주 깨어지기 직전쯤 될까—그는 당에 뛰어들었다고 한다. 무슨 활동을 했을까. 지하에서 『선언』을 번역하는 일이라도 했을까. 아니면 무슨 일을 했을까.

　어쨌든 그의 책을 보면 그는 얼마 안 되어 검거되었고, 검찰의 전향 강요에 대하여 다음과 같은 내용을 진술했다고 한다.

　첫째, 나는 이제 어떠한 정치활동도 하지 않겠다.

　둘째, 그러나 마르크스주의의 근본명제의 진리성에 대한 확신을 포기할 수는 없다.

　셋째, 여생을 『자본론(Das Kapital)』 완역에 바치겠다.

이상 세 가지였는데, 그 후에 세 번째 내용은 포기했다고 한다. 이 얘기를 믿어야 좋을지 어떨지는 모르겠으나 무슨 기록이 있어서 하는 말일 터이니 아주 거짓이라고 단정할 수 없을 듯하다.

그렇다면 위 진술은 전향인가 아닌가. 가와가미는 소위 전향인으로 간주되고 있지 않은 듯 보인다. 1945년 이후 내가 읽은 한 일본사상서에서는 그가 지조를 지킨 사람으로 헤아려지고 있다.『아카하타(赤旗)』에서「노사카 산조(野坂參三) 돌아오다」(1946년)라는 시를 본 기억이 있는데, 거기에도 자기의 보람 없는(또는 볼품없는) 모습으로 종전을 맞는 부끄러움이 표현되어 있던 것으로 기억된다.

나에게 가와가미는 마르크스주의에 입문을 시킨 사람이라고 해도 과언이 아니다. 1938년 전후에 읽은 그의 『제2 가난 이야기』,『경제학대강』등은 나에게 큰 감명을 주었다. 그가 마르크스주의자가 되기까지의 구도자적인 학문적 열정과 실천에의 용기, 그리고 만년의 지조를 지키는 지사적 면모는 늘 나에게 존경과 친애의 감정을 자아내게 하였다. 동시에 1950년 이후에는, 특히 그의 사상적 경로에서 늘 가시지 않는 동양적 풍모─그런 의미에서는 전근대적 지사풍의 청고(淸高)를 하나의 한계성으로 이해하는 시각도 나는 지니게 되었다. 과학적, 혁명가적이라기보다 고고한 지사. 그 자신도 이 점을 극복하려고 당 활동에 헌신적으로 몸을 던졌는가 싶지만, 결국 그는 동양적 지사 풍을 벗어나지 못한 계몽가였음을 부인할 수 없을 듯하다.

진실로 견실하고 혁명적인 새로운 인간이란 참으로 어려운 일인 듯싶다. 가와가미에게 있어서조차 그것은 어려운 일이었던가 보다. 진실로 근대적인, 그리고 역사의 체현자로서의 노동계급화의 문제, 인간 개조의 문제 등을 생각해보면 비전향이란 참으로 그 규정이 천층만층의 것이라고 하겠다. 위에 적은, 가와가미 하지메가 서약한 3개조보다 나의 삶은 조금 나은 것인가, 같은 것인가.

가와가미와 나.

나는 그와는 다르게 살고, 또 살아야 한다는 생각이 무겁게 가슴을 채운다. 결국 나는 그와 크게 다르지 못했던 것인가. 물론 그는 학문적으로 나와 비교가 안 되는 업적을 세상에 남겨 놓았다. 그 점에서는 이런 말조차 주제넘은 말이지만 아주 근본적이며 내면적인 삶 그 자체, 고뇌와 투쟁의 면에서는 일단 이런 반성이 가능하고 또 반드시 해야 할 일이다. 나 자신의 가장 깊은 자기비판. 나 자신의 삶에 대한 진실로 본질적인 자기비판으로서 그러한 비교는 반드시 있어야 할 일이다. 가와가미를 뛰어넘기 위하여, 그리고 나 자신의 지난 삶을 뛰어넘기 위하여 그것은 하나의 자존(自尊)인 동시에 또 하나의 진실로 눈물겨운, 그리고 피나는 자기비판이라고 해야 하겠다. 죽는 날까지 내가 놓쳐서는 안 될 삶의 목표를 향한 도정에서 계속 견지되어야 할 노력이다.

청주에서 나의 생활을 스스로 소중한 것으로 여기면서, 그러나 그것은 동시에 깊은 차원에서 엄혹한 자기비판의 대상이 되어야 한다.

오래전—1975년 이전 오랜 세월, 아니 그 옛날 나의 사상생활의 출발부터인지도 모른다. 마음에 왕래한 생각, 즉 적 앞에 적극적으로 나아가 죽지는 못해도 최소한 물러나서 죽음이 다가올 때 그것을 피하지 않고 자기를 지킨다 운운의 생각이 실상은 패배주의라고 규정할 수밖에 없는 것이지만, 그것조차 내게는 얼마나 힘겨운 일이었던가. 겨우 끝내 자기를 지켜낸 셈이지만 그것이 실제 역사의 장에서 무슨 의미를 지니는 것인가.

1975년 구금이 시작된 날 생각한 일이다. 내가 조국에 바친 것이 무엇인가, 실제로 조국을 위하여 어떠한 보탬이 되었는가, 결국 이렇게 갇혀 사는 고통을 바치는 것 이외에 무엇이 있는가, 하는 생각. 그 부끄러움, 죄스러움을 지금도 상기한다. 아니 늘 그러한 마음이 가시지 않는다. 조용히 자기를 돌아볼 때에는.

아들 범순조차도 아비에게 언제인가 말하지 않던가. 이번에 나와서 그 아이에게 들은 말이다.

"아버지가 실제로 민족과 사회에 보탬이 되는 무엇을 하였습니까. 징역을 살고 자기 사상을 고수했다고 하는데 그것은 아버지

양심상의 문제일 뿐이며, 그런 의미에서 그것은 개인주의이고 경우에 따라서는 이기주의일 수도 있습니다."

'필부불가탈지(匹夫不可奪志)'—이것이 개인주의이고 이기주의일 수도 있다는 것은 억울한 것 같지만 아주 깊은 차원에서 수긍해야 할 면이 없는 것이 아니다. 참으로 쓰라린 진실이다. 아들의 그 말에 나는 할 말이 없었다. 진실로 나는 민족과 사회에 적극적으로 보탬이 되는 가시적인 어떤 일도 하지 못했다. 일제시대 나의 정신적 고뇌는 물론이고 해방 이후 얼마간의 실천활동도, 그리고 옥중생활에서의 불가탈지의 노력도 필경 나의 내면적인 사상생활에서만 의미가 있을 뿐이라는 생각, 필경은 내가 청년시대 이래로 극복의 목표였던 '혼자 씨름'임을 벗어나지 못했다는 생각이 범순의 그 말을 대해 수긍하게 하는 것이다.

가슴이 너무나 무겁고 쓰라리다. 시대는 여전히 모든 뜻 지닌 자의 가시적인 보탬을 요구한다. 실제 그런 보탬을 주고 있는 역량 있는 사람도 있는 시대임이 분명하다. 그러한 사람, 그리고 특히 어린 학생들이 싸우는 모습을 신문에서 보고 곧잘 눈물이 돈다. 전에 없던 일인데 도무지 무슨 감명에 곧잘 눈물짓는 것은 무슨 일인가. 이젠 눈물만 흘리는 폐인이란 말인가. 스스로 노잔(老殘)이라 핑계하고 마음 편하자는 것인가. 그렇지는 않아야 한다. 그런데 거의 매일 아침 신문을 볼 때면, 아주 작은 일에 대한 이름

없는 독자의 글에서도 눈물이 난다.

　　오늘은 이만 쓴다. 얼마 전 오랜만에 지은 시조 한 수 적어둔다.

　　　　어떻다 신문 보고 더운 눈물 솟는 버릇
　　　　이 사연과 저 사진 이 삶과 저 싸움과
　　　　나는야 뜻있고 녹록(碌碌)한 삶 옥중에 늙었어라

1989. 6. 어느 날.

가와가미 하지메 노트

　어제오늘 일본공보원에 일본 신문을 좀 보려고 갔다가 『가와가미 하지메 집(河上肇集)』 등 책 몇 권을 발견했다. 모두 통독한 것이 아니고 여기저기 산독했다. 한 50년 전후부터 내 청년시절에 영향을 끼친 사람들이다. 예정 없이 서가에서 눈에 띄니 정다운 생각도 들고, 그 후 그들 생애를 좀 더 알고 싶어서 열독하였다. 사실 그들이 전쟁 전에 썼던 책을 읽었을 뿐이고, 그 후의 것은 모르고 있었다. 다시 그 책들을 통독할 기회가 있을 것 같지는 않다. 내게 그 겨를이 있다고 할 수 없다. 나도 무엇인가 자기를 표현하는 작업에 몰두하고 싶은 마음이 근래 더욱 간절하기 때문이다.
　가와가미의 생각과 행적에 대해서는 청년시절부터 관심이 지속되었다. 소화 12년(1937) 집필로 되어 있는 『옥중췌어(獄中贅

語)』라는 글에서 약간을 아래에 발췌하여 본다. (『옥중췌어』는 그가 만기석방을 앞두고 당국의 요청에 의해 썼다고 한다. 그것 자체가 의외로서 나 같으면 응하고 싶지 않은 일이다. 형을 시작하기 전에는 역시 당국의 요청으로 쓴 『옥중독어(獄中獨語)』로 심경을 피력했다고 한다.)

1. 이 글은 일본공산당의 지도자였던 사노 마나부(佐野學) 등이 전향한 직후에 쓴 것인데, 그에 잇따른 전향자들에게 "얻는 데도, 버리는 데도 어찌 그리 용이하뇨?"라고 말하고 있다. 자기 자신의 오랜 사상적 편력의 역사를 생각하면서, "공산주의자가 되기도 너무 쉽고 공산주의를 버리기도 너무 쉽지 않으냐"고 비난, 탄식하고 있다.

2. "세계관과는 다른 의미의 인생관이 확립되다."

무슨 소리인가? 세계관과 무관한 인생관이 있을 수 있다는 말인가? 물론 세계관과 인생관은 일단 다른 것이기는 하지만 인생관은 세계관에서 나온다. 문맥으로 봐서 일단 무관하게 성립될 수 있다는 뜻이 전제되어 있는 듯한 인상을 받는다.

3. "과학적 진리 이외에 종교적 진리를 인정하는 입장에 선다"고 명언하고 있다.

4. "대상과 세계를 달리하는 종교는 마음을 보는 마음의 본체를 밝히는 의식의 자기의식" 운운하면서 이것이 종교적 진리라고 쓰고 있다. "방법은 회광반조(回光返照)의 방법"이고, "과학적 진리,

종교적 진리는 모두 인식작용이다", "인식은 뇌라고 하는 물질의 작용이다", "마음은 물질의 소산이다", "고로 형이상학은 아니다. 이 점에서 나는 유물론자다"라고 하며 자신을 유물론자라고 자칭하고 있다.

그런데 물질의 일차성, 마음이 뇌라는 물질기관의 소산 등등 규정만으로 유물론자라고 하기에는 유물론이 아주 천박하게 파악되었다는 결함을 피하기 어렵다. 기계적 유물론(소박한 유물론)의 차원에 머무른다고 말하여도 할 말이 없을 것이다. 그렇다면 가와가미의 자칭 유물론은 논리의 비약이고 진실이 아니다.

"종교적 진리를 인정한다 하더라도 나는 여전히 무신론이며 유물론자이다."

전반부가 진실이 아니거나 후반부가 진실이 아니거나 둘 중에 하나다. 적어도 사고의 혼란이다.

5. 레닌의 말을 인용하기를 "종교는 공포에서, 무력감에서, 아편의 역할을 한다"고 쓰고 있다. 인용의 문맥이 천박하다. 레닌의 종교관은 더 깊은 통찰에서 논해야 할 것이다.

6. 가와가미는 이렇게 말하고 있다.

a. "마르크스주의의 진리성에 대한 신념은 미동도 하지 않는다."

b. "마르크스주의자로서 후회하는 바가 없다."

c. "그러나 석방된 후에는 법에 저촉되어 옥에 들어오는 일은

하지 않을 생각이다."

d. "이것은 마르크스주의가 잘못된 까닭이 아니고 다만 나의 기력이 견뎌낼 수 없기 때문이다."

이때 가와가미는 54세에 옥에 들어가서 5년 만에 출옥하는 시기이니 58세쯤일 듯싶다. 그를 매우 정직하다고 칭찬해야 할지 어떨지 모르겠으나, 만일 그렇다면 당시 일본에 그 후에 생겨난 예방구금법이 있었다면 전향했을까 안 했을까? 또는 이상의 진술로서 당시 일본 권력당국은 그를 비전향으로 인정하고 예방구금했을까? 아니면 전향으로 인정하고 풀어주었을까.

만일 나처럼 59세에 사회안전법 하에서 전향이냐 비전향이냐로 문제가 되었다면 그는 어떻게 처신했을까. 전향했을 것 같지는 않다. 또 정권당국은 그의 c, d 언명을 전향으로 인정하지 않을 것이고, 그는 비전향으로서 보안감호처분(예방구금)될 수밖에 없을 것이다.

그것은 어쨌든 당시 만기출소할 때 그 정치정세에서 a, b 언명은 그로서 힘들었을지 모르지만, c, d 언명은 그야말로 '췌언(贅言)'이다. 말할 필요가 없는 '군더더기 말'이란 것이다. 도대체 그는 무엇을 기대하고 이런 말을 하였을까.

7. 그는 이런 의미의 말도 했다.

"힘에 상응하지 못하는(힘에 부치는) 투쟁을 하려고 하면 반대로 꺾여서 투항하는 두려움이 있다. 그러므로 깨끗하게 퇴진한다. …… 죽을 때까지 은거한다. …… 이때까지 내 나름대로 학자로서 실천의 면에서 마르크스주의자이며 공산주의자로서 의무를 다했다고 생각한다. …… 그렇게 생각해도 괜찮다고 생각한다."

그 심사를 모를 바 아니지만 이것은 '전향'은 아닐지라도 적어도 '투항'임에는 틀림이 없다. 전향에 가령 낙오-투항-배반의 3단계가 있다면 그는 명시적인 배반은 아니다. 또 낙오는 따라가려고 전력을 다했는데 기진맥진해서 주저앉는 경우이다. 그런데 그는 지금 자기 의무를 대강 다했으므로 퇴진하고 은거한다―일본에서는 노쇠하여 가독(家督)을 자식에게 넘겨주고 들어앉는다는 관습을 말한다―라고 언명하고 있으니 낙오자는 아니다. 또한 끝까지 마르크스주의자(공산주의자)라고 언명하고 있으니 사상적으로 배반자는 아니다. 결국 사상적으로는 뜻이 고수되고 있으나 힘이 없어서 투항한 것이라고 객관적으로 규정할 수밖에 없다.

나는 청년시대 이래로 그의 몇몇 책을 읽고 마르크스주의에 접근했다. 또 그가 단지 학자에 그치지 않고 노년에 접어들어서 거의 붕괴 직전인 당에 입당하여 실천운동에 뛰어들었고, 옥중에서 비전향을 고수했다는 점에서 존경을 마지않았다. 8·15 후 『아카하타(赤旗)』에 실린 「노사카 산조(野坂參三) 돌아오다」라는 그의 시를 읽고 잠시 그의 풍격(風格)을 기린 적도 있었다.

그러나 지금 그의 글들을 보면서 그를 아끼는 마음과 애달픈 마음이 상반함을 느낀다. 가혹하게 말한다면 주관적으로는 낙오가 아니고 배반이 아니라고 하더라도 객관적으로는 투항이 그의 최종 초상이다. 그리고 투항은 (전쟁터에서는 배반과 오십보백보이고) 실질적으로 배반과 동일한 범주에 들 수밖에 없다는 생각을 하게 된다.

그리하여 가와가미에 대한 첫째 의문은―그와 같은 가와가미의 위상은 사회안전법 하에 어떻게 존재할 수 있을까, 가능할 것인가. 70, 80 넘은 비전향 예방구금자와 그 사이에는 사상적·정치적 순결성에서 차이가 있는가, 없는가. 나를 포함해서 사회안전법 하의 예방구금자―오늘날 그 법의 폐기로 석방된 사람들―가 만일 그와의 차이를 자기 자신에게 규정하려 한다면 무엇을 어떻게 그와 다르게 해야 하는가 등의 문제이다.

둘째 의문은, 소위 '종교적 진리'의 문제, 통일적 세계관과 그것과의 관계의 문제이다. 그의 말대로 과학적 진리와 종교적 진리가 따로 있다면 통일적 세계관으로서는 일종의 단절을 인정할 수밖에 없다. 즉 책상서랍이 다른 서랍에 들어가 있다는 것이 된다.

종교가의 언설이 자기 체험 안에서 변형되어 인간수양에 도움이 되는 경우는 나도 많이 경험했다. 그러나 그것을 종교적 진리라고까지 말할 수는 없었다. 내가 부족한 사람이나마 항상 염두에 둔 명제는 코뮤니스트로서의 삶이다. 종교적 위인들의 언행도 이 태도에 이바지하기 위해서 섭취한 것이다.

즉 마음의 기술(心術)로서 그 말들을 섭취한 것이고, 그 점에서 그리스도, 석가, 공자, 노자 등 가릴 것이 없다. 내 가는 길에서 그분들을 모두 만날 수 있었고, 늘 생각하기를 '그분들이 오늘 이 땅에 나셨다면 내가 가는 길을 갈 것이다. 적어도 내가 가는 길을 승인해줄 것이다'라는 신념이 있었다. 만일 그렇지 않다면 그들의 가르침은 진짜가 아니라고까지 말하고 싶었다. 또 인류의 모든 위대한 교사에게 승인받는 길이어야 더 확신을 가지고 내 길을 갈 수 있다는 생각이기도 한 셈이다. 그리고 나는 코뮤니즘이 그 승인을 받을 수 있는 길임을 확신하고 있다.

8. 가와가미는 또 "절대무아(絶對無我)라는 종교적 진리와 마르크스주의라는 과학적 진리가 변증법적 통일을 이룬다"고 했다.

'무아=이타(利他)'라는 가와가미의 사상을 꼭 종교적 진리라고 해야 하는가. 레닌도 이타의 열정은 가와가미만 못지않았을 것으로 확신한다. 혁명적 헌신성을 그렇게 해석할 수도 있다. 레닌은 '무아=이타'를 어떤 방법으로 실현한 것일까. 코뮤니즘에서 혁명적 실천, 그것을 통해서 했다. 거기에 종교적 진리 운운이 끼어들 필요도 여지도 없다.

가와가미가 그것을 '종교적 진리'라고 인식한다면 그는 세계관적으로 다른 생각을 하고 있는 것이다. 유물론자가 아니다. 스스로 '특수한 유물론자'라거나 '특수한 마르크스주의자'라고 공언하는데, 이 '특수'가 '원칙'에 수렴되는 경로가 불분명하다. 아니 '원칙'에서 일탈하고 있다.

나 자신은 '무아가 곧 이타'라는 말에 심정적으로 공감하나 세계관으로서 과학으로는 불가능함을 예상했다. 사회생활에서 보통의 인간으로서 과학으로 그 필연성과 진리성이 증명될 수 없다. 따라서 심정으로서는 매우 아름답고 나도 그것을 지향하고 싶으나, 만인에게 도덕적으로 또 과학적으로 실행가능한 필연의 행동규범이 될 것 같지 않았다. 이리하여 사회주의—과학적 사회주의에의 개안(開眼), 모든 보통사람에게 가능하고 필연적인 '무아=이타'의 길을 지향한 셈이다.

특히 나의 경우는 약소민족으로서 민족주의를 매개로 하여 사회주의 개안이 이와 동반되었다. 사회주의 세계질서 안에서만 약소민족의 자주독립이 비로소 가능하며 보장된다는 확신이었다. 국내적으로 계급착취가 없는 사회주의는 국제적으로도 타민족 착취의 조건이 청산된다는 사고였다.

아무래도 "종교적 진리와 과학적 진리라는 두 개의 진리에 절대적 경계는 없다" 운운은 가와가미의 사상적 일탈임을 피할 수 없다 할 것이다.

9. 가와가미 연보에서 석방 전후의 행적을 보면 1933년 일본공

산당 최고 수뇌 사노 마나부와 나베야마 사다치카(鍋山貞親)의 옥중 전향이 있었는데, 1934년 가와가미를 사노와 동석시킨 가운데 가석방 의사를 비치면서 형무소장이 전향을 권고한다. 그는 전향은 거절하지만 종교론을 쓰는 것으로써 가석방의 희망을 연계시켜보려 한다. 그 심약한 자세에 대해서 스에코 부인—전에 부군의 공산주의 실천을 그리도 말리려고 애걸했던 부인—이 12월 14일에 면회를 와서 "태연히 무기징역을 받고 아바시리 감옥—일본 북해도에 있던 가장 혹독한 형무소로 당시 도쿠다 규이치(德田球一) 등 일본공산당의 지도자를 수감했다—으로 보내지는 분도 있다"고 격려한다.

1935년 2월 1일 일기 집필이 허가되고, 6월 30일 『종교적 진리에 대하여』를 집필한다. 1937년에 만기출옥하는데 그간에 『옥중췌어』를 집필한다.

가와가미의 심중에서 진행된 드라마를 이것으로 알 수 있다. 심중의 드라마는 누구에게 있어서나 그의 표면적인 언동과 함께 기록될 만한 가치가 있다. 나는 청년시절 이래 심중의 드라마를 이번에 쓰기로 작정하였는데 그것이 얼마나 정직하게 써질지 내 생애의 마지막 사상투쟁이 될 것이다.

1991. 8. 16.

오자키 호쓰미의 일

오자키 호쓰미(尾崎秀實)에 대해서는 늘 특별한 관심을 갖고 지냈다. 1942년 1년 동안 동경에서 구금되어 있을 때 무슨 책을 주로 읽었느냐고 추궁 당해서 그의 이름을 대었다. 당시 오자키는 고노에 후미마로(近衛文麿) 등 일본 수뇌층과 함께 무슨 일인가를 하는 듯도 했고, 모든 좌익 논객들이 글을 쓰지 못하는 시절에 종합잡지에 글을 썼으며, 『아사히신문』에도 관계가 있는 사람이었다. 또한 그나마 중국문제, 소위 대동아공영권 문제 등에서 일단 아주 이상하지는 않은 글을 쓰는 인물로 생각되었다. 그래서 내 생각에는 좌익학자들의 글을 읽었다는 사실은 피하고 그렇다고 아주 우익논객의 글을 읽었다고 하기는 싫고 또 믿지도 않을 듯해서, 슬쩍 그의 이름을 대보았던 것이다.

조사를 받고 유치장에 돌아와서 앉았는데, 상습소매치기로 들어왔다는 대략 마흔이 넘은 키가 작은 일본인이 내가 조사받으러 나가 있는 동안에 신입으로 들어왔던 모양이다. (그 후에도 유치장에서 경험한 일이지만 상습범죄자들은 이상하게도 우리 같은 정치범들에게 친근감을 갖는다. 1975년 사회안전법으로 끌려들어갔을 때도 어느 상습절도범이 나를 극진하게 존중하는 것을 체험했다.) 그 키 작은, 어딘가 닳고 닳은 인상의 꾀죄죄한 친구가 나에게 바싹 다가앉으면서 말을 건넸다. 당시 나는 갇혀 있었기에 전혀 알지 못했던, 일본 천지를 온통 뒤집어놓은 조르게 사건을 알려주면서 오자키에 관한 이야기를 해주었다. 오자키가 일본 측 주범으로서 연루된 것이 판명되어 이 또한 세상을 놀라게 했다는 것이다.

나는 깜짝 놀랐다. 그리고 조사받을 때 내가 오자카의 이름을 말하자 일본인 고등경찰 경부란 자가 놀란 기색으로 "그 사람을 아느냐?"고 되묻던 표정이 떠올랐다. 물론 개인적으로 알지 못한다고 대답하니 그리 깊이 추궁하지는 않았다. 사실 나 같은 조선 학생이 그런 어마어마한 사건과 인적 관련이 있으리라고 저들도 생각 안 했을 것이다.

오자키라는 이름은 나와 이러한 인연이 있다. 그가 형사(刑死)했다는 것을 해방 전에 내가 알았는지 어떤지도 기억에 확실치 않다. (사실은 1944년 11월경에 사형이 집행되었다고 한다.) 해방 후에 나는 일본공산당의 기관지인 『아카하타』를 볼 수 있는 기관에서 일하게 되었는데, 그제야 비로소 조르게 사건의 전모와 오자키의 활동상황을 알게 되었다. 그의 옥중서간집인 『애정은 하늘의 별과 같이』라는 책 이름도 그 신문의 광고를 보고 알게 되었고, 그것에 대한 기사도 읽은 듯하다. (그러나 책을 읽지는 못했다.) 나는 그의 영웅적 투쟁에 흠모를 금치 못했고 인간적인 애정을 가지게 되었다. 그리하여 그에 대한 기사는 주의 깊게 읽곤 했는데 아쉽게도 많은 기사를 접하지는 못했다.

나는 1962년 제1차 출옥 후에도 그 관심은 사라지지 않아 일본 서점에 들를 때는 일본잡지에서, 또는 『한국일보』 간부였던 생질서의 서재에서 일본잡지들을 빌려다가 볼 때에도 간혹 그에 관한 기사를 산견했던 것 같다. 그러다가 1965년 혹은 1966년쯤 미스즈서방에서 출간한 『현대사 자료』 중 한 권인 『조르게 사건』을 보게 되었다. 그래서 그 사건의 내용과 오자키에 대해서 다시금 더 자세한 것을 알게 되었고, 오자키에 대한 존경과 애정을 새로이 했다.

그런데 오늘 『오자키 저작집』 다섯 권을 교보문고 일서부에서 발견했는데, 제4권이 앞서 말한 『애정은 하늘의 별과 같이』이며 동시에 「상신서(上申書) 1·2」라는 것이 수록되어 있다. 늘 돈이 없는 사람이니 그것을 살 수는 없고 늘상 하는 식으로 한 두어 시간 서가 앞에 앉아서 「상신서 1·2」부터 읽어보았다. 국판책 상하 양단으로 인쇄된 글이 한 70~80페이지는 실히 되는 장문이다. 이 글을 먼저 보게 된 것은, 내가 늘 사색의 주제로 삼고 있는 전향의 문제에서 그가 어떠했던가를 알고 싶었기 때문이다. (미스즈 서방의 『현대사 자료』에도 오자키의 상신서가 있었을 터인데 나는 어쩐지 처음 보는 느낌이었다. 따라서 지금 보는 상신서 내용처럼 그가 전향을 표명한 것으로는 전혀 생각하고 있지 않았다. 어쩌면 『현대사 자료』에는 그런 사실이 언급된 자료가 실리지 않았는지 모른다.)

어쨌든 이 저작집에 실려 있는 「상신서 1·2」는 대충 훑어보아도 놀라울 정도로 상세한, 그리고 정확한 표현으로 쓰인 일본국체에 대한 신봉고백이고 전쟁찬미의 글이었다. 「상신서 1」은 제1심 사형판결 직후에 쓴 것이고, 「상신서 2」는 대심원 사형 확정판결 직후에 쓴 것이다. 나는 너무도 놀랍고 애석한 마음을 금치 못했다. 내게 또 한 명의 관심인물이던 가와가미 하지메가 출옥 전후에 썼다는 상신서보다도 더 애석한 감을 주었다. (가와가미의 상신서에 대한 감상은 작년 노트에 잠깐 적어두었다.)

그래서 나는 그의 서간집에 실린 몇몇 편지와, 또 그의 친지들이 쓴 회상기 등을 훑어보기 시작했다. '저작집발간월보'가 삽입되어 있어서 그것에 실린 기사는 모두 읽었다. 마츠모토 신이치(松本愼一)라는 사람이 그의 가장 가까운 친구였던 모양인데, 그는 전후에 일본공산당 당원이었고 원래 공산주의자였다고 한다. 그 밖에 이름은 모두 기억 못하지만, 생전에 오자키와 함께 일할 뻔 했던 호리에 무라이치(堀江邑一)라는 이름은 전부터 그의 글을 읽었기에 지금도 기억이 난다. 마츠모토의 글도 전부터 읽은 기억이 있다.

어쨌든 이 모든 회상기 등을 종합하고 오자키 자신의 생전 행적을 되새겨볼 때 그를 아는 모든 사람들이 오자키의 상신서는 위장전향이었다고 쓰고 있다. 그 이유를 여러 가지로 말하는데 모두 납득이 간다. (여기서 그것들을 자세히 적기는 힘들다. 총총히 서점의 서가 밑에서 오직 진실을 알고자 하는 날카로운 관심으로 내면적으로 진실을 확인하는 데 급급했지, 자세한 사실들을 기억할 여유가 없었던 탓이다.)

내게 내면적으로 확인된 것은, 확실히 그는 위장전향을 했다는 것이다. 위장전향 그 자체도 비난하려고 들면 비난할 수도 있을 것이다. 어차피 형사하게 되어 있는데, 위장전향이 없었다면 더 좋았다고 말할 수 있겠다. 그런데 '어차피 형사하게 되어 있다'는 판단이 서지 않았던 듯싶다. 그의 정세판단으로 볼 때 일본의 패망은 목전에 임박했다. 1944년 들어서 일본의 패망은 확정적이었다. 오자키의 사상적 입장과 조르게에게 준 일본 상층부의 정보들을 종합해본다면, 더욱이나 체포 이전에 이미 일본 패망을 확신하고 있었을 것이고 그러기에 그 패망을 실현하기 위하여 공산주의

자로서 또한 애국자로서—일본이 패망해야 일본 인민이 해방되고 일본이란 나라가 참되게 발전한다는 애국심으로—그 영웅적인 첩보활동을 했던 것이다.

그는 상신서를 쓰는 순간에도 일본의 패망을 확신하고, 그렇다면 위장전향으로 목숨을 연장하여 일본 패망 후, 다시 말하면 소위 종전 후에 공산주의자로서 일본 재건을 위해 활동해야겠다는 생각이 있었을 법하다.

사실은 그러한 판단을 밖에 있는 그의 친구, 특히 마츠모토가 중심이 되어 그러한 판단을 하고, 이를 오자키의 아내 에이코를 통해서 강력히 종용하게 했다고 한다. 마츠모토도 인정하고 그 밖에 사정을 아는 사람들도 그렇게 쓰고 있다. 있음직한 일이다. 오자키 자신도 처자식에 대한 애정과 죽음의 문제가 활동 당시나 구금 초기보다 점차 심각하게 되어가는 마당에(이것도 있음직한 일이다) 친지들의 종용과 유혹이 크게 작용하여, 마침내 1차 사형선고 및 대심원 최종 확정판결 후에 살려달라고 위장전향을 한 것으로 보인다.

오자키의 애석한 처신에 대한 나의 감상을 쓸 차례이다. 한마디로 오자키의 모든 판단, 그리고 인간적인 고뇌를 모두 이해한 토대 위에서 결국 그의 처신은 사심에서 나온 것임을 탓하지 않을 수 없다.

사심—이것은 모든 원칙적인 행동을 그르치게 하는 것임을 다시 한 번 뼈저리게 되새기게 된다. 그의 상황이 아무리 어려웠고, 나는 그 상황에서 어찌 했을 것이라 장담은 물론 할 수 없지만, 그럼에도 불구하고 그의 사심은 책하지 않을 수 없다.

첫째, 그가 다만 죽음을 두려워하는 사심에서만 나온 것으로는 보지 않는다. 그는 그렇게 말해버리기에는 너무나 귀중한 혁명적 활동가였다. 그 점은 인정하기로 하자. 그러나 그 죽음에 대한 두려움의 사심을 어찌 완전히 극복했다고 하랴. 더구나 아내와 자식에 대한 은애가 이에 가세하였다.

둘째, 그보다도 더 있음직한 사심은 종전 때까지 목숨을 보전하여 일본 인민과 혁명에 봉사하고 싶다는 열정이다. 이것은 죽음에 대한 사심에 견주면 어디 내놓아도 부끄럽지 않은 사심이다. 그러기에 그도 걸려든 것인데, 그 생각도 역시 사심임에 틀림없다. 자기가 자기 역량을 바쳐서 혁명에 봉사해야겠다는, 이른바 '자기가~'의 생각이 바로 사심이 아니겠는가. 혁명은 자기 없이도 발전한다. 자기는 이 시점에서 혁명적으로 처신하면 될 일이지(그의 경우는 사형) 그 이후의 것에 책임을 지겠다는 생각은 사심이 아닐 수 없다. 그 사심 때문에 그는 진정 그 순간에 혁명적이어야 할 처신을 놓쳐버렸다고 하지 않을 수 없다. (이것은 한 무제 때 장수 이릉(李陵)의 투항을 두고 내가 1950년대 중반 옥중에서 생각하던 문제이다.)

사실 그는 그러한 처신 ― 상신서 작성 ― 에도 불구하고 사형되었으니 망정이지 (이릉처럼 자신의 사심대로 죽지 않고) 살아서 종전을 맞이한 뒤 자신이 생각한 것처럼 혁명적 활동을 성취하지 못하고 녹록하게 삶을 마쳤을 가능성도 전혀 배제할 수 없다. 만일 그런 경우 그 처신의 욕됨은 어찌 회복될 수 있을 것인가.

오자키 사후에 마츠모토가 「오자키에 관해서」라는 글을 썼는데, 당시 일본공산당에서 동의하지 않아서 그대로 싣지 못하고 고쳐서 발표되었다는 사실이 저작집발간월보에 나와 있다. 무엇을 왜 고쳐 쓰라고 했는지는 모를 일이다. 짐작건대 당시 당 입장에서는 그의 위장전향을 설령 그대로 위장이었다고 인정한다고 하더라도 간단히 긍정적으로만 인정하는 견해가 원칙상 난점이 있었기 때문이 아닌가 싶다. 하물며 만일 그가 살아서 나온 이후의 활동이 그다지 수긍될 수 없는 것이었다면 그의 상신서 처신은 천추의 욕으로만 남을 것이다.

셋째, 그의 그러한 처신에 대해서 밖에 있는 가족과 친지들이 준 종용이 그의 고뇌를 더 심하게 하였고, 결국 그의 처신을 그르치게 하는 결과가 되었다는 점이다. 공산주의자인 마츠모토는, 타락한 사회민주주의자로 일찍부터 분류된 미와(三輪壽壯)라는 사람과 상의해서 오자키의 옥중 처신을 이리저리 가족을 통해서 종용하고 애원하면서 영향을 미쳤다고 한다. 그들 역시 위장전향하고 살아 있다가 임박한 패전(이것은 확실하니까) 이후에 밖에 나와서 일하라는 의도였다. 오자키는 전부터 일관해서 레닌의 패배주의 전술을 굳게 믿고 조르게와 협력하여 일본의 패망을 위해 활동했다고 그들은 말한다. 그것은 사실로 보인다. 그러기에 오자키의 첩보활동이 사상적으로나 현실적으로나 귀중했던 것이다.

그러므로 마츠모토 등의 주관적 의도는 일단 이치에 합당한 듯이 보이고, 그러기에 죽음을 각오하여 고인 물같이 맑은 심경으로 조용히 형사의 시간을 기다리던 오자키에게 사심을 유도한 것이다. 게다가 아내와 딸에 대한 은애가 있다.

오자키는 아마도 마츠모토 등 외부의 종용이 도리어 고통을 새로이 심어주는 저주스러운 것으로 생각되었을지 모른다. 더구나 정세의 변화로 일본 군부도 오자키 같은 인물을 대중공작(對中工作)에 써먹으려고 한다는 등의 생각을 그들은 하게 되었을 테고 알게 모르게 옥중의 오자키에게도 그런 희망을 유발시키는 신호를 주었을 듯도 싶다. 그러기에 오자키로서는 내면적 갈등이 더 깊어졌을 것이고 그것은 죽기로 작정한 그를 더욱 괴롭혔을 듯싶다. 요컨대 마츠모토 등 외부 친지와 가족—가족이야 탓할 수 없다. 사상적으로 백지에 가까운 가족이 남편의 친구들이 남편을 살리겠다는데 어찌 따르지 않겠는가—들의 작용이 오자키를 최종적으로 그르치게 했다고 생각된다.

오자키를 위해서 그러한 친지들이 있었다는 것은 천만불행이었다고 하지 않을 수 없다. 외부 친지들은 최소한 아무 말 하지 말고 오자키가 제 마음대로 살든지 죽든지 결정하게 내버려 두었어야 했다. 더구나 마츠모토 등 명색이 공산주의자라는 사람들이 그러한 상신서를 쓰도록 그 아내의 애절한 입을 빌려 종용했다는 것은 진실로 커다란 잘못이었고, 오자키를 위해서 잔인하고 불행한 행동이었다. 그들은 실제 견실한, 단련된 공산주의자가 아니었다고 할 수밖에 없다.

나 자신은 사회안전법 하 13년 이상의 예방구금에서 실제로 무기한 구금이며 모든 정세와 나의 연령으로 보아서 거기서 죽게 될 것을 각오하고 있었지만, 그렇지 않은 경우 가령 일본에서 1년 구금당했을 때는 물론이고, 6·25 전에 체포 구금되었을 때 등 특히 후자의 경우는 소위 명시적으로 전향을 나 자신이 표명한 것은 아니지만 누님들 등의 외부운동을 묵인하고 유리한 판결을 받은 일이 있다. 말하자면 일가친척인 체하고 같은 평산 신 씨의 판사와 변호사의 암거래를 묵인 추종한 것이다.

어쨌든 옥중에서의 처신에 외부 친지의 운동이나 종용이 얼마나 위험한 영향을 끼치며 도리어 본인에게 고통을 주는 것인가를 나는 안다. 이번 보안감호처분 결정 때 담당검사가 역시 공교롭게도 평산 신 씨였는데, 나는 처음부터 가족의 운동을 경계했고 전향이라는 조건을 암거래이건 표면거래이건 제시하지도 묵인하지도 않았다. 검사도 그러한 조건을 만들어주지 않으면 방법이 없다고 잘라 말했다고 했으며, 나 역시도 만들어줄 수 없다고 가족들에게 잘라 말했다. 오래 생각하면 도리어 고통이고 위험하기 때문이었다.

6·25 전의 경우 집행유예로 풀려나왔는데, 조직에 피해 주지 않고 견뎌냈다는 점을 평가했고 또 6·25 후 합법공간에서 조직을 수습할 때 직접 당시의 일을 시종 보고받았다고 하며, 역시 조직에 피해가 없었음을 언급해주었다.

어쩌다가 내 이야기가 많이 끼어들었는데 어쨌든 오자키의 경우와 그 주변에 대한 나의 감상을 대충 적어본 셈이다. 좀 고풍스러운 표현이지만, 장부가 한세상 살아가는데 대경대법(大經大法)으로 구김 없이 생을 마친다는 것이 진실로 난사(難事)임을 새삼 느끼게 된다.

또 그것은 장부라는 말 대신에 필부의 삶이 구김 없이 한 삶을 산다는 말로 바꾸는 것이 나에게는 더 마음에 든다고 할 수 있다. 필부가 철(徹)하면 장부가 되는 것이라고도 할 수 있으나 나는 필부라는 말을 더 좋아한다. 사는 날까지 필부로서 구김 없이 살다가 죽을 것이다. 오자키는 그 점에서 구김을 남겼다. 슬프고 애석한 일이다. 그러나 형사는 오히려 구김을 도로 펴주는 결과가 되었다고 생각하고 싶다. 그래서 나는 그의 순결성을 그 구김에도 불구하고 믿어주고 싶고, 그의 처절하고도 용감한 혁명적 활동에 진심으로 경의를 표하고 싶다. 결론적으로 나는 그의 상신서 처신을 보고 나서도 그를 사랑하는 사람으로 남을 수 있다고 생각한다. 실제로 오자키라는 인간과 그의 일생을 사랑한다. 그는 혁명 활동 이외에도 여러 면에서 훌륭하고 사랑스러운 인간이었다.

나는 일본의 몇몇 진보적·혁명적 지식인들의 삶을, 무슨 글이나 단편적인 기사나마 접할 때마다 꾸준히 추적해왔다. 물론 애정을 가지고 경의를 가지면서 비판적으로 말이다. 노로 에이타로(野呂榮太郎), 가와가미 하지메, 도사카 준(戶坂潤), 그리고 오자키 등이 그들이다. 그들 모두는 내 사상의 순결성을 지키는 문제와 관련해서 일제시대 이래로 내 머리 안에 왕래하는 사람들이다. 다 공산주의자들인데, 사상의 순결성을 놓고 일생 동안 격투한 사람들이다. 그들의 격투는 나 자신의 격투에서 나를 도와주는 삶들을 보여준 것들이었다.

오자키의 편지 중에 이런 의미의 말이 있다. 표현이 정확하게 기억되지는 않지만 대충 이런 말이다. "남에게 고통을 주었을 때―그에게 책임이 없는 불행을 주었을 때―그것을 죽음으로 보상할 수 있다. 그러나 오자키 자신이 아내와 딸에게 준 고통과 불행은 죽음으로도 갚을 수 없다." 즉 오자키 자신은 "가족에게 죄를 짓고 죽는다"는 뜻이었다.
　기막힌 이야기이다. 모든 동서고금의 의인(義人)들이 그 죄 없는 육친에게 지고 가는 죄이다. 죽음으로써도 갚지 못하는 고통을 그들에게 주는 것이다. 곧 의인의 죽음 자체가 그들에게 고통의 원인이기 때문이라는 뜻이리라.

1992. 1. 4.

3부
50년 만의 편지

무제(無題)

세계에서 변하는 것과 변하지 않는 것을 본다
아니야 변하는 속에 변하지 않는 것을 본다
아니야 변하지 않는 것을 위하여 변하고 있는 거다

― 『필부(匹夫)의 상(像)』에서

50년 만의 편지
— 이리에 히로시(入江弘) 씨에게

즉시 답장을 써주셔서 참으로 반갑고 정겨움을 무엇이라 표현할지 모르겠습니다. 그것도 50년 만에 보낸 나의 뜻밖의 편지를 받고 놀라고 반가워하는 것을 자세히 쓰신 모습이 꼭 예전의 선생을 보는 것 같아 정겨움을 더하였습니다. 더구나 류머티스로 고생하시고 거리에서 사람의 잡답(雜沓)으로 낙상을 하여 다리가 불인하신데 제법 긴 편지를 쓰시느라 수고하셨습니다.

편지를 읽으면서 이미 30년 전에 부인이 타계하신 것을 알게 되어 가슴이 슬픔으로 찹니다. 관헌에 쫓기다시피 하여 고국으로 돌아온 이래 암울한 마음에 소식을 전할 경황이 없이 50년(이면 반세기지요. 그것의 반을 옥중에서) 동안 동경의 여러분들 소식을 알고 싶은 심정은 끊이지 않았습니다. 그런데 당시 엄혹한 시대상황으로 단지 간절한 소망만을 가지고 지내온 사람에게는 부인의 타계는 실로 허망하기 이를 데 없는 일이었습니다. 부인을 회상하면 아주 작은 일까지 한없이 많습니다. 젊고 총명하며 게다가 따뜻한 정겨움으로 대해주시어, 특히 어렵던 시대감각을 공유한 이토(異土)의 청년으로서 그 3~4년의 사귐은 실로 희유(嬉遊)의 행복이었습니다. 아무리 되풀이해도 다하지 않는 부인의 이야기는, '너무 슬퍼서 울 수도 없었다'고 하신 선생의 말에 마음으로부터 조상의 뜻을 담고 이만 그칩니다.

    선생의 이야기를 해야 하겠습니다. 그것은 또 얼마나 많습니까. 보내주신 사진 필름을 현상해서 한참 들여다보니, 예전 망양(茫洋)한 중에도 조각가인 선생이 남 못지않은 이론가이시던 풍모가 눈에 선합니다. 무엇보다 1907년생이라고 하시니 나보다 10년 위이신데, 몸도 여기저기 부자유한 터에 지금도 제작에 몰두하여 최근에도 3점이나 세상에 물으셨다고 하여서 깊은 감명과 경의를 마지않습니다. 덕분에 이쪽 나의 수명도 늘어난 듯한 든든한 마음을 갖습니다. 때로는 늙음을 한탄하기도 하는 나에게 "사는 만큼 살겠습니다"라는 선생의 말씀은 남의 일처럼 들리지 않습니다. 얼마나 많은 깊은 마음이 잠겨 있는가 눈물겨울 지경입니다.

    편지 중에 그때 내가 조선옷(바지, 저고리, 두루마기)을 입고 울굴(蔚屈)한 모습으로 웅크리고 앉은 모습을 데생한 것을 언급하시어 한층 정겹게 회상됩니다. 그림은 지금도 소중히 간직하고 있습니다.

그것은 그렇고 정작 선생의 편지에서 느낀 놀라움을 써야 하겠습니다. 정말 깜짝 놀랐습니다. 선생께서 왕년의 예술론, 리얼리즘과 너무나 딴판인 '다다', '슈르'로 향하셨다니 도저히 상상 밖의 일이었습니다. 선생은 편지에 "리얼리즘에서 다다, 슈르로 표현에 변화가 있습니다. 풍자작품도 있습니다. 현실의 해방이 미술!"이라 하였습니다. 감히 좋다 그르다가 아니라 피차 변화가 많은 시대에 살고 있다는 감개에 새삼스러이 젖었습니다.

"신현칠 씨에게는 미술 이야기에 집중하는 것이 좋다고 생각하지만 예술론적인 어필은 피합니다. 다다도 슈르도 단문으로는 안 되고 사진을 보고 무엇인가 느껴주신다면 합니다" 하신 〈네 개의 눈〉을 한참 들여다보면서 많은 것을 생각했습니다. 사진 뒷면에 적힌 "언제나 눈은 두 개만이 아니다"라는 말에 인도되어—현대의 기계적이고 그로테스크한 메커니즘을 상징하는 듯도 보이는 조형에—두 개 이상의 눈을 가지고 살아야 하는 현대인의 정신상황을 잠깐 엿보는 듯한 생각을 했습니다. 그리고 예전에 선생에게 한 버릇대로 나의 생각을 좀 적어보고 싶어집니다.

그 정신상황은 자못 인간다움을 상실한, 황폐함을 느끼게 하는 것이라고 생각되었습니다. 확실히 그와 같은 것으로 현대의 정신

상황을 보게 하는 것을 현재의 세계상황은 가지고 있는 듯이 보입니다. 그러나 나는 현대를 그와 같이 일단 지적하면서 기계적이고 그로테스크하고 황폐한 것으로만 볼 수는 없다고 생각합니다. 역시 기계적만이 아니라 인간적이며, 그로테스크만이 아니라 이(理)에 의해서 제어가능(制御可能)한—적어도 그것을 전제로 한—삶의 영위를 하는 장(場)인 것이며, 황폐가 아니라 인간의 이름에 걸맞는 질서를 구하여 몸부림쳐 나아가는 생의 영위 가운데에 따뜻한 애정이 채워지는 세계라고 생각하는 쪽을 한층 더 단단히 지니고 가야 한다고 생각합니다. 그리고 그와 같은 생은 궁극적으로 말해서 민중의 생의 영위 가운데에 있으며, 또한 그 건전하고 든든한 생의 갈망 속에 있다고 생각하고, 예술은 그 영위와 갈망을 정직하게 반영하지 않으면 안 된다고 생각하는 것입니다. 이것은 어느 시대든지 탁월한 예술이 가지고 있으며 또한 언제까지나 가지고 있어야 할, 인간과 역사에 대한 예술의 책임이라고 생각하지요. 이러한 생각은 어쩌면 우리나라의 현황이 일본과는 다른—너무나 절박한 실천적 과제를 목전에 두고 있고, 민중의 생의 영위와 갈망이 너무나 생생히 몸에 와 닿는—상황에서 오는 것인지도 모르겠습니다. 하여튼 오랜 격절 탓으로 선생의 예술을 충분히 이해할 수 있는 조건을 가지지 못하는 나로서 너무 많은 말을 하는 것은 삼가야 하겠지요.

선생의 편지에도 "짧은 글로는 아니 되고, 그래서 예술론적인 이야기는 피합니다"고 하셨으니 이상의 내 이야기도 십분 이해하고 계실는지 모릅니다.

평소 내가 가지고 있는 현대 추상미술·전위미술에 대한 비판적 생각은, 기법상의 실험적 노력과 성과를 평가하면서도 역사와의 대결에서 자기를 내어던지는 실천성이 부족하다는 것입니다. 그런데 〈네 개의 눈〉은 그것과 좀 다른, 무엇이라 할까, 몸을 내어던지는 선생 특유의 기백을 느낄 수 있었습니다. 그 실체가 무엇인가는 충분히 파악되지 않지만 어쨌든 그 느낌만은 말씀드리고 싶군요.

이른바 '현실의 해방이 미술'이라는 선생의 말을, 50년 전 선생에 대한 나의 이해를 주석으로 해서 옳게 이해하려고 반추하며 보았습니다. 또 그 옛날, 선생이 입버릇처럼 하시던 '구체화'라느니 '구체'라는 말—"구체가 본질이 됩니다" 운운—을 떠올리게 됩니다. 당신께서는 예전에 그 말을 참 좋아하셨지요. 무엇이든지 복잡한 토론 때면 '구체'란 말을 하셨습니다. 그래서 부인조차 때로 사상적인 일종의 '애매함'을 거기에서 보는 눈치였던 것을 기억합니다. (나도 동감인 때가 있던 것을 부인하지 않고요.)

그것은 어찌 되었든 우리들은 그때 미술이 근본적으로 세계인식(역사인식)의 방법—물론 '말'로써 '번역'할 수 있는 '의미'를 통해서가 아니라 '조형'을 통해서—이라는 데에는 의견이 일치하고 있었다고 기억합니다. 그리고 나 자신은 지금도 기본적으로 그 생각 위에 서 있습니다.

물론 나는 선생의 〈네 개의 눈〉을, 요즘 포스트모더니즘이 말하는 '탈의미'의 것이 아니라 하나의 메시지를 주는 것으로서 진지한—참으로 생사를 거는—기백을 느끼고자 하는 사람입니다.

어쨌든 나는 누가 말했듯이 리얼리즘은 예술의 여러 가지 방법 가운데 하나가 아니라 유일한 방법이라고 믿고 있습니다. 모든 분야의 예술성의 대지는 리얼리즘이라고 생각합니다. 다만 나는 그 리얼리즘의 존재 형식의 변용(變容), 발전, 다양화를 부정하는 입장은 아닙니다.

예술의 자율성 문제를 물론 놓칠 수 없습니다. 예술의 영위에 다른 무엇이 간섭해서는 예술이 될 수 없습니다. 인간 성정의 자연한 유로(流露)이어야 하므로 예술가는 스스로 원하는 어떠한 이미지 또는 조형도 가능합니다. 다만 그때 빼놓을 수 없는 것이 있습니다. 주체가 되는 인간(예술가)은 추상적인 인간이 아니라 역사적 존재인 것이며, 역사적 진실을 봄으로써 역사와 함께 살고 있는 인간으로 이른바 사무사(思無邪)—성정의 자연한 유로가 그대로 역사 내지는 역사적 진실과 일체가 되어 있는 인간이라는 것입니다. 여기서 결국 현재의 시대적 상황 하에서 역사적 진실을 어떠한 것으로 파악하느냐—실제는 이것이 문제이며, 논의의 모든 것은 이 원점(본질)으로 돌아갈 수밖에 없군요. 당신께서 운운하시던 "구체가 본질이 됩니다"가 등장하지 않으면 안 될 대목인데, 쓰다 보니 나도 모르게 이야기가 50년 전 젊은 내가 당신께 도전하듯 한 그 문제로 돌아간 것 같습니다.

그만 써야겠습니다. 부질없는 편지가 생각지도 않게 너무 길어졌습니다. 읽으시는 데 불편한 몸에 탈이 될까 저어합니다. 쉬엄쉬엄 읽으시고 기분 좋으실 때 답장을 써주신다면 행복하겠습니다. 사진 한 장 동봉합니다. 얼굴이 작게 나왔는데 돋보기라도 쓰시고 관상하듯 보아주십시오. 더 오래 살 수 있을까—呵呵.

그럼 거듭 몸조심하시기를 빕니다.

1991. 8. 20.

야스하라 히로시 교수에게*

졸지에 편지를 드리는 것을 용서하십시오. 그러나 저는 이미 선생의 고마운 배려에 의해 오래 지우(知遇)를 얻고 있는 듯한 친근함을 느끼고 있습니다. 그것은 제가 원하는 책을 유 선생을 통해 듣고 친절하게도 구해주신, 얼마 남지 않은 저의 생애에 잊을 수 없는 인연을 지으신 분이기 때문입니다. 진실로 고맙기 그지없습니다. 그뿐 아니라 유 선생에게 보내신 선생의 편지를 읽으매 정말 마음이 따뜻한 분이라는 생각에 근년에 드물게 마음이 다사로워지는 것을 느꼈습니다.

* 내가 레닌의 『철학 노트』(이와나미 문고)를 구한다는 것을 유춘도 선생을 통해 듣고서 책을 구해준 일본 동북대학(東北大學) 물리학과 교수 야스하라 히로시(安原洋) 씨에게 보내는 편지.

전에 보았던 선생의 시에서, 휴머니즘을 바탕에 둔 다카무라 고타로(高村光太郞)의 웅경(雄勁)한 시의 흐름을 상기하고, 그것을 잠깐 유 선생에게 말해본 것이 아마도 선생과 저의 뜻밖의 교분이 시작된 것이 아니었던가도 생각해봅니다. 인간이 언제, 어디서, 어떤 인연을 맺을지 알 수 없군요. 사는 날까지 나날을 정말 소중히 해야 한다고 새삼스레 생각했습니다.

젊은 시절부터 불행한 시대를 살아오고 어찌어찌 하는 동안에 어느덧 나이 85세가 되었습니다. 이제는 하마 무슨 일을 하는 것도, 무엇을 내 몸을 두고 바라는 일도 없는 몸입니다. 그런데도 마음속에 시대의 어려움과 고난을 자기 것으로 하여 산다는 생각을 가냘프게 계속 지니고 있는 듯합니다. 사람의 삶이란 참 마음대로 아니 되는 것인가 봅니다. 지금은 조금 더 서늘한 마음이 되어, 죽는 준비를 해야 할 나이가 아닌가 생각합니다만, 사는 날이 얼마 남지 않았다고 생각하니 더욱 사는 일(살아온 일)의 마무리를 짓고 싶다는 마음에 쫓기는 것 같습니다.

레닌의 그 책을 지금 다시 읽고 싶은 것도 그 때문이라고 말할 수 있겠습니다. 내가 한 생애 마음을 지탱하는 것으로 삼아온 세계관—사회라든가 경제라든가 정치도 있습니다만 무엇보다도 그 세계관—을 옳은 것으로 확인하기 위한 것입니다. 살아온 것이 허망하지 않았다고 안심되는 마음으로 또는 의연(毅然)히 생을 마치고자 하는 것입니다.

　레닌뿐이 아닙니다. 젊은 시절부터 접해온 모든 선인들의 생각을 조용히 다시 읽고 다시 생각해보고 싶은 마음입니다. 저는 어렸을 때부터 유가사상에 길들여져 자랐기 때문에 『논어』라든가 좀 자라서 노장(老莊) 등 동양사상과 불가사상, 그리스도에 이르기까지 요즘은 정력에 부쳐서 뜻대로 잘 되지는 않습니다만 잠심(潛心)해서 그 생각들을 돌아보는 때가 있습니다.

　그럴 때 역시 나는 젊은 시절부터, 선생이 유 선생에게 보낸 편지에 언급하신 말씀처럼, 참으로 제대로 된 코뮤니스트가 되려고 염원해온 만큼 그 모든 것을 마르크스·레닌의 세계관과의 대결에서 생각하는 것은 아무래도 지금으로서 어쩔 수 없는 일입니다. 그렇기는 합니다만 여기서 반드시 말해야 할 것은, 마르크스·레닌은 휴머니즘의 대지 위에 튼튼히 서 있는 것이라는 것입니다. 그런 의미에서 나는 지금도 인류의 위대한 교사들―공자, 석가, 그리스도 등을 내가 걸어가는 길 위에서 만나고 있다고 생각해왔습니다. 말해본다면 현대의 최고의 휴머니즘은 코뮤니즘이라고 생각하고 있는 것입니다. (물론 현실 사회주의 국가들에서 가슴 아픈 잘못이 있었다는 것을 생각하지 않는 것은 아닙니다만.)

　그런 만큼 이번에 선생이 저에게 해주신 일이 얼마나 귀중한 일인가를 아실 수 있으리라 생각합니다. 그 책은 나에게 있어서 잊을 수 없는 책입니다. 특히 지금 이 순간 나에게 얼마나 필요한 것인지 알 수 없습니다. 내가 청년시대 이후에 마르크스·레닌의 책을 다시 손에 든 것은 겨우 10년 안팎의 일입니다. 그 이전은 한국에서는 금서(禁書)였고 저의 긴 옥중생활에서 마치 사랑하는 사람을 생각하는 절실함으로 생각해온 것이었습니다. 지금도 금서는 면했지만 서점에서 특히 일본 번역서는 어쩌다가 눈에 띄는 정도입니다.

뜻밖에 긴 편지가 되었습니다만, 잠깐 저의 동경 생활의 추억담을 적어봅니다. 내가 태어났을 때 조선은 일본의 식민지였고, 그 후 나의 길은 일본에 적대하는 일이었습니다. 그것은 벌써 익히 알고 계시는 대로입니다. 그러나 나는 일반 일본 사람들에게는 조금도 반감을 가지지 않았으며 일본 사람들에게 나쁜 대접을 받지도 않았습니다. 대개 추축(追逐)하는 사람들이 좌익 사람들이었기에 도리어 조선 출신이라는 것을 귀중히 생각해주었습니다. 그러한 사람뿐만 아니라 보통 일본 사람들에게도 몹쓸 차별이나 경멸을 당한 기억이 별로 없습니다.

이런 일도 있었습니다. 나는 우에노(上野) 야나카(谷中)의 절 경내 별채에서 하숙하고 있었는데, 조선옷(바지와 저고리)을 입고 식당에 내려가도 하숙생 모두가 조금도 이상한 얼굴로 보지 않았습니다. 특히 주인인 주지는 내가 1년 동안 구금되어 있는 동안 내

방을 그대로 비워두고 내가 나오기를 기다려주었습니다. 나는 그 신의에 깊은 감동을 금치 못했던 것을 기억합니다.

또 이런 일도 있었습니다. 이케부쿠로(池袋) 뒷골목에 내가 단골로 다니던 이바라기야(茨城屋)라는 허름한 밥집이 있었습니다. 당시 나는 무척이나 궁했던 때라 두 달이나 외상으로 밥을 먹고는 미안해서 한동안 얼굴도 보이지 않고 지낸 적이 있습니다. 그러다가 때마침 설이 되어 그믐날에는 외상값을 갚지 못하더라도 내 사정을 얘기라도 해야겠다고 생각하고 밥집에 갔습니다. 그랬더니 나이가 사오십 정도 되는, 시골티가 그대로인 안주인과 키가 작은 주인이 반색을 하며 그동안 어디에 가 있었느냐고 하면서 밥과 반찬 서너 가지를 차려주는 것이었습니다. 더구나 내일은 가게가 쉬는데 다른 데서 식사를 해결할 돈이 있느냐고 하면서 얼마간의 돈을 쥐어주려고 했습니다. 조선 출신임을 알면서도 그 시골에서 나온 일본 인민들이 베풀어준 따뜻한 마음씨가 깊이 가슴에 와 닿는 것을 느꼈습니다. 물론 그 후 외상은 갚았고, 거처를 옮길 때까지 나는 그 두 사람의 신세를 졌습니다. 지금도 그들의 모습이 생생하게 떠오릅니다.

또 하나의 이야기로, 동경도 차츰 좌익서적을 찾기 어려운 시절이 되어 변두리 헌책방을 찾아다니는 나에게 당신 나라 사람들은 그런 책을 잘 보는데 조심해야 한다고 육친 못지않게 일러주던 히

가시나카노(東中野)의 어떤 헌책방 할머니를 잊을 수가 없습니다. 후에 그분의 아들이 좌익으로 감옥에 있다는 것도 알게 되었고, 나는 아르바이트를 위한 일본 속기술 선생을 소개받기도 했습니다.

이렇게 쓰기로 하자면 한이 없습니다. 그보다도 더 근본적으로 일본에 관해서 말한다면, 내가 세상일을 생각하고 사람 일을 생각하는 데 일본어로 된 책을 통해서 배웠다는 것을 듣지 않으면 아니 되겠습니다. 게다가 나에게는 같은 뜨거운 마음으로 시대를 살아가기를 원하는 일본의 벗들이 많이 있었습니다.

그런 일들로 인해 많은 참된 것, 아름다운 것들을 접해서 가난한 생이었지만 오늘날의 내가 되었다고 감사하는 마음을 갖습니다. 60년 전 일본 땅을 떠난 후로는 일본 사람에게 이러한 이야기를 할 기회도 없었습니다. 생각지도 못한 선생에게 이런 이야기를 말씀드리는 것이 오랫동안 가슴에 둔 것을 풀어보는 것 같아서 무언가 대단히 행복한 마음입니다.

공연히 편지가 너무 길어졌습니다. 오랫동안 일본어 문장을 쓰는 일이 없었던 터라 읽기 힘든 편지였을 텐데 읽어주셔서 고맙게 생각합니다. 더구나 나는 5~6년 전 뇌졸중에 걸려 글씨 쓰기가 부자유합니다. 이 편지도 한 자 한 자 그림을 그리듯 장시간에 걸려서 썼습니다. 거듭 선생의 귀중한 시간에 폐를 끼치지나 않았는지 송구하게 생각합니다.

보내주신 레닌의 책은 다시 한 번 대단히 고맙습니다. 아라하타 간손(荒畑寒村)의 책도 감사합니다. 다만 전에도 그가 살아온 데에는 여러 가지 생각하는 바도 있어 전폭적으로는 뜻을 같이한다고 하기 어려운 데도 있습니다만, 당시의 사정이 여러 가지 적혀 있어서 알게 된 것이 많습니다. 『와일드 스완(Wild Swan)』도 중국의 현상(現狀)에서 모택동 시대를 너무 일방적으로 본 흠이 있다고도 느꼈으나, 이 역시 그간의 사정을 아는 데 많은 도움이 되었고 생각되는 바가 적지 않았습니다.

이제 정말 붓을 놓으려고 합니다. 내내 건강에 유의하시고 더욱 선생의 학운이 빛나기를 빌어마지 않습니다.

2001. 1. 25.

북경대학에 유학 중인 서성 씨에게

　이수영 씨를 통해서 메일로 편지를 받았습니다. 참 좋은 세상이군요. 『오마이뉴스』로 내 글을 보았다는 것이 참 신기하고 기뻤습니다. 이수영 씨는 나에게, 특히 1~2년 이래로 가까이 지내는 젊은 친구라고 하기보다는 지기(知己)라는 편이 더 내 쪽에서는 정직한 사이가 되었습니다. 나는 글을 쓰기에 손이 부자유해서 앞으로도 선생에게 편지를 보낼 때 수영 씨 신세를 지게 될 듯합니다.

　편지를 보니 그동안 선생의 학문과 생활에 많은 진전이 있었던 것을 알 수 있어서 참 기쁩니다. 그동안도 묘하게 선생의 근황이 마음을 떠나지 않았습니다. 아마도 내가 하지 못하던 학문에 몰입하여 쉼 없이 무엇인가를 이룩하고 있는 선생의 생활에 축복을 보내고 싶은 마음인 것 같습니다. 대리만족이라고 하여도 좋은 것이에요.

그런데 이번 편지에서 매우 기쁜 소식을 듣습니다. 제3단계인 예비 답변을 마치면서 엄격한 교수들의 칭찬을 듣고, 무엇보다도 선생 자신의 '작은 가능성'을 확인하고 '단순히 공부상 문제가 아니라 인생을 명확하게 찾아낸 기분'이라는 것이 나에게는 퍽 귀중하게 들렸습니다.

그런데 선생은 '자신의 공부에 기본적인 자질을 갖추는 정도'라고 겸손하게 말했어요. 『논어』에 보면 공자가 자로(子路)를 말하면서 승당(升堂)했으나 아직 입실(入室)하지 못했을 뿐이라고 했지요. 선생은 승당이라 했지만 어느 의미에서는 이미 입실하였는지도 모릅니다. 적어도 입실에 몇 발자국을 내딛은 것이라고 믿고 나는 그것을 축복하고 싶습니다.

선생이 중국의 철학자 풍우란(馮友蘭)을 말했으니 나도 한 사람을 들어봅니다. 바로 프랑스혁명 사학자 조르주 르페브르(Georges Lefébvre)인데, 그는 1924년 50세가 되어서 「프랑스혁명 하의 노올 현(縣) 농민」이라는 학위논문—일개 지방의 농민 상태를 다룬 실증적인 논문—이 통과될 때까지 여러 곳의 시골 고등중학(리세)에서 교사 노릇을 했다고 합니다. 그 논문 통과 후에는 몇 군데 대학을 거쳐 1935년부터 소르본 대학에서 프랑스혁명사 담당교수로 있었고, 1945년 프랑스 해방 후는 퇴임해서도 그 방면의 학문을 지도했다고 합니다. 그 학위논문은 그의 주저일 뿐 아니라 프랑스혁명사 연구의 고전으로서 연구자는 반드시 그것에서 연구를 시작한다고 합니다.

이미 알고 계실지 모르는 이야기를 이리 장황하게 하는 이유는 (아직 알지 못한다면 『1789년』(파리, 1939년)을 구독하여 보실 수 있습니다. 일역은 『1789년―프랑스혁명 서론』(이와나미 문고), 국역으로는 『프랑스혁명―1789년』(을유문고)이 있습니다) 제대로 된 학문이란 결코 쉽게 보아서는 아니 되고, 나이 50이 되어서 일생의 주저가 비로소 나올 정도로 끈질기고 서슬 푸른 업적을 바라보고 하는 것임을 말하고 싶었던 것입니다. 나 자신은 승당이고 입실을 말할 나위조차 없는 세월을 창망히 지내온 사람이지만, 학문하는 사람에게는 이러한 이야기로 그 자리를 축복하고 또 격려하고 싶은 마음입니다.

그리고 또 한 가지, 나는 학문을 한다는 것과 역사를 산다는 것과의 관계를 늘 생각하게 됩니다. 어떤 분야의 학문을 하든지 한 인간으로서 시대에 책임을 지고 산다는 것은 어차피 면할 수 없는 일인 것 같습니다. 편지에 풍우란의 말이 나오기에, 옥중에서 몇 달을 걸려 읽은 그의 『중국철학사』(1934년 상해상무인서관 대학총서판) 서문을 상기하고 일부러 찾아보았습니다. 그는 이렇게 쓰고 있습니다.

"이 제2편 원고를 최후로 교정할 때 고도(북경)는 바로 위급한 상태로 몸이 그 경에 처하매 비로소 참으로 고인의 동타형극(궁궐이 짓밟히어 동타가 형극 중에 나뒹구는 참경)이라는 말의 슬픔을 알 수 있다. 이 존망절속의 때에 당하여 나는 거듭 선철(先哲)의 사상을 생각하니 그 감개가 마치 심한 질통 중에 부모를 만나는 것과 같았다. 우리 선철의 사상이 반드시 착오 없으란 법은 없다. 그러나 '천지를 위하여 입심(立心)하고 생민(生民)을 위하여 입명(立命)하고 왕성(往聖)을 위하여 절학(絶學)을 잇고 만세(萬世)를 위하여 태평을 여는 것'이 우리 일체 선철의 저술입설의 종지(宗旨)였다. 그 파별(派別)이 어떠한 것이든 간에 그 말의 글자 속 행 사이에는 모두 이 정신이 미만하였으니 잘 읽는 자는 가히 알아보고 뜻을 알 수 있을 것이다. '혼이여 강남으로 돌아오라.' 이 책이 능히 무양(巫陽)의 초혼(招魂)이 될 것인가, 이것이 나의 소망이다."
(『초사(楚辭)』 인용 번역 이하는 내가 무식해서 자신이 없소이다.)

 공연히 인용이 길어졌는데, 어쨌든 나는 풍우란이 당시 1930년 전후해서 일본의 중국 침략이 점점 더하여 북경이 위난의 지경에 이르러서 민족의 운명을 바로 자기 것으로 느끼고 이 철학사를 낸 것에 감동을 금치 못하였던 것을 기억합니다. 그는 역사를 산 것이며 바로 철학사를 공부하는 것을 통해서 그렇게 한 것입니다.

 선생은 당시(唐詩)를 연구하신다고 들었습니다. (그런데 이번 편지에 선생의 연구 테마만이라도 좀 알려주었으면 하는 아쉬움이 있습니다.

나의 소양이 그것을 말해주어도 깊이 알 순 없을 터이나 대강 어느 방향인가를 알면 선생의 승당 내지는 입실을 더욱 실감나게 축하할 수 있었을 듯합니다.) 당시를 연구하는 데 있어서도 연구자 자신 역시 이 시대의 사람으로서 역사를 사는 사람이고, 혈육이 아울러 기뻐하고 고뇌하는 사람임에는 틀림없으리라는 생각을 합니다. 역사를 산다는 것은 또 달리 말하면 역사에 책임을 진다는 이야기도 되는 것이겠지요—필부유책(匹夫有責).

중국 고전시를 연구하는 학자에게 풍우란의 역사적 감개를 어떻게 결부시켜서 말할 수 있을까요. 나는 그것을 말할 수 있는 자격도 없고, 말할 수 있는 처지도 아닙니다. 그것은 그 뜻이 있는 연구자 자신이 자기 삶에서 발견해나갈 수밖에 없는 것입니다. 만일 학문 자체에서 실현될 수 있다면 더욱 바람직스러운 일이라는 생각이지요.

결국 우리의 모든 영위는 휴머니즘에 귀착되는 것이 아닐는지요. 풍우란의 경우도 다만 중국 민족이라는 관점에 머무르지 않고 그 밑바닥에 있는 휴머니즘에의 열정, 널리 인간 역사의 진행 과정에서 나타난 중국 민족의 정신적 유산에 대한 신뢰, 그리고 역사에 있어서의 그것을 지켜내야 하겠다는 열정이라고 나는 생각합니다. 역사에 있어서의 인간정신은 민족을 넘어 귀중한 것이고 사람의 감동을 자아냅니다. 그것이 진정한 휴머니즘이라 생각하는 것이죠.

선생의 편지를 보고 문득 떠오른 것이 있어요. 최치원이 쓴 『추야우중(秋夜雨中)』이라는 시입니다.

秋風惟苦吟 世路少知音 窓外三更雨 燈前萬里心

나는 '등전만리심(燈前萬里心)'이라는 구절에서 무한한 휴머니즘의 울림을 느낍니다. 최치원은 어떤 사람입니까. 나는 지난 옥중에 그를 두고 이런 시조를 지어본 적이 있습니다.

당토(唐土)엔 등용만천(登龍滿天) 고토(故土)엔 골품질곡(骨品桎梏)
치원이 설 땅도 떠날 땅도 없더니라
찬병서(撰幷書) 승비(僧碑)나 초(草)해 주고 산천에 묻혔에라

당토에는 과거로 사람을 뽑는데 고토엔 골품이 질곡이 되어 있어 치원이 뜻을 펴지 못하고 승비문이나 초해 주고 산천에 묻혔다는, 말하자면 신분적·인간적 비극을 읊어본 것이라고 할 수 있겠습니다. 그러나 반드시 당시의 또는 치원의 개인적 비운뿐 아니라, 그것을 포함해서 인간정신의 진보를 바라보고 사는 삶에 뒤따

르게 마련인 역사적 불합리나 슬픔을 이 '등전만리심'에서 느낄 수 있다는 생각이지요. 그것은 곧 휴머니즘이라는 입장에서 이 시를(문학을) 생각하는 것이지요.

나는 선생의 당시 연구가 어떠한 의미로든지 이와 같은 인간정신의 휴머니즘의 발로이며 감동이 되기를 바라고 싶은 것입니다.

선생은 편지에서 '자신의 취향에 국한되지 않고 좀 더 넓은 시각에서 바라보는 태도'를 모두 나에게서 받은 것이라고 고맙게 말해주었지만, 그것은 선생 자신의 일로써 이루어진 것이었습니다.

언제인가 나는 중국의 현실에 대한 선생의 긴 편지를 받고 답장을 쓰기 시작했으나 결국 쓰지 못했습니다. 내가 그만한 준비가 부족했던 탓이고, 준비가 부족하기에 무엇인가 이야기하려면 실로 많은 것을 써야 하기 때문이었어요. 또한 그러기 위해서는 내가 글 쓰는 것이 자유롭지 못하다는 사정이 있었다는 것을 말하여야 하겠습니다. 이 편지가 뜻밖에 이리 길어진 것도 이수영 씨가 있어서 가능한 일입니다. 그런 이야기를 하기에 준비가 부족한 것은 지금도 마찬가지입니다.

그래서 내가 할 수 있는 이야기는 다만 마르크스·레닌주의의 대의와 민족의 대의에 충직한 자로 남는다는 것뿐입니다. 그리고 그것은 휴머니즘의 바탕 위에서 이루어진다는 것, 오늘날 최고의 휴머니즘이 코뮤니즘이라는 것을 가슴에 가지고 현실을 (부정적인 것과 긍정적인 출현을 아울러 하나도 놓치지 않고 얼버무리지도 않으며) 보아가는 것을 자기의 할 일이라고 생각하는 것입니다.

내가 선생에게 할 수 있는 말, 아니 반드시 해야 할 말이 있습니다. 중국의 현실을 보는 데 있어서 선생 주위에 있는 시민의 모습만이 아니라 중국의 현실을 만들어가고 있는 대중과 공산당의 고뇌에 찬 실천, 중국적 현실에서 (중국에 맞는) 사회주의를 실현하기 위한 복잡하고 어려운 역사적 노력을 아울러 보는 일입니다. 그것은 다시 말해서 세계의 현단계와 중국의 현단계에 대한 중국공산당의 현실적 대응을 마르크스·레닌적 대의와 강령의 견지에서 보는 일입니다. 그 대의를 거스르는 것 같은 현상이 물론 있을 것이고 미만(彌滿)하고 있다고 볼 수도 있겠지만, 그 가운데에서 공산당이 현실에 적응하면서 무엇을 지향하는가를 보기 바랍니다.

또한 그것은 남의 일이 아니라 우리 모두가 원하는 인류의 장래에 관계되는 일입니다. 물론 우리나라가 나아갈 길과도 관계되는 일입니다. 우리는 우리의 어려운 내외 조건에서 마르크스·레닌주의의 대의가 가장 정당하게 실현되기 위한 어려운 도전에 직면하고 있습니다.

뜻하지 않게 긴 편지가 되었습니다. 정리되지 않은 이야기를 중언부언하였습니다. 끝으로 선생이 인터넷에 올리고 있다는 베이징 이야기는 내가 대단히 알고 싶은 것입니다. 만일 이수영 씨도

흥미가 있다면 그 신세를 기대할 수 있겠으므로 적어도 몇 편은 읽을 수 있을 것 같습니다. 컴맹이라는 것이 얼마나 슬픈 일인지 다시 한 번 생각하게 되는군요. 그럼 내내 건강하시고 공부에 훌륭한 유종의 미를 거두어 마지막 단계인 답변회를 마치기를 심축합니다.

1996. 4. 15. 서울에서.

미국에 있는 생질 원정에게

　일전 병실에서 너에게 못 다한 말을 하려고 한다. 이것이 너에게 어떠한 의미가 있게 될지 나로서 알 수 없다. 다만 부질없는 말로 끝날 공산이 큰 것을 느낀다. 그러나 네가 대학 졸업할 때에 말한 것과 같은 간절한 심정으로 쓴다. 그때 나는, 어쨌든 이 시대를 사는 조선 사람으로서 '건전하게' 살겠다는 네 대답을 듣고서 우선 만족할 수밖에 없었다. 근 30년이 지난 지금 그 결과에 대해서는 성공과 배반의 의미를 함께 느낀다. 지금 내가 기력이 쇠약해서 그때보다 더욱 간절한 마음으로 이것을 써 보고 싶어진다. 내게 시간이 그리 많이 남지 않은 것을 생각하기 때문이다.
　모국어는 모유와 더불어 어린것의 영혼에 자리 잡아 가는 것이라고 나는 생각한다. 아무 의미도 모르는 단순한 음절이 어미의 젖과 함께 흘러들어와 그것이 점차 의미를 형성할 때에 그 의미뿐 아니라 그 말의 영(靈)이라 이를 만한 무엇이 어린것의 영혼에 인박인다. 그것은 아득한 태고 적부터 우리나라 사람의 그 말에 담긴 관념이 응결된 것이다. 그렇게 해서 의미를 알게 된 하늘, 땅, 바다 같은 말이 sky, earth, sea 등과 같은 것으로 어린것의 영혼에 감지되리라고 우리는 생각할 수 있을까. 그럴 수 없는 것 같다. sky, earth, sea 등을 모유와 더불어 알게 된 연후에 새로이 하늘, 땅, 바다를 배우게 된다 해도 그것이 하늘, 땅, 바다라는 말의 영을 자기 것으로 할 수 있을까. 영어를 배우고 나서 우리말을 배우는 예도 그리 쉽지 않은 일이나, 설령 그 노력을 한다고 하더라도 말의 영을 소유할 수는 없는 것 같다. 말의 아름다움은 아마도 이 말이 가지는 영의 아름다움일 것이다.

  만일 이 영을 자기 영혼 가운데에 가질 기회가 없으면 그는 하나의 영혼—그것도 자기 자신의 영혼을 가지지 못하는 것이 되리라. 나는 전에 어떤 이에게, 하나의 외국어를 소유한다는 것은 하나의 또 다른 영혼을 가지는 것과 같다는 말을 듣고 감동을 받은 일이 있다. 그러나 또 다른 영혼을 소유할 만큼 외국어를 한다는 것은 지난한 일일 것이다. 하물며 모국어를 그와 같은 것으로서 갖는 불행을 무엇에 비기랴.

  2~3년 전 네 아이들이 나에게 왔을 때 거의 언어불통이었다.

아이들 어미가 말하길 쉬운 우리말을 알아듣기는 한다고 하지만, 그것으로 우리말의 영을 자기 것으로 하였다고 할 수 있겠느냐. 또 말을 모르니까 그 짧은 시간에도 심심했었던지 막내는 영어로 된 동화책을 읽고 있었다. 물론 미국 동화에도 좋은 것이 있겠지만 우리말로 쓰인 동화를 읽고 자란 아이와 다르지 않겠느냐.

나는 30년 전, 어떤 동지의 아들이 여기서 대학을 나온 후 미국의 대학 병리학 교실에 있을 때에 그 손자들이 할아비와 언어불통인 것을 보고 우리네의 자식이 할아비와 할미와 언어불통이 되게 하는 그런 아들이 되어서야 되겠냐고 힐난한 적이 있다. 그런데 나의 지친(至親)에 할아비와 언어불통이 되는 손자가 있게 되었다. 나로서는 도저히 승복되지 않는 사실이다. 그러기에 그리도 너에게 그 문제에 대하여 주의를 깨우쳐주었던 것이다. 이런 것이 다 그 아이들이 조선 사람으로 살기 바라는 마음에서 온 것이다.

그러면 조선 사람으로 산다는 것이 무엇인지 근본적으로 짚어 보아야겠다. 그 아비는 이미 완전한 조선 사람이 아닌 듯도 하지만 적어도 그 할아비 이상은 조선 사람이니 그 아들과 그 아비도 조선 사람이라고 해야 할 것이다. 적어도 눈을 과거에만 돌린다면 말이다.

그런데 눈을 과거에만 돌리는 것이 문제라고 한다. 그것을 난 안다. 실제 생활하는 곳이 미국이고 거기서 살아남으려면 어찌되었던 그들과 '관계'를 가져야 하고, 그러기 위해서는 말과 풍습과 의식이 그들과 가급적 빨리 닮아가거나 능가해야 한다. 이렇게 해서 소위 Korean-American이라 생각하고 심지어 그 새로운 아이덴티티를 자각하게 된다고 말한다. 따라서 모국에서 일어나는 일들은 아무래도 한 다리 건너서 있는 일일 뿐이고 자기 일로 살 깊게 느껴지지 않는다고 한다.

그리하여 아예 미국어로 생활하거나 좀 낫다는 사람이 이중 언어교육을 한다고 한다. 네 아이들도 이중 언어교육을 하고 있다고 말하고 싶을지 모르나, 실제 생활에서 미국어를 쓰고 가정생활조차도 예외가 아니다. 오히려 처음에는 아이들이 미국어로 말하는 것을 대견하게 장려했을지도 모른다.

내가 말하는 모국어의 영은 처음부터 생각 밖의 일이다. 오직 생활에서 갖는 의미만이 추구되고, 말의 생활상 프래그머틱한 의미가 불편이 없으면 족하다. 이것이 얼마나 불구의 언어생활인지 깨닫고, 그리하여 조국의 흙과 물과 사람과 그 빈궁과 추악조차도 남이 아니라 나의 것이라 느끼고, 모유와 더불어 자라는 언어를 소유하지 못하는 것을 후회하는 때가 그 아이들에게 있을지 모른다. 그런 교육에 마음이 미치지 못한 어미와 아비를 원망할지도 모른다. (재일교포로 자라서 모국어를 모르고 살아온 내 젊은 동지의 이러한 깊은 회한을 나는 알고 있다.)

너의 생활에도 그럴 만한 곤란이 있을 것이다. Korean-American이라는 아이덴티티를 두고 그만한 고민을 가질 때도 있을 것이다. 만일 2세, 3세까지도 American으로서 살 것을 생각하면 그 고민은 더욱 클 것이다. 나는 네가 그것까지를 마음에 작정하고 있는지 아직 모른다. 그러나 오래 살다 보면 결과적으로 그리 되는 수도 있을 터인데, 그런 아이덴티티를 자기 자신 내부에 가지지도 않으면서 조선 사람으로서의 아이덴티티를 상실하는 비극적인 경우가 너희들에게 없으란 법이 없다고 생각한다.

아이덴티티가 그리 일조일석에 자각적으로 가져지는 것은 아니고 2세, 3세로 살아가는 중에 형성된다고도 생각할 수 있다. 그것은 그럴 수 있을 것이다. 그런 입장도 있을 것이다. 그러나 그때는 2세, 3세 살아가겠다는 확고한 입장이 먼저 서야 할 일일 줄 안다. 그런데 그러한 입장이 된다는 것은 어떠한 의미를 갖는 것인가. 너도 미국 생활 30년, 그리고 가까운 장래에 고국에 돌아올 생각이 없는 듯이 보인다. Korean-American이라는 아이덴티티를 가지는 것에 일정한 가치를 인정한다고 하여도 그 아이덴티티를 만일 고국에 있어서까지 유효할 것인가 생각해볼 일이다. 고국에 와서 생활하면서까지 그 아이덴티티를 가지는 경우는 극히 소수에 국한될 것이다. 또 조선에서 생활하는 것보다도 미국에 생활토대가 있고 조선에 나와서 생활을 하며 조선을 위해 일하는 적지 않은 경우에도, 그것은 조선 사람의 아이덴티티를 가지고 하는 경우와 다른 것이 될 것이다.

더구나 의사인 네가 조선에 돌아와서까지 Korean-American으로서 활동할 분야가 실제 얼마나 있을까. 그럴 때 자기를 코스모폴리탄이라는 입장에 설 수도 있다. 나는 젊었을 때 조선 사람으로 산다는 것이 너무 괴로워 코스모폴리탄으로 살아보려는 패배의식에 사로잡혀도 보았지만, 지금 네 경우는 그것과도 인연이 없을 것이다.

현재 너의 생활에서는 프래그머틱한 의미에서 미국화하는 것은 모르되, 아이덴티티는 여전히 조선 사람으로 남는 것이 행복한 일이라고 생각하고 싶다. 그 점에서 너는 아무리 Korean-American이 되려고 하여도 아이덴티티는 역시 어쩔 수 없이 조선 사람이라는 것을 나는 생각한다. 문제는 너의 아이들이다. 네 아이들을 어떤 사람으로 키우느냐의 문제이다. 아이들이 미국에서 미국어도 잘하고, 공부도 잘한다고 들었다. 미국 아이들과 경쟁해서 손색이 없고 물론 그것도 생활의 프래그머틱한 의미에서 좋은 일이다. 그러나 그 아이들까지 아이덴티티가 분명치 않은 사람, 심지어 소위 Korean-American의 아이덴티티를 갖게 한다는 것은 바람직한가.

조선은 할 일이 많다. 그 사람들을 위하여 산다는 것은 어떤 능력을 갖게 되든지 행복한 일이라고 생각한다. 이것은 내가 여러 말하지 않아도 너는 알 수 있을 것이다. (네게도 사실 이것이 소원이다.)

그러기 위해서는 너의 교육방침을 근본적으로 깊이 생각해보아야 할 줄로 안다. 무엇보다 우리말을 외국어 배우듯이 지금부터라도 배우게 해야 할 것이다. 조선 글로 된 책을 읽게 하면서 조선 사람이 어떤 슬픔과 기쁨을 가지고 살고 있으며 또 어떤 소망을 가지고 있는지 다만 남의 일로 생각할 것이 아니라 직접 내 일로, 결국 우리 모두의 일로 살 깊이 느끼고 생각할 수 있는 아이들로 키워내야 할 것으로 믿는다. 지금같이 그대로 커 가면 그야 과학이든지 기타 학문이든지 두각을 나타내는 소위 성공한 사람이 될는지는 모르겠다. 그러나 아이덴티티가 불분명한, 또는 Korean-American의 아이덴티티로서 결국 전체적인 인간으로서는 부족한 사람이 될 것이다. 무엇보다 자기와 같은 피와 마음을 가진 사람들을 사랑한다는 행복, 그들의 운명과 자기 운명이 무관하지 않고 매여 있다는 것, 그래서 운명을 함께 걱정하고 조금이라도 나은 것으로 만드는 일을 하는 행복을 놓쳐버리게 된다.

그것이 부모로서 아이들에게 무엇보다 준비해주어야 할 일이 아니겠느냐. 민족국가 또는 국민국가는 근대의 산물이고 지금은 그 한계가 명백하여 소위 지구촌 내지는 세계화 시대라는 것이 유행이론인 모양이다. 하지만 그것은 현실적인 인식으로서는 허구이다. 세계 모든 나라의 민족이 하나의 실체로서 세계 속에서 자기 위치를 갖고자 발버둥치고 있지 않느냐. 세계화는 하나의 정책이 될지언정 그것이 원리로서 새로운 패러다임이라고 할 순 없다. 미국적 사고가 그것을 주장하는 것은 실은 그만한 현실적 이유가 있는 것이다. 그러나 이런 이야기는 그만하기로 하자. 어쨌든 너와 너의 아이들이 그러한 세계화 이론에 어설피 휩쓸리지 않기를 바란다.

연전에 아이들이 왔을 때 찢어보낸 잡지 기사를 너는 별 인상이 없는 듯했으나, 나는 다음과 같은 생각에서 보낸 것이다.

기사에 나온 네 사람은 모두 1950년대 중반에 단신으로 미국에 가서 간난신고 끝에 지금은 60세 전후의 성공한 재미조선인이 되었다. 넷 모두 박사에다가 대학 교수, 의사, 기업의 고급기술자 등 미국 사회에서도 중류 이상의 생활을 하고 있는 사람들이다. 자녀들도 모두 고등교육을 받아 그 사회에서 장래가 보장된 직위를 가지고 있다. 그들은 쾌적한 미국 생활에 아무 불만이 없다.

그런데 그 사람들의 정신생활은 그리 안정되고 행복한 것이 아니다. 그들이 그만큼 되기까지 앞뒤를 가리지 않고 열심히 살았으나, 이제 그들에게 남은 것이 무엇인가. 이역만리에서 고국을 늘 가슴 한구석에 묻고 살아온 그들에게 고국에서 일어나는 일들은 단편적으로 머리를 스칠 뿐 무엇 하나 절실한 문제가 아니었다. 그도 그럴 것이 현재의 미국 생활이 그 생각들을 오래 머물게 하지 않는다. 쾌적한 생활에 젖어서, 또 그 생활을 놓치지 않으려는 노력 가운데 묻혀버리고 만다. 고국의 친지들이 그저 그리울 뿐 수억 마일 바다를 격한 생활인 것이다.

이제 고국에 돌아가고 싶어도 미국의 생활기반과 생활수준을 고국에서 얻어볼 전망이 없다. 고국에 가고 싶어도 갈 수 없는 에트랑제(이방인)일 따름이다. 또 그들의 2세에게 같은 생활수준을 보장할 교육과 직장의 기회가 미국에 있다. 마치 생활에 대해서 떠 있는 삶이 거기에 있을 뿐이다.

네 사람이 한결같이 그런 심사를 토로하고 있다. 어떤 사람은 시로 적고 있고, 어떤 사람은 내외가 함께 서글프게 돌아보고 있다. 심지어 이제는 조선 사람 며느리를 보는 것만을 그나마 위로로 삼으려고 하지만 그것도 마음대로 되지 않을 듯하다. 2세들에게는 그들의 세계가 있고 고국의 냄새에 연연하는 부모를 이해하지 못한다. 그야말로 Korean-American의 아이덴티티 내지는 American의 아이덴티티를 가지려고 한다. 또 조선 사람 며느리를 데려온다 해도 같은 심리를 가진 사람이라면 무슨 소용이 있겠느냐. 자식들마저 미국말을 쓰고 미국 음식을 먹고 미국 풍속에 젖어 있다면 고국을 바라보는 부모의 심정을 얼마간이라도 위로해줄 수 있을 것인가.

이러한 것이 미국에 사는 교민들, 그것도 쉽지 않은 성공을 한

이들의 생활이다. 고국의 잡지에 투고한 이들의 글을 보니 황폐한 정신생활을 엿보는 듯하였다. 그리고 너희들을 생각하게 되었다. 그러한 에트랑제가 지식적 직업에 종사하고 있다고 해서 지식인이라고 할 수는 없다. 그것은 누구의 말처럼, 자기와 세계와의 관계를 묻고 또 묻는 자만이 그에 해당한다고 할 것이다.

세계와 자기와의 관계를 처음부터 묻는 것을 생각하지 않고 지식적인 일에 종사하는 사람은 지식인이 아닐 뿐만 아니라 이 시대에 어느 공동체의 일원으로 사는 사람조차도 아니다. 이는 근본적인 의미에서 사는 사람이라고 할 수 없는 것이다. 한 시대에 어느 공동체의 일원으로 산다는 것은 다시 말하면 역사를 산다는 것이 된다. 우리는 어떠한 사람이든 이 역사를 산다는 것을 면할 수는 없다. 세계와의 관계에 무관심하게 사는 사람조차도 결과적으로 그 나름으로 역사를 살고 있는데, 다만 역사를 산다는 자각 없이 살고 있을 뿐이다. 그리하여 자기도 모르는 사이에 반역사적인 삶의 흐름 속에 있는 것이다.

일제시대에 많은 조선 노동자들이 배를 타고 일본으로 건너가 하층노동자가 되었다. 그리하여 얼마 되지 않은 임금으로 자기와 자기 가족을 먹여 살리기 위하여 노동력을 팔았다.

만일 성공한 이들 네 가족이 지식적 직업에 종사하고 있다고 해도 이상과 같은 황폐한 정신생활에 있다고 하면 그 처지가 예전 조선 노동자와 크게 다를 바 없다. 물론 고임금과 일등 문명국가에서 누리는 쾌적한 생활이 다르고, 그들의 고급 지식노동은 육체노동자들과 천양지차를 이룬다. 그러나 아무리 고급 노동이라도 외국에 나가 노동을 파는 것은 틀림없는 일이다. 무엇 다르랴. 다만 그래도 조선 노동자는 핍박 속에 항상 처해 있었던 만큼 조선 사람의 의식이 있었고, 곧 그들의 생활은 조선의 운명과 직결된 것이었다.

그러나 미국서 성공한 네 가족은 그러한 조선과의 관계 단절 속에서 살아도 하등 지장이 없을 뿐만 아니라 조선의 운명과의 관계가 오히려 거추장스러울 뿐이다. 조선 노동자의 생활이 역사를 산다는 바람맞이에 있었다면 이들은 역사를 산다는 것에서 비켜서서 안온한 지대에서 살아갈 수 있다. 물론 고급 지식분야에서 일정하게 진보를 바라볼 수 있을 것임을 나는 안다. 그러나 많은 경우에 이제 그것이 목적이 되었다기보다 노동을 더 나은 보수로 파는 생활에 있음은 부정할 수 없을 것이다. 이 네 사람들도 그에 속한다.

이상 나는 외국에 있는 사람들의 생활을 많이 깎아내리는 시야에서 편지를 썼다. 그들이 아내와 자식의 안온한 생활을 보장하는 것은 대견한 일이며, 소위 '건전'한 생활임을 부정하지 않는다. 또 나는 그것을 그저 무의미하고, 나의 표현으로 말하자면 역사에 낭

비되는 지성이라고 생각지도 않는다. 역사를 산다 운운하니까 꼭 무슨 이데올로기적인 것을 두고 말하는 것 같지만 그런 것을 말하는 것도 아니다.

너의 생활을 두고 말한다면, 우선 너는 아이들의 모국어 교육에 더 힘써 주기를 바라는 것이 나의 소망이다. 그리하여 너의 아이들이 우선 우리말부터 소유하고 그 다음 조선 사람이라는 의식을 갖게 해주기를 바라고 싶다. 아니 새로운 아이덴티티가 필요하다면 그것이 필요한 필연성을 깊이 사색하여 납득되는 방향에서 갖도록 생각 깊은 아이가 되어야 하지 않겠느냐. 그저 생활에 매몰되어 유야무야 중에 Korean-American의 아이덴티티를 갖게 되는 것은 인간으로서 자기 자신을 너무 소홀히 하는 것이 되지 않겠느냐. 적어도 조선 사람이 Korean-American이 된다는 뚜렷한 정신 경로가 필요하지 않겠느냐.

물론 나의 소망은 여기에 그치지 않는다. 그렇게 하여 그 아이들이 굳건히 조선 사람의 아이덴티티를 자각하고, 무엇을 전공하든 지금부터라도 조선 사람으로서 조선을 산다는 정신 국면을 경험하기를 바란다. 앞서 말한 성공한 네 사람들처럼—돌아오려고 해도 돌아오지 못하고 주저앉아서 사는 삶처럼—무엇인가 채워지지 않는 정신의 황폐가 아니고, 설령 미국에 끝내 살게 된다 해도 조선의 운명에 자기가 매여 있는 것으로 느끼고 생각하며, 만일 될 수 있다면 자기의 역량을 소용되게 하는 데 기쁨을 느끼는 생활이 되기를 바란다.

이것은 너에게도 해당된다. 너의 전공인 아동정신과 분야에서 무엇인가 고국의 현실에 소용되는 조사든지 연구든지 또 그것을 중심으로 한 사회적 발언이든지 할 수 있을 거라고 생각한다. 우리나라 아동들의 정신생활은 실로 문제가 많은 것이다.

네 2세 이하들이 이와 같이 미국에 있으면서 항상 조선을 산다고 할 때 또 조선에 활동분야를 옮기는 지식기술을 습득할 때에 그 행복이 다만 고급노동자나 에트랑제에 비길 것이냐. 나는 이런 생각을 한다.

훗날 네 2세들에게 원망을 들을지도 모를 일이다. 미국에 있으면서 조국을 사는 마음, 조선의 역사를 사는 마음을 가져주는 것이 너희들이 할 중요한 일이라 생각하는 나의 마음이 어딘가 현실을 모르는 우활(迂闊)한 말일까.

네 대학 졸업 때에, 어쨌든 이 시대에 '건전하게 산다'고 한 너의 말에 대해서 나는 오늘 반분의 성공에 반분의 배반을 느낀다고 하였으나, 그 배반이 아닌 생활에 나는 특별한 것을 생각지 않는다. 다만 이상에서 말한 너의 성공을 유지하면서 무엇인가 조선에 도움이 되는 일, 너의 성공에서 또는 그것을 바탕으로 한 사회적 발언을 하는 것을 기대했던 것이다.

그런데 너는 미국 생활 30년 동안 아이들에게 모국어를 모유와 더불어 아이의 영혼에 심어주는 일을—중국인들은 무지막지한 요릿집 주인도 하고 있는 일을—하는 데 게을리해왔다. 따라서 장차 그 아이들이 미국서 살아가면서 당연히 고뇌해야 할 아이덴티티 문제에는 생각도 미치지 못하게 하는 생활을 시키고 있는 듯이 나는 느낀다. 그러한 것을 고뇌해야 할 연령이고 그 정신적 토대를 음으로 양으로 마련해주는 것이 아이들을 위한 여러 교육문제 중에 중요한 하나가 아니겠느냐.

이제는 도리어 네 2세들의 문제를 더욱 절실하게 생각하게 된다.

이만 쓰기로 한다. 너에게 전하고픈 마음이 너무 간절하여 공연히 중언부언하게 되었다. 내가 글을 쓰기 불편한 터라 이 편지는 누구에게 구술하여 타자하게 한 것이다.

이제 너에게 이런 이야기를 할 수 있는 시간이 많지 않다. 이룬 일 없이 내가 어쩌다가 나이를 먹었는지 생각하면 부끄럽기 한이 없다. 잘 있거라.

1999년 10월 20일 외숙

다시 읽어보니 이것이 빠졌으므로 덧붙인다.

모국어 교육의 방법으로 다음 두 가지를 말하고 싶다.

1. 가정생활만큼은 가족들끼리 영어를 쓰지 말고 전적으로 우리말로만 의사소통을 할 것. (물론 밖에서의 생활은 종전과 같이 영어로 한다.)

2. 우리 글자를 빨리 가르쳐서 우리 글로 된 책을 읽힐 것. 점점 정도를 높여서 우리 소설과 우리 문제를 다룬 책을 읽힐 것.

김우선 선생에게
— **그림 작품을 보고**

　한 번도 면식을 얻지 못한 나에게 나의 지난날을 마음에 두고 그리신 그림을 보내주시어 참으로 고마움을 이를 데가 없습니다. 흔히 말하는 정다움 이상의 감동을 금치 못하였습니다. 저마다 사느라고 정신이 없는 세상의 어느 구석에 이러한 마음이 숨 쉬고 있을까 깊은 감동에 젖었습니다. 비록 거기 그려진 늙은 사람의 삶이 보잘것없이 초라한 것이라 하여도 그 의미가 이렇게 깊이 되새겨서 보아지는 것은 아마도 그리신 이의 영혼이 사람이 사는 것에 대한 애정—좀 거창하게는 이 땅의 백성을 포함해서 인류의 삶을 소중히 생각하고 그 미래에 대한 동경과 열정이 시키는 일이라 생각됩니다. 나는 선생의 그림을 보면서 새삼스러이 그 뜨거운 감동의 여운을 느낍니다. 그리고 이렇게 우리들의 영혼이 한 감동으로 하나가 되는 것이 선생이 정진하시는 예술의 본의가 아닐까 생각해봅니다.

선생의 그림을 대하고서 나는 문득 피카소의 청색시대의 색조가 머리를 스쳐갔습니다. 푸른색에 스며 있는 비애의 정서가 정답게 느껴집니다. 그러면서 삶의 고달픔을 감싸고 있는 따뜻한 마음, 그 밑에서 배어나오는 휴머니즘의 밝음을 보았습니다. 선생의 그림은 실제는 피카소의 그림보다 더 밝게도 보입니다.

위쪽의 창에서 들어오는 많지 않은 빛, 그 빛은 거기 걸린 나뭇잎에, 이어서 홀로 앉은 인물 주위에 잔잔히 비치고 있습니다. 그것이 나를 반갑게 하고 마음 편하게 합니다. 흔히 그런 제재의 그림에서 볼 수 있는 처절이나 절규가 아닌, 또는 낙망이나 비통이 아닌 것이었습니다.

가만히 들여다보니 조그맣게 글씨가 쓰여 있습니다. '자유'라고 제일 크게, 다음은 '민주주의', '통일'이 있고 '사상', '인간다운 삶', '사랑', '꿈' …… 이렇게 우리가 소중히 생각하는 말들이 보이는 중에 놀랍게도 '어머니' 그리고 '여보, 고생이 많구려'라는 주인공의 마음을 잠시도 떠나지 못하는 말도 그려 넣고 있습니다. 그 안에 갇혀 있는 사람의 마음을 깊고 절실하게 헤아리는 애정 없이는 안 되는 일입니다.

이렇게 나의 감동을 적어보면서 또 좀 나의 아쉬움도 적어볼까요. 그것은 거기 보이는 주인공의 모습입니다. 아무래도 좀 지친 듯합니다. 낙망은 아니라도 의연한 모습과는 거리가 있어 보입니다. 물론 그런 때도 있겠지만 실제 거기서의 나날은 훨씬 단정하고 긴장에 찬 것입니다. 언제 풀릴지 기약 없는 예방구금으로 인해 어느 한때도 마음을 풀어놓고 지내는 일 없이 무엇을 준비한다고 할까, 말하자면 서슬 푸른 생활이라고 할 수 있지요. 나 같은 사람은 나이 많으니까 죽음을 준비하는 일도 그 하나입니다. 먼저 말한 배경의 정서 속에서도 그러한 인물로 그려볼 수 있지 않을까 생각되기도 하였습니다.

그것은 어찌되었든 우리는 이 시대에 동일한 바람을 가지고 살고 있습니다. 표현하여 본다면 누구의 말처럼 "개인의 자유로운 발전이 모든 사람의 자유로운 발전의 조건이 되는 공동사회" 같은 것 말입니다. 그러한 공동사회를 무엇이라 부를까는 중요하지 않지요. 참으로 그것은 꿈같이 느껴지지만 인류가 오랫동안 그 시대 시대마다 삶과 싸움을 통하여 조금씩 실현해온 꿈이니만큼 오늘의 우리에게도 하나의 현실로서 우리 앞에 있습니다. 나는 젊었을 때 내가 비록 아무리 하찮은 존재일망정 그 긴 인류의 역사에서 한 작은 고리라는 사념에 가슴이 뜨거워졌던 것을 기억합니다. 턱없는 일이었지만 그것은 버리고 싶지 않은 감각이었습니다. 아무런 이룸 없이 지나온 날들이 지금 너무 허망합니다만 그래도 그 자각이 주는 희망을 간직하고 사는 날까지 살아 마치려고 하고 있습니다. 적막하지만 그 희망만으로 사는 것입니다.

희망—나는 전에 어디선가 읽은 적이 있습니다.

"사람은 세상에 나기 전에 죽을 수는 없다. 코뮤니즘은 죽을 수가 없다. 왜냐하면 그것은 아직 세상에 나지 않았기 때문이다. 사회주의에 대해서도 같은 말을 할 수 있다."

이렇게 꿈을 오늘의 현실로 사는 사람의 삶은 쓰라림이 많을 것입니다. 게다가 우리에게는 죽음이 오지요. 나는 인생의 최만년에 처해 있으므로 죽음을 생각하는 날이 많습니다. 세상에는 '생자필멸(生者必滅)'이라는 말이 있습니다. 역사 안에서 생자필멸이냐, 생자필멸 안에서 역사이냐. 진정 우리에게 사심이 없으면 이 물음이 설 자리가 없겠지요. 나는 그 언저리를 서성이고 있는 모양임이 애달픕니다.

뜻밖에 뜻 깊은 그림을 주신 고마움을 표하는 중에 어쩌다가 근래 오가는 나의 심회가 나오게 되었습니다.

웃고서 들어주시고 아무쪼록 정진하시는 길에서 우리 모두에게 깊은 감동을 주는 성과를 쌓아올리시기 바라마지 않습니다.

2002. 5. 6.

옥에 있는 김경환 동지에게

어제 『고난모임』 5월호에 실린 동지의 편지를 보았습니다. 나는 매달, 그 갇혀 있는 이들의 편지를 빼놓지 않고 있었습니다. 갇혀 있는 이들의 마음을 헤아리는 한편, 또 내가 갇혀 있던 시절의 나날을 되살려 보는 일을 하는 모양입니다. 그래서 이렇게 말하면 이상할지 모르지만 갇혀 있던 생활이 몹시 정겹게 회상되고 거기 있는 이들이 남 같지 않습니다. 아무쪼록 그 하루하루가 훌륭하게 이어져서 생애의 참된 밑천이 되는 의미를 갖게 되기를 바라는 마음입니다.

그러는 한편, 아무 쓸모없이 나이 먹어 일상에 묻혀 사는 나는 누구인가를 되돌아보는 시간이기도 한 것이지요. 그러한 나에게 얼마쯤이나마 알고 지낸 동지의 글을 읽게 된 것이 퍽 반가웠습니다. 그리고 거기 쓰여 있는―해질 무렵, 새벽, 텃밭에 심은 것들, 꽃, 나무들 등 자연의 모습이 동지의 심상에 일으키는 파문의 가지가지가 제한된 환경에서 접하는 만큼 더욱 애틋하고 깊은 것에 감명을 받습니다. 아니, 눈에 선할 만큼 갇혀 있는 생활이 마음에 와 닿습니다.

그렇게 미세한 변화에도 삶의 느꺼움에 자기를 맡긴다는 것은 참 축복인 것 같습니다. 그곳을 나와서는 좀처럼 가져보기 어려운 것이지요. 지금의 나처럼 그러한 마음과 생활이 있었다는 회상만으로도 불가(佛家)에서 말하는 영혼의 청정과 다사로움이 느껴지는 듯합니다. 청정한 마음에 동지는 스스로 인용하신 맹자의 말처럼 어떤 임무를 자각하고 하루하루가 그것과의 관계에서 의미를 갖는 생활로 채워지고 있습니다. 역사에서 주어지는 임무를 자각하고 산다는 것은 고난이지만 역시 축복이라 해야 하겠습니다. 역량이 큰 사람이건 그렇지 못한 사람이건 그것은 축복이란 생각을 하지요.

역사는 우리 인생의 짧은 보폭(步幅)에 비하면 얼마나 아득하리만큼 긴 보폭인가요. 인생의 종점을 지척에 남기고 있는 나 같은 노년에게는 참 그 감이 깊군요. 그러나 그 보폭을 넘어서 좋은 의지를 유지해야 하겠지요. 이 세대를 위해서가 아니라 다음 세대를 위하는 마음으로 말입니다. 그것은 얼마쯤 슬픔이 깃들인 감정이어서 그 때문에 비원(悲願)이라는 말이 있는지 모르겠습니다.

요즘 나는 트로츠키의 『러시아혁명사』를 읽고 있어요. 일국사회주의 국가 건설의 의미를 놓고 스탈린과 싸우는데, 트로츠키를 반혁명의 대명사로 지목해온 스탈린 시대에 마르크스·레닌주의에 교양되어온 사람으로서 이런저런 생각을 하게 됩니다. 여전히 일국사회주의 국가 건설의 가능성(실현성)과 그에 따른 그 후의 세계사적 사실에서 스탈린이 그릇되었다고는 생각되지 않으나, 스탈린의 공포정치로 너무 많은 동지와 나라 사람들을 죽인 것은 애달프고 한스러운 일이었습니다.

러시아 10월 혁명이 다른 서구 자본주의 선진국에서의 사회주의 혁명이 일어날 때까지 버티는 것이라고 주장했던 트로츠키의 이론적·실천적 전망이 어림도 없이 허망한 것이었음은 그 후 70~80년의, 그리고 오늘날의 세계사적 사실로서 증명되었다는 것은 논외로 하지요. 러시아 인민 내부의 힘을 믿고 자본주의 세계의 위기를 이용하면서 일국사회주의 건설에 매진하여 마침내 지난 반파시즘 세계대전에서는 세계 민주주의를 수호하고 세계를 양분하는 역량으로까지 성장을 이룩한 소비에트 연방의 사회주의도 오늘 저렇게 붕괴하였다는 사실에, 그리고 오늘 보는 바와 같은 세계사의 현실에 역사의 느린 보폭을 느끼지 않을 수 없습니다. 거기에 우리나라 역사의 보폭은 또 어떠합니까. 근간에 어떤 전진의 조짐이 보인다고는 하지만 역시 이 긴 역사의 보폭의 잣대 위에서 보아야 할 것 같습니다.

요즘 읽고 있는 『러시아혁명사』를 빙자하여 말한 역사의 한스러움이 나의 노년의 감회와 곁들여져서 뜻하지 않고 묘하게 이야기가 흘러가 버렸습니다. 나는 물론 절망으로 이 편지를 끝맺을 수는 없습니다. 그를 위해서 언제인가 읽은 다음 글을 인용하고 싶어집니다. 프랑스혁명에서 나폴레옹 반동이 지배하게 된 때를 살아남은 한 상퀼로트(Sans-Culottes)를 두고 한 말입니다.

> 그는 나폴레옹 제국이 자유를 짓밟는 것을 가슴 무너지는 마음으로 보았다. …… 그러나 새로운 혁명이 올 때마다 그의 이상(理想)의 공화국이 또다시 태어날 것을 믿고 있었다. 그의 청춘을 비추어준 93년의 태양은 어두운 지평선의 뒤로 떨어졌으나 그는 영혼의 밑바닥에서 그 불멸의 광휘를 지니기를 멈추지 않았다.

'93년'은 아시다시피 혁명의 절정기인 1793년이고 상퀼로트는 불굴의 혁명대중들의 별칭이지요. '자유'라는 자리에는 우리는 더 많은 의미를 가진 말들을 쓰지만, '평등'이 혁명의 또 하나의 기치였음을 기억하고 있지요.

역사의 보폭이 긴 것을 한스러워 하면서, 그러나 굳건히 가슴에 간직하고 유한한 자기의 날을 오롯이 산다는 것이 역사를 사는 자의 임무이고 운명인 것 같아요. 동지는 젊고 싸움의 한복판에 있는 처지이니 이 말이 앞을 향하여 싱싱한 감동과 더불어 있을 것이지요. 그러나 나는 이미 함이 없이 많이 살았고 슬픔이 적지않이 깃든 감동으로서 나의 짧은 앞날을 두고 생각하게 되는군요.

길을 걷다가도 문득 비록 함이 없는 삶일지라도 다음 세대를 위한 이 역사를 사는 임무를 그들과 함께 마음에 새겨보는 것입니다. 그것은 적으나마 그들에게 가지는 사랑일 것이라고 가만히 생각하여 봅니다. 결국 이 사랑이 사람을 살게 하는 것 같아요.

어쩌다가 요즘 지니는 감회를 적어보았습니다. 혹시 옥중 무료한 때에 웃고 읽으세요. 내내 건강에 유의하시고 좋은 생활되세요.

2001. 6. 22.

지금은 세상에 아니 계신 박남엽 선생

선생이 가신 지 어느덧 2년이 지나고 대기(大朞)를 맞아 여기 선생이 사랑하시는 부인과 따님을 비롯하여 정다웁던 여러 친지와 동지들이 생전 선생의 따뜻한 애정과 고결한 인격을 추모하기 위하여 모여 앉았습니다.

돌아보면 선생은 본래 의술가정에서 태어나시어 선생 자신도 최고의 의학교육을 마치고 훌륭한 의사의 길에 들어섰으며, 해방 후에는 북(北)에서 초창기 의학교육의 교재의 번역 정비 등에 큰 공헌을 하시었고, 장차 더 큰 활동과 발전이 약속되었습니다.

그러한 선생의 생애가 비극적인 것이 된 것은 이 땅의 모든 사람과 마찬가지로 조국의 분단과 전쟁에 의해서였습니다.

그러나 그 비극이 선생에게 비극으로 끝나지 않고 도리어 선생을 인간으로서, 또 의사로서 더욱 투철한 민족애와 선진적 역사의식을 갖게 하면서 고매하고 순결한 인간으로 각성시키는 계기가 되었습니다. 그리고 그 각성은 선생이 1950년 초에 옥중생활을 시작한 이래 나머지 전 생애를 일관하는, 선생 삶의 원칙이 되었습니다. 1975년의 선생의 두 번째 옥중생활도 전적으로 이 원칙에 대한 선생의 충실하고도 용기 있는 실천 때문이었음을 우리 모두는 존경과 애정으로 기억하고 있습니다.

그런 의미에서 선생의 삶이 비록 세상에 널리 알려지진 않았으나, 이 고난의 시대를 산 한 의사이자 인간으로서 어느 누구보다도 선진적이고 귀중한 생애였음을 여기 모인 우리 모두는 믿어 의심치 않습니다.

영안실에 모셔진 선생을 뵈러갔을 때 거기 마침 인도주의의사협의회의 한 분이 있었는데, 그날 저녁 자신들의 의사 모임에 나간다고 하기에 나는 그에게 이렇게 부탁하였습니다. 그 모임에서 반드시 오늘 눈을 감으신 이분 생애의 특징을 이야기해 달라, 그것은 앞으로 당신들의 훌륭한 사업을 위하여 도움이 될 것이라고 하면서 이렇게 말하였습니다.

'우리는 개인적으로나 사회적으로 어떤 뜻있고 좋은 일을 할 때 완전히 자기 자신의 공명심이나 사심, 최소한 자기가 좋은 일을 하고 있다는 생각을 벗어나기 어렵다. 그러나 오늘 떠나간 나의 존경하는 벗은 그 점에서 개인적으로나 사회적으로 진실로 완벽하게 일점의 사심이 없는 순결한 정신의 소유자였다. 그는 많은 형여의 어려운 동지들과 많은 사람들에게 의약의 도움 및 물심의 도움을 주었다. 하지만 그 도움을 받는 사람들이 미안하다거나 고맙다고 생각하는 것조차 잊을 만큼, 아니 그 도움이 당연한 것인 것처럼 느끼게 할 만큼 편안한 마음으로 도움을 받게 해주었다. 아마도 이러한 것은 다만 한 친구에 대한 애정에 그치지 않고 근본적으로 그가 한 의사이자 인간으로서 지닌 깊은 인간애의 표현이며 또한 더 직접적으로는 이 시대에 사는 그 자신의 의무에 대한 깊은 자각에 입각한 동지애라고 믿는다. 바로 이러한 것이 당신들이 앞으로 양심적 의사로서 사업하는 데 귀중한 모범이 될 것이다.'

나는 이로써 생전에 맞대놓고 다하지 못했던 선생에 대한 깊은 존경과 애정과 감사를 표현했던 것입니다.

선생과 나는 1950년대에 옥중에서 만나 사귐을 어언 40년이 되었고, 그간에 서로 다시 부자유한 처지가 되어 격절된 기간도 있었지만 지금 돌아볼 때에 선생과의 오랜 우정은 나의 일생에서 가장 귀중하고 아름다운 것으로 영원히 남아 있을 것입니다.

내가 다시 세상에 나와서 당신이 돌아가기까지 2년 남짓 동안에 다시금 간혹 당신을 찾아가 술을 들면서 나눈 대화는 참으로 다정하고 아름다운 것이었습니다. 서로의 꿈 많던 청년시대 이야기부터 오늘의 암울한 시대상황 그리고 희망에 대하여 이야기를 나누며 서로에게 참으로 많은 위로가 되었습니다.

이제 당신이 간 지 2주기를 당하여, 지난날 우리의 대화에서는 꿈에도 생각할 수 없었던 일들이 여기저기서 벌어지는 가운데 살아서 남아 있는 나의 마음은 한없이 슬프고 허전합니다.

이 늙은 당신의 벗에게 역사와 생활은 언제까지나 엄혹하고 간난에 차 있습니다. 사는 날까지 적으나마 온 정성으로 그에 견디어 우리가 함께 지녔던 젊은 날의 애타는 갈망이 끝내 헛되지 않을 것임을 확인하고 살려는 나를, 선생은 어디에서든 생시와 마찬가지로 그 부드러운 음성과 웃음으로 지켜보아주기를 바랍니다.

나도 사는 날까지 영원히 선생을 기억할 것입니다.

1991. 10. 23.

박소연 씨에게

편지 A

동봉하는 편지를 써놓았는데(여행 간 일을 또 깜박 잊고), 바다 위에서 쓴 소연 양의 편지가 배달되었어요. 갑판 위에서 바다와 사랑을 하고 있는 소연 양의 자그마한, 그러나 마음이 아주 단단한, 그러면서 늘 뜨거운 잠열(潛熱) 속에서 자신을 풍부하게 길러내고 있는 양의 모습이 눈에 선하게 보이는 글이었습니다. 그 물기가 뚝뚝 떨어지는 듯한 글을 읽으면서 나도 오랜만에 청년처럼 소금기 있는 바닷바람을 마시는 것 같았습니다. 그리고 50여 년 전에 태평양을 향한 바닷가에 혼자 서서 바라보던 겨울바다와 비록 암울하고 울굴했지만 감미로운 잠열에 타면서 넋을 잃었던 시간을 회상했습니다. 젊은 시절은 얼마나 좋은 것인지요. 고뇌조차도 불행조차도 이렇게 생명을 스스로 증명하는 시간이었으니까요.

지금 소연 양이 묘사한 그러한 비바람 속의 거친 바다를 자연이 아니라 사랑하는 남성과 같은 생면적인 감성으로 온몸을 던져 마주보고 선 소연 양의 모습은 참 아름답군요. 그것이 젊은 영혼의 특권이고 모든 아름답고 착하고 진실한 것이 그 속에 있겠고, 또 그 거칠고 검푸른 바다와 같은 시대와 역사를 정면으로 응시하는 위엄을 가지고 살아내는 굳셈도 그 속에 있는 것이겠지요.

참 좋은 여행을 하였군요. 내가 50년 전에 본 겨울바다—풀릴 기약 없는 청주감방에서도 가끔 그리워했듯이—그 이상으로 풍부한 내용을 가지고 소연 양에게 이번 제주 여행의 모든 장면들이 오래 잊히지 않고 영감의 샘이 되리라 믿어요. 그 글을 본 내게조차 벌써 그 영감이 전염되어 그런지 이 아침 내가 몹시 행복합니다.

고리키의 「해연(海燕)」이라는 산문시 같은 글이 있는데 그가 묘사한 바다—차르시대의 어둡고 혁명을 잉태한 시대상황과 같은 바다, 소연 양이 보았듯이 폭풍우 속에서 사랑을 하고 있는 듯한 바다와 하늘사이로 작은 해연이 어디로 향하는지 사력을 다해서 외롭게 나르고 있는 거예요. 그날 배 위에 서 있는 소연 양도 어쩌면 그 해연인지 모르지요. 고리키와 그리고 50년 전의 나와도 같이 우리 셋은 이렇게 해서 한 영혼이 되어 있는지 모릅니다. 그런 것이 행복이 아니고 무엇이겠어요.

    그 글을 읽은 지도 50여 년 전이니 내가 참 오래 덧없이 산 것 같군요. 그러나 이 순간 나는 역시 50년 전 만큼이나 해연과 함께 나르고 있어요. 사는 날까지 그렇게 되기를 바라고 살지요. 또 내 이야기로 돌아갔군요. 늙은 사람은 이게 병이지요. 그만 써야지요.

    소연 양이 늘 이렇게 물기가 뚝뚝 떨어지는 삶을 더욱 내면화하고 진실로 영롱한 젊은 날의 기록을 문학으로 실현하기를 바라요. 이만.

1992. 7. 24.

편지 B — 산문시의 형태로

노년 I

그것은 내가 열 살이 채 못 된 때
내가 자란 시골 옛 면사무소 소재지의
작은 마을 집 우물가에서
아침 세수를 하고 수건질을 할 때였다

상여의 요령 소리가 가까운 길을 지나가는 것을 들은 것은.

죽은 사람을 산으로 데려가는 소리인 줄을

알고 있어서 두어 번 피해갔던 일이 있는 소리

나와는 상관이 없는 소리가 갑자기 죽음으로 다가온 것은.

죽음이 어떤 것인지는 몰라도

저렇게 산으로 가서 무덤에 묻히고 나면

사랑하는 사람들과 영영 이별한다는 것이

덜컥 마음에 슬픔과 공포가 뒤범벅되어 다가왔다.

그때까지는

주위에 사랑하는 사람으로

죽은 사람이 없었다

그리하여 지금의 이 감정을 느껴본 일이 없었다.

지금도 내가 죽는다는 생각이 아니라

그리고 나의 가장 사랑하는 어머니보다도

이상하게 아버지의 죽음을 생각하였다.

저 아버지가 만일 죽으면 나는 어떻게 하나

저 든든하고 자상하고

나에게는 언제까지나 있어야 할 아버지가 만일

저 요령 소리를 들으면서 산으로 가서 땅에 묻히어

보지도 못하고 이별이 된다면

나는 어떻게 살까 앞이 캄캄한 일이었다.
나는 그만 그 생각을 털어내고 우물가를 떠나서
아버지가 있는 곳으로 돌아갔다
이것이 죽음과 나와의 첫 대면이었다.

두 번째 대면은 소학교 졸업할 무렵이었다
그것은 어느 어린애들 보는 책에서 본 그림과 글이다
(왜 어린애 보는 책에 그런 이야기를 썼는지 모른다)
가파른 절벽에 한 풀이 위태롭게 붙어 있듯이 나 있다.
밑에는 고여 있는 푸른 물이었는데
그 풀뿌리를 흰 쥐와 검은 쥐가 번갈아 갉아먹고 있다.
머지않아 뿌리는 다 먹히고 풀은
밑에 있는 푸른 물에 떨어지는데
그것이 사람의 일생이라는 그림의 설명이었다
흰 쥐는 낮이고
검은 쥐는 밤이다.
어린 나는
이 그림을 보고 몸서리쳤다
그리고 사람이 사는 동안의 시간과
죽음이라는 것의 모양이

막연하게나마 뼛골에 사무치는 듯하였다.

그리고 이것은 남이 아니라 바로 나에게 차례지어진

죽음이었다.

오랜 세월 그것을 보고

또 보지 않으면서

이런저런 방법으로

이런저런 생각으로 이겨 나가야 할

시간이며 죽음이었다.

지금도 (나는 나이가 너무 많아)

어지간히 그것을

오랜 친구처럼 쳐다보는 지금도

그리하여 지나온 시간을

반드시 잃어버린 것이라고 여기는 것이 아닌 지금도

슬프게도 가끔 나타나

그것과 숨바꼭질하는 허망이 있다.

이 허망이 말끔히 없어지고

죽음을 맞이하는 것이 소원이지만

문득 찾아오고 또 찾아오곤 한다.

더구나 나는

죽음 후에도 아무것도 없다

완전히 자연의 세계로 돌아간다고

믿고 있는 나에게 말이다.

지금 내가

'나'라고 생각하는 것은

사는 동안

자기와 또는 남의

경험의 총화일 따름이다

착함과 착하지 못함도

아름다움과 추함도

위대함과 왜소함도

눈물지면서 한숨지면서

고통하면서

때로 뛰는 듯이 기쁨도

사는 동안 내가 경험한 것이다.

그런데

가끔 찾아오는 이 허망함은

내가 역시 삶에

이제는 얼마 남지 않은 삶에

무엇인가 이루지 못한 한이 있는가 보다.
한(恨) ―
이 한을 이겨내는 것이
내 삶의 마지막 싸움이 될 것이다
그리하여 저 허망함이 말끔히 씻기는 것
그리하여 편안하게 죽음을 맞이하는 것
죽음.
죽음.

노년 II

청소년이 끝날 무렵부터
호흡기 질환으로 오랜 요양생활이
나의 무위도식의 핑계가 되었다
전에도 그리 유복한 집안은 아니었지만
더 참담한 영락이었고
무엇보다도
어두운 민족의 현실이 있었다.
사는 것이 도무지 주체스럽고

공연한 영위인 것만 같았다

사는 것이 진작부터 즐거움으로 생각할 수 없고

모든 길이 막히어

아무것도 될 수 없고, 더 나쁘게는

아무것도 되고 싶은 것이 없었다.

죽음이 해롭지 않게 생각되었으나 스스로 죽을 만큼 격달지지도 못하여

설익은 고뇌를 이런저런 선인들의 생각 속에 묻히어 헤매었다.

그러한 나에게

내가 이해할 수 있는 표현으로

총반적 부정은 총반적 긍정으로 통한다는

말을 해준 사람이 있었다.

(어느 일본인 저자인데 나는 그의 모든 저작을 찾아서 읽었다)

그래, 모두 부정해버리면 특별히 마땅치 않게 생각되는 것도 남지 않겠지

그리하여 일단 모두 긍정해서 볼 수도 있겠지

우선 살고 보자, 우선 살고 보자

그때까지 인생론적 방황에서

나는 하나의 전기를 맞은 셈이었다.

그 후의 나의 삶에는

작으나마 여러 가지 일이 있었다

그리고 작으나마 여러 가지 깨달음이 있었다

우선 사회적 시야에서 나를 보는 일

그리하여 역사를 발견한 일이었다

거기서 마르크스, 레닌의 길은 머지않았다

그리하여 시원치 않게나마 그 길을 걸어가면서

죽음의 문제에 대해서도

사는 문제에 대해서도

오늘의 자리에 이르렀다.

나는 처음에 인생을 모르는데 어찌 죽음을 알랴는 고인의 말이

그럴 듯이 들렸다

죽음을 해탈하는 지혜를 그런 것도 있는가 싶었다

그리고 신을 말하는 이에게는

나는 아직 감히 없다고 잘라 말하는 대신에

만일 신이 있어 보고 있더라도

그의 눈에 기뻐할 사람이 되고 싶노라고 소년 일기에 썼다.

그러나 지금 나는

신은 없다

따라서 영생은 없다

우리의 정신생활은 죽으면 해체될 육체의 기능일 뿐

그것이 지속되어 나라는 정체성이 미래에 계속되는 일은 없다

영혼이라 불리는 것은

우리의 경험과 인류의 경험이 축적된 것을

우리가 사는 동안만 공유할 뿐이다

그것을 영혼불멸이라고 소원하는 것은

우리의 피블 마인드(feeble mind)가 시키는 짓이다

내가 어린 날 아버지께 듣고

그리도 감동했던 사람의 본성이 착하다는 것도

여러 아름다운 영혼이 그리는 종교상의 존재도

인류의 아름다운 경험의 축적일 뿐이다.

더구나 슬프게 고백할 수밖에 없다

청사에도 내 자리는 없다

나의 사람됨이 그에 미치지 못하는 것이다

그 범위 내에서도

나는 불멸을 얻을 길이 없다

그러므로 나는

이제는 의무처럼 주어지는 나의 삶을 살아 마치는 일이 남았을 뿐이고

그동안 내가 살았다는 보람—적어도
의미를 발견해야 하는, 달리 도리 없는 절박한, 처지에 처하여
있다.

사람이 직면한 싸움에서
모두 승리할 수는 없다
누구는 인생은 고뇌를 극복하기 위해서라고 말한다
환희는 극복 자체에 있다고.
그리고 그 싸움의 대상이 어떠한 것이든 간에
타자이든 자기 자신이든
또 그 둘이 하나 된 싸움이든
승패가 결판이 나는 것은 자기 삶의 장에서라고
따라서 그것은 자기가 사는 동안에
반드시 승리와 패배가 있다는 것이라고 하였다.
그러한 싸움은 어떠한 것일까
나는 서서히 그것이
역사를 산다는 것으로
역사를 옳게 산다는 것으로
나의 역량의 한계에서
큰 무리의 하나인 한계에서

더 근원적인 것으로는 생자필멸의 한계에서
그 승리를 도득한다는 생각이 자리 잡았다.
그것을 견지하는 한 이 자리에서
사는 시시각각이 승리이며
필멸의 죽음의 순간에도 그러한 자로서일 것이며
나아가서 다음 세대의 역사를 소망하고 믿는 마음에서
그러한 자로 남을 것이다.
그리고 이것은
과거의 모든 인류의 교사의 마음인
사랑의 조각이 나에게 있는 작은 증거인 듯하다는
환희로도 통하는 것이다.
그리고 일신으로 말하면
나의 영혼의 작은 흔적을
나 둘레의 작은 범위의 사람의 영혼에
남기고 가는 일에 만족하는 일이 될 것이다.

2006. 11. 10.

이수영 씨에게

편지 A

뜻밖에 깊은 마음이 오가는 편지와 시를 받고 반가웠습니다. 또 며칠 전에 정미 양 편으로 보낸 두 권의 역서를 받고서도 퍽 반가웠습니다.

나날이 부닥치는 일상생활 속에서도 번역가로서의 위치를 확립하기 위하여 끊임없이 노력을 계속해서 두 권을 출판했다는 것이 나의 일처럼 흐뭇했습니다. 그 일이 얼마나 어려운 일인지 알기에 정말 경의를 표하고 싶어집니다. 단순히 생활인으로서도 수영 씨는 녹록치 않은 면모가 보여요. 소위 비전을 가지고 산다는 말들을 하는데, 수영 씨와 같이 젊고 재능이 있으며 자기 장래에 대하여 납득할 수 있는 삶을 이룩하려는 열의가 있는 사람을 두고 하는 말일 거예요.

그 속에서 자기가 할 수 있는 일을 힘써 찾아 하나의 삶을 이루어내야 할 것입니다. 수영 씨가 설정한 번역가·문필가의 길이 그 하나가 될 수 있다고 생각합니다. 시대의 역동적인 움직임에 항상 눈을 떼지 않고 말입니다.

수영 씨가 나와의 사귐에서 많은 것을 얻었다는 편지 대목은 나에게 편치 않은 느낌을 자아내게 했습니다. 물론 그렇게 말해주는 것은 고마운 일이고 사람과 사람의 사귐이 그러한 것이 되어야 바람직하겠지만, 내가 수영 씨에게 실제 준 것이 무엇인가를 생각하니 거의 손에 잡히는 것이 없어요. 단순히 빈말이 아니에요. 아마도 준 것이 있다고 생각되는 것은 수영 씨 자신이 자기가 사는 데 생각해온 것, 또는 생각해야 할 것이라고 늘 마음에 가지고 있는 것일 테지요. 나도 물론 그러한 것을 생각하고 살아온 건 어느 만큼 사실이니까 어느 면에서 공통되는 것이 있겠지만 어디까지나 그것은 수영 씨의 사는 모습—사람살이가 주체를 이루는 것이겠지요.

무엇을 생각하고 있는가, 이 시대를 어떻게 살고 있는가는 구체적으로 우리는 이야기하지도 못했고 또 이야기할 만한 것을 가지고 있지 않은지도 모릅니다. 그러나 어쨌든 이 시대를 깊고 넓게 보고 한 발 한 발 자각적으로 살려고 노력하고 있다는 것은 인정할 수 있다고 생각해요. 그렇지요, 참 엄청나게 복잡하고 어려운 시대라 생각해요. 우리가 마음에 두고 생각하고 판단해야 할—판단이 잘못되더라도 어쨌든 그때그때 판단해야 할—일이 너무나 많고 어려워요. 그때 우리의 힘(지식과 감정)은 또 너무나 보잘것없지요. 그러나 부족한 대로 그 순간순간의 자기 삶에 책임을 지고 사는 것이 우리의 삶이지요. 어렵고 미약하다고 해서 책임을 지지 않고 살 수는 없거든요. 책임을 지려는 태도에서 우리는 위엄이 있어야 해요. 나중에 설령 잘못이 되는 한이 있더라도 말이에요.

수영 씨가 시에서 말한 그러한 '선도자', 아니 먼저 걸어간 사람의 면모를 나에게서 보는 것은 아마도 수영 씨의 착각일 거예요. 나는 턱없이 역사의 이 순간에 위엄 있는 삶을 가지려고 발버둥치는 사람일 뿐, 그것이 진상일 거예요.

그리고 언제나 역사에서 현역의 정신으로 대결하려고 안간힘을 쓰고 있는 것이겠지요. 역사에서 퇴역한 전사가 아니라 비록 아무것도 하지 못하고 한 적도 없다 하여도 현역의 정신으로 역사에 마주서는 사람으로 남겠다는 것이지요. 비원(悲願)이라면 비원이라고 할 수 있을는지 모릅니다.

공산주의자로서 살려고 했고, 얼마나 많은 변한 것이 있는 이 시대에 여전히 공산주의자로서 살려면 어떻게 할 것인가. 변화를 보지 않는 것은 허용될 수 없고 오늘의 현실을 하나도 빼지 않고 얼버무리지 않고 외면하지 않고 여전히 공산주의자의 눈으로 보면서 그러자니 더 멀리 다음 세대 다음 세대로 이어지는 눈으로 보는 것이지요. 초조하지 말고 그렇다고 아득하게도 말고 견실한 위엄 있는 눈으로 보자는 것이지요. 아마도 나의 생애를 넘어서는 것이겠지만요.

현역의 정신이라는 말에는 나의 떳떳치 못한 감정이 묻어나 있습니다. 그것은 현역으로서 역사에 참여하는 삶을 가지지 못하고 한 발짝 물러서서 현역의 정신으로 살리라는 마음이기에 슬픈 것입니다. 그러나 턱없이 많은 나이에 무엇을 할 수 있겠어요. 그전에도 그러했지만 이제는 정말 이 사실을 인정해야겠어요. 정신으로라도 현역의 자리를 다짐하고, 시대에 마주서서 사는 날까지 정성껏 살 수밖에 없다고 생각해봅니다. 비록 떳떳하지 못하고 쓸쓸한 감정이지만 달리 할 수가 없어요.

사는 날까지 정성껏 산다는 말―이 말이 언제부터인가 나의 다짐하는 말이 되었어요. 이 말에는 나의 사생(死生)에 대한 생각이 포함되어 있지요. 내친김에 그것에 대해서도 수영 씨에게 말하여 보고 싶군요.

나는 우리의 사고라는 것이 육체의 종말과 함께한다고 생각하지요. 뇌의 작용이 종말한 후에 정신의 활동, 곧 영혼이라든지 내세라는 관념을 생각할 수가 없어요. 현세에서 그러한 자아의 연장을 바란다는 것은 누구의 말과 같이 feeble mind(심약한 마음)가 하는 짓이라는 생각입니다. 그리고 이러한 생의 종말을 생각하는 마음은 이 또한 누구의 말과 같이 참으로 horrible, horrible(섬뜩하고 무서운)한 것이지요. 그러나 아무리 생각해도 진실인 것을 어찌해요. 강의(剛毅)한 정신은 이것을 받아들여야 해요. 그럴 때에 사는 동안 우리가 갖는 정신이니 사상이니 하는 것은 대대로 이어져 온 인류 경험의 총화이고 각자가 자기 나름으로 받아들여서 그것을 자기의 영혼이라고 생각하고 있는 것이에요. 현세와 내세를 통해 아이덴티티로서 살아남는 것은 없다는 생각이지요. 그런 의미로는 불멸이라는 것도 없다고 생각이지요.

그러면 horrible한 사실을 받아들이고도 우리가 여전히 살고 여전히 희망하고 노력하는 연유가 무엇이겠어요. 그것이 설명되어야 하겠습니다. 나는 이렇게 생각합니다. 그것은 우리가 사는 동안 남에게 영혼의 흔적을 남기는 것으로 만족해야 할 것 같다는 생각이에요. 미리 말하지만 그것은 결국 사랑이 하는 짓이라고 생각되어요.

위대한 사람, 위대한 업적을 이룬 사람은 영혼의 흔적을 보다 많은 사람의 영혼에 남기지요. 이루 헤아릴 수 없이 많은 사람에게 자기의 영혼의 흔적을 남기지요. 톨스토이, 괴테, 미켈란젤로, 베토벤, 다윈, 아인슈타인, 프로이트, 마르크스, 레닌 같은 분들이 그런 사람들이지요. 공자, 붓다, 예수 같은 분들은 말할 것도 없구요. 이러한 분들이 그 시대 시대의 동료 인류와 이후 몇 세대의 동료 인류에게 영혼의 흔적을 남기기 위하여 분투노력한 것은 결국 인류에 대한 사랑이 하는 짓이라는 것도 달리 생각할 수 없는 진실입니다. 위대하지 못한 사람도 그 정도에 따라서 모두 그렇게 하였습니다.

그런데 나는 어떤가. 나는 그렇게 여러 세대를 두고 남의 영혼에 흔적을 남기는 사람이 되지 못함을 인정하지 않을 수 없습니다. 그런 의미에서 청사(靑史)에 나의 자리는 없는 것입니다. 그렇게 많은 사람에게 영혼의 흔적을 남길, 사랑의 성취가 없었습니다.

그러나 나는 이런 것을 생각해봅니다.

내 주위에 있는 극히 적은 범위의 사람들—육친, 지인, 친구, 그 밖에 어쨌든 나와 어떤 관계를 가진 사람들, 어느 의미로든지 정신적으로 관계를 가진 사람들의 영혼에 작은 흔적을 남기고 그로 말미암은 작은 사랑을 주고받는 일은 허용되지 않을까, 그 가능성조차를 부인당하고 싶지는 않다고 생각하지요. 사는 날까지 정성껏 산다는 다짐 속에는 이러한 생각이 포함되어 있답니다.

인간의 불멸의 욕망도 이렇게 서로 남긴 영혼의 흔적이 그대로는 아니고 발전적으로 변형되어서라도, 그리고 이번에는 그 사람 자신의 영혼의 흔적으로서 다음다음 사람으로 이어져가는 것이 내가 바랄 수 있는(얻을 수 있는) 불멸의 형식이 아닐까 생각하여 보는 것입니다. 참으로 슬픈 소망이고 다짐이지요. 아주 희미하고 엷은 관계일망정 그것을 정성껏 노력하는 데에 희망이라면 희망이 있고, 이러한 고통에 찬 삶의 의미와 보상이 있다고 생각할 수도 있겠지요. 그것은 결국 인류에 대한 사랑이 시키는 짓이고, 사는 동안 적어도 사는 행복을 맛보는 방법—나 같은 작은 역량의 사람에게도 행복이 허용되는 방법이 아닐까 생각되는 것입니다.

만일 그 정성껏 산다는 것이 인류가 더 인류의 이름에 합당한, 역사적 진보를 향한 걸음에 조금이라도 관계되는 것이라면 눈을 감고 horrible한 사실에 직면할 수 있을 것 같아요. 그러한 커다란 인류의 걸음에 이름이 없어도 하나의 작은 고리로 남는다는 만족도 허용될 것 같아요. 그 범위에서 불멸(영혼의 불멸이 아닌)을 얻는 일이 되지 않을까 그런 생각이에요.

horrible한 죽음의 사실에 직면하는 상태에서 이러한 생각으로 나는 사는 날까지 힘겨웁게 살아 마치려고 합니다. 아직도 다짐을 넘지 못하지만 그러한 다짐을 되풀이하고 산답니다.

또 사람이 사랑하는 이를 두고 멀리 떠날 때는 떠나는 아픔을 삭이기 위하여 무슨 귀한 정표를 준다고 합니다. 나는 세상을 하직할 때 사는 날까지 정성껏 살아온 나의 가장 귀중한 생명을 정표로 주고 가겠다는 그러한 마음이에요.

죽음이니 하직이니 좀 이상한 느낌인데, 실상 현재 나는 죽음보다 삶 쪽의 생각으로 가득하답니다. 수영 씨와의 사귐도 그쪽에서 의미를 생각하고 나 나름대로 행복한 생각에 젖어봅니다. 나에게 그러한 행복을 주는 수영 씨에 대한 고마움을 생각합니다. 실제 그것은 내 분에 넘는 고마운 일이지요.

끝으로 이것은 보내주신 시를 보고 생각한 것인데, 수영 씨가 계속해서 시를 쓰시기를 권고하고 싶습니다. 모르면 모르되 시의 됨됨이가 이미 시인의 것으로 된 것을 보여줍니다. 자기가 가지고 있는 가장 소중한 것을 그와 같이 시로 쓰는 것을 통해서 더 정련하여 순일무잡(純一無雜)한 것으로 만드는 일입니다. 그 과정에서 시적 긴장이 얼마나 고스란히 지속되는가가 시인의 역량이 되겠지요.

시에 대해서 어설픈 언급을 한 것은 다른 뜻이 아니라, 수영 씨가 계속해서 시를 쓰시길 원하기 때문이에요.

이만 그치겠어요. 그럼 열심히 번역일도 하시고 아이도 열심히 잘 기르시고 시도 열심히 쓰시고, 그리고 무엇보다 장 선생과 두 분이 함께 좋은 생활되시기를 빕니다.

1998. 1. 15.

편지 B

오늘 몸 상태가 좋지 않습니다. 배 속도 시원치 않고 몸 전체가 움직이기가 싫습니다. 으슬으슬 춥기도 하고 마음과 머리는 어디가 고장인지 알 수 없는 기계마냥 전체가 제대로 움직이지 않고, 무슨 막을 거쳐서 보는 형상들처럼 모든 것이 명료하게 느끼고 사고할 수 없습니다. 혹시 이것이 노혼(老昏)이라고 부르는 상태인지도 모르겠습니다. 힘이 없습니다. 몸 전체가 아무것도 할 힘이 없어 무엇이든지 하고 있는 동작을 그만두고 다른 동작으로 옮기는 것이 싫습니다. 그저 현재 있는 자세나 위치에 눌러 있고만 싶습니다.

있는 자리, 하고 있는 동작에서 다른 것으로 움직이기 싫다는 것이 지금 나를 가장 괴롭히는 것입니다. 단순한 게으름이 아닌, 무엇인가의 고갈(枯渴)—그러한 것이 나로서 싫고 두렵고 괴롭습니다. 노년이 되면 마음의 평안이 오기를 원하는 것이 도리인데 나는 아직 그렇지 못한 듯, 노년을 노년대로 받아들이면서 고갈이 아니라 세상의 생명 있는 것과 함께하려는 갈망, 어쩌면 집념이 나를 떠나지 않고 있는지 모르겠습니다. 몸과 마음은 이미 그렇지 못하여 제자리를 움직이는 것을 견디지 못할 만큼 쇠약했는데 말입니다.

일전에 산책 나가는 길에 같은 아파트에 사는 웬 어린아이가 나를 보고는 쓸쓸하게 보인다고 하면서 저는 롤러스케이트를 타고 휑 달려가는 일이 있었습니다. 몇 학년이냐 물으니 5학년이라고 하는데 그 아이가 어떻게 '쓸쓸하다'는 말을 알았는지, 그것도 신기하거니와 내가 얼마나 쓸쓸하게 보였기에 그럴까 하고 참으로 쓸쓸해졌습니다. 아마도 생명 있는 것과 함께하고 싶은 나의 집념이 허망한 일이라는 것을 무심코 한 그 아이의 말이 일러주는 것처럼 느껴졌다고 해야 하겠지요. 참 쓸쓸합니다.

여기까지 쓰고 일단 멈추었습니다. 무슨 소리를 썼는지 모르겠고 또 수영 씨에게 실례되는 이야기가 된 듯한 생각을 금할 수 없습니다.

그러나 이 편지에서 내가 정말 수영 씨를 위하여 하고 싶은 말이 있어요. 그것을 또 좀 쓰려고 합니다. 내일 또 쓰지요.

지난 음력 연말에 내일 또 쓴다고 하고서는 또 못 썼습니다. 그러다가 설이 되어서 그럭저럭 지내는데 어저께 친구들 10여 명이 예년과 같이 나를 찾아주었어요. 마치 늙어서 폐인이 된 친구를 찾아주듯이.

그때 나는 이야기 끝에 수영 씨의 시 「달팽이」를 읽어주었습니다. 모두들 내가 생각했듯이 좋은 시라고 하더군요. 그 '달팽이'가 어쩌면 자신들의 지난날 같다고 말하는 친구도 있었어요.

달팽이

우윳빛 여린 살갗
제 몸보다 큰 짐을 등에 지고
간신히
기어가는 달팽이가
불쌍해 보이니.

잔인한 장난처럼
느닷없이 햇살이 땅에 꽂혀도
살갗이 터질지언정
등짐을 지고 쓰러지는 달팽이가
어리석어 보이니.

그게 달팽이야.
달팽이는 달팽이야.
달팽이는 달팽이어야 해.

수영 씨의 시는 그런 시였습니다.

나는 언뜻 생각이 나서, 전에 읽은 책을 꺼내어 이런 구절을 읽었지요. 잠시 모두들 진지한 낯빛이 되었답니다.

"사람은 출생하기 전에 죽을 수는 없는 일이다. 공산주의는 죽을 수가 없다. 왜냐하면 그것은 아직 출생하지 않았으니까. 이것은 사회주의에 대해서도 마찬가지로 말할 수 있다."

그러나 이제 태어날 새로운 세계가 사회주의라는 말로 재생될지 그것은 아무래도 좋을지 몰라요. 어쨌든 그것은 우리가 지금 알고 있는 모든 '인간소외'가 없는 '공동체'가 되겠지요.

그런 생각으로 이 구절을 읽고 있는, 거기 있는 늙은 사람들을 생각해봐요. 좀 우습지요. 우리가 지금 살고 있는 세계가 얼마나 아득해질 만큼 복잡하고 길이 먼 세계인데…….

2003. 2.

박명주 씨에게

오랜만에 편지를 씁니다. 그렇지 않아도 얼마 전부터 문득문득 명주 씨에게 편지를 쓰고 싶었는데 그것이 쉽지 않더군요. 그런데 오늘, 오래 보지 않고 꽂아둔 어떤 책갈피에서 명주 씨의 편지(1993년 6월 18일자)가 나왔어요. 남해와 담양 등지를 여행하고, 법주사와 수덕사 기행의 감상 등을 적은 편지입니다.

그것을 다시 읽고 나서 다른 일하던 것을 제쳐놓고—누가 쓴 논문을 교정 해주고 돈 받는 일이에요. 이런 노역이 즐거운 일은 아니지만 이 궁박도 내가 지나온 날처럼 그렇게 살아온 대가라 여기고 떳떳이 지불하는 마음으로 하지요—무슨 이야기를 쓴다는 생각도 없이 이것을 쓰기 시작해요.

편지 보니 아주 잔잔하면서도 마음 깊이 어떤 충전의 즐거움과 의지를 느끼게 하는 좋은 시간이었던 것처럼 보여 나도 즐거워지고 또 마음이 편안해집니다. 좀 허물없이 말한다면 마음이 놓인다고도 할 수 있을 거예요. 그것은 명주 씨의 자기실현 의지와 생활에 대한 간절한 기대와 신뢰 탓인지도 모릅니다. 또 그러한 의지를 자기 내부에서 언제나 초롱초롱하게 지켜보고 산다는 것의 어려움을 다소간 나도 경험으로 짐작할 수 있기 때문이지요.

습작에 대한 얘기를 썼던데, 그것도 새삼스러이 축복하고 싶어요. 우리는 습작의 테마나 계획을 가지고 있으면서도 실제 붓을 들어 한 편의 글을 완성할 수 없다는 사정이나 핑계를 얼마나 많이 가지고 있는지요. 그러나 결과의 성공 여하를 묻지 않고 그 일을 해내지 못하면 언제까지나 우리는 자기를 진정 고귀한 무엇에 내맡긴다는 고통과 기쁨을 가져보지 못하는 것이 되겠지요. 명주 씨는 이제 이 일을 반드시 시작하고, 만족하기도 하고 불만족하기도 하면서 자기를 시험하는 용기를 가져야 합니다. 나 자신은 실상 이런 말을 할 만큼 아무것도 이룬 일이 없는 사람인데 무책임하게 빈말로 격려하는 것 같아서 부끄럽군요.

또 편지 보면서 좀 걸리는 데가 있어요. 명주 씨가 스스로 "종교적 정서가 강하다"고 한 대목에서 "절대로 종교인은 되지 못할 것이며 또한 되지 않으려고 합니다"라는 구절이 있는데, 그 너무 강한 단정적 의지가 마음에 걸리는군요. 우리가 종교문제를 깊이 이야기해본 일이 없고, 나 자신은 지금 이 순간에 어떤 종교에도 정신적인 인연이 없는 사람이지만 열린 마음으로 종교를 대하고 있지요. 물론 과거에 명주 씨 나름의 종교적 또는 반종교적 체험에서 오는 생각에서 하는 말이겠지만, 더 부드럽고 열린 마음으로, 그러나 진지하고 깊이 사색하는 마음으로 인류의 모든 정신적 소산과 대결해야 할 것으로 생각합니다. "불교적 분위기가 좋다"는 말도 충분히 이해가 되지만, 다만 불교의 세계는 그렇게 미의식이나 취미로 접근할 세계는 아닐 거예요. 역시 진지하고 격렬한 대결의 대상이겠지요.

한 일 없이 긴 세월을 살아오면서 진지한 정신생활에 있어서 사람이 산다는 것은 어느 한구석도 적당하게 넘어갈 수 있는 일이 없다는 것이라는 생각이 듭니다. 특히 정신세계의 문제에서 각자 내면적인 출혈 없이 자기 나름의 어떤 좌표를 바라볼 수는 없는 것 같아요.

오다가다가 종교 이야기가 부질없는 일이므로 이만하기로 해요. 다만 비단 종교뿐만이 아니라 인생에서 어떤 진실이든지 진실을 걷어잡으려면, 오랜 시간을 두고 쉬지 않고 번져 나오는 출혈이든, 거칠게 철철 흐르는 출혈이든, 내면적 출혈을 수반하는 대결 없이는 아니 되는 것 같다는 이야기를 하고 있는 셈이지요.

특히 명주 씨처럼 인간의 삶의 진실을 평생을 두고 지켜보고,

그리고 함께 살고, 문학을 소임으로 하는 사람이라면 그 내출혈을 두려워하거나 피할 수는 없을 것이라 생각되는 것이지요. 또는 그 내출혈을 이런저런 지혈제로 적당히 멈추게 할 수는 없는 일일 것 같아요.

되는 대로 쓰다 보니 벌써 꽤 길어졌군요. 이만 쓰기로 해요. 그 편지에는 낙송 씨에 대한 사랑이 은연중 따뜻하게 배어 있군요. 두 분 사이에 더욱 영롱한 사랑이 가꾸어지기를 빌어요. 늙은 사람은 젊은 분들의 이런 사랑을 보면 스스로도 행복해지는 것 같아요. 아마도 못 다한 그런 사랑에 대한 동경인지도 모르지요. 우리 또 언제 만나기로 하고, 정말 이만 그치렵니다.

여백이 아까우니 『도이치 이데올로기』 중 한 구절을 옮겨놓아 보지요. 괄호 안은 내가 보충한 부분입니다.

> 포이어바흐는 종교의 본질을 인간(의 본질)에 해소한다. (신을 부정한다.) 그러나 그 인간이라는 것이 그 무슨 개개의 개인에게 내재(內在)하는 추상적인 어떤 것이 아니라, 그것은(인간의 본질은) 현실에 있어서 그 개인이 (맺고 있는) 사회적 제관계의 총화이다. (마르크스의 인간관)

포이어바흐는 이 사회적 역사적 경과(제관계)를 무시하고 종교적 심성을 그것만으로(따로 떼어서) 고정(固定)시키고, 그리하여 추상적인, (사회에서) 고립된 인간적 개체를 전제로 하는 것이었다.

종교에 대한 내 생각은 대체로 이상에서 보이는 마르크스의 생각에 따르고 있다고 할 수 있지요. 포이어바흐는 종교가 주장하는 것처럼 신이 인간을 만든 것이 아니라 인간이 신을(신의 개념을) 만든 것이라는 생각—따라서 소(牛)에게 신이 있다면 그것은 (최고 지선의) 소의 모습을 하고 있을 것이라고 어디선가 말하고 있어요. 다만 위의 인용에서 보듯이 그렇게 생각된 '인간'이 인간에 내재하는 어떤 추상적인 본질 또는 실체인 것처럼 생각하고, 그것이 사회적·역사적·현실적으로 살아가는 구체적인 인간임을 보지 못했다고 마르크스에 의해 비판되고 있지요.

다만 나는 그 경우에도 인간이 신을, 또는 신의 개념을 만들어내어 인간으로서 그에 근접하는 삶의 모습을 갈망하는 간절한 비원 자체에는 감동을 숨기려고 하지 않아요. 물론 추상적인 인간으로서가 아니라 역사적·현실적 인간의 자리에서. (불교의 세계는 신을 만들어내지는 않지만 역시 어떤 절대적 원리 내지는 존재를 상정하고 그것에의 근접을, 인간의 역사적·사회적 성격의 밖에서 비원하고 있다고 나에게는 생각되지요.)

　이렇게 하여 나는 내가 사랑하고 존경하는 인류의 위대한 교사들, 예술가들의 삶과 정신 속에 이 인간의 비원을 보고 감동한다고 말할 수 있을 듯해요. 그래서 코뮤니스트로서 가는 이 길 위에서(그 길을 가면서) 나는 감히 그들을 만나는 순간을 경험하는 일이 있다고 말할 수 있을 듯해요. 물론 내가 보는 그들의 모습은 나의 인간적·역사적 체험의 깊이나 크기만큼의 것일 터이지만, 그들이 지닌 인간의 비원의 본질적 부분이 포함되어 있을 것이라고 믿는 마음에서 나는 나 자신과 인간에 대한 신뢰를 유지할 수 있는 셈입니다. 물론 인간의 비원에 근접하는 그들의 사상이나 역사적 도정이 나와 꼭 같지 않다는 것이 나의 이 감동을 더하거나 덜하게 만드는 것은 아니라고 느끼고 있지요.

　이런 이야기를 이렇게 자꾸 어설피 써내려가는 것이 그리 적당하지 않기에 이만 그칩니다. 내가 편지 본문에서 종교에 대하여 열린 마음이니 어쩌니 어설픈 말을 한 것이 마음에 걸려 아마 마르크스의 포이어바흐 종교 비판 구절을 인용하고, 그러다 보니 또 나 자신의 어설픈 생각의 편린이 토로된 듯합니다. 또 근일에 우연히 예전에 본 『도이치 이데올로기』의 일역판이 서점에 있기에 그저 사왔다가 문득 이 편지 쓰는 끝에 들춰보았어요. 사실은 그때까지 보지도 않고 있다가(그런 책 볼 여유가 없는 탓인지) 덕분에 몇 페이지 읽고 있어요. 이만.

1994. 10. 10.

4부

엄혹의 시대

강

강이 흐른다 흐른다 쉬임 없이 흐른다
작은 땅에 큰 땅에 한 세계에 내 가슴에
흐는다 제 물길을 흐른다 저 한 물이 흐른다

─『필부(匹夫)의 상(像)』에서

엄혹의 시대

I

전쟁이 한창이던 1952년 가을 소위 남파공작원으로 체포되어 한바탕 고문조사를 받고 경찰에서 특무대로, 육군형무소(당시는 서대문형무소)로, 거기서 다시 민간형무소인 마포형무소, 이렇게 여러 곳을 거쳐서 마포에서 다시 미결과 기결 절차를 마치고(고법 판결 10년 형) 공장으로 출역한 것은 정전협정이 성립된 1953년 가을경이었다.

마포형무소로 오기 전 육군형무소에서 난 겨울은 거의 살인적인 혹독한 추위였다. 서너 입이면 그만인 밥과 구두끈처럼 생긴 해초를 우려낸 국, 한 방에 겨우 두서너 장만 배당되는 담요 등 처우는 가혹하기 그지없었다. 각 방에는 주로 탈주병 5~6명과 소위 '열외(列外)'라고 불리는 대남공작원 한두 명이 수용되었는데, 나는 점검 때마다 의례 따라붙는 '열외'라는 소리가 무슨 뜻인지 처음에는 몰랐다. 군인들에게는 차입이 허용되었는데, 기아상태인 열외는 차입된 음식을 보는 것이 고통이었다. 아침에는 여러 방에서 시체가 있는 방을 알리는 패통(牌筒)이 '툭툭' 떨어졌다. 열외인 대남공작원이었다. 국민방위군 사건이 있었던 군형무소라 얼마 되지 않는 형무소 급여를 윗자리에서 간부 직원에 이르기까지 모두 떼어먹은 탓이었다.

 내가 배치된 공장은 인쇄 공장이었는데, 길이가 한 100미터 되는, 유리창과 철창의 이중 담으로 되어 있었다. 공장은 양분되어 그 맨 위 쪽이 문선(文選)으로 여러 활자상자가 공간을 많이 차지하고 있었고, 양쪽 창가 가까이에 식자(植字), 그리고 지형(紙型)을 뜨는 밀가루와 화기가 있는 공방이 있었다. 그리고 기계부가 있는데 전지기계를 포함해서 7~8대의 기계가 있었다. 공장 아래쪽에는 제본부로서 재단기가 있고, 그 아래는 접지부로서 넓은 공간에 종이를 접는 접지대가 있었다. 중앙에는 별명이 '새우'였던 등이 꼬부라진 간수가 있는 '간수대'가 있고, 그 밑에는 공장 사무를 보는 수용자의 책상이 있었다. 공장에는 '대머리'라 불리는 나이 오십 가까운 절도 누범자인 '반장'과 '지도'가 두세 명 있었는데, 그들은 공장에서 '왈왈대는(세도를 부리는)' 사람들이었다.

공장에는 당시 120명 정도가 있었는데, 비교적 장기형을 받은 군인과 민간인 잡범, 그 외 60~70퍼센트는 빨치산이거나 북에서 온 공작원, 민간인으로 남하하다가 간첩으로 몰린 사람 등이었다. 이들은 대부분 면회조차 없었다. 그중에 내가 '새끼곰'이라 부르며 사랑한 지리산 출신 소년도 있었고, 개성에서 피난민에 섞여 내려오다 간첩으로 몰린 소년도 있었다. 당시 반장이라는 자의 권한은 대단하여 그 자의 눈 밖에 나면 겨울에는 추운 자리, 여름에는 더운 자리가 배정되었다. 그 밖에도 알게 모르게 자잘한 일로 곱징역을 살리는데, 나도 그것을 당한 적이 있다. 그는 범칙물 등으로 수발을 들어 담당간수를 손아귀에 넣고 있었다. 취장(炊場)에도 말발이 서서 밥덩이―그때는 형(型)에 넣어 밥을 찍어냈다―를 얻어내어 맘대로 먹고, '배방계(配房係)'와도 통해 배방까지 마음대로 하였다. 심지어 그것을 미끼로 어린 탈주병 등을 공공연하게 남색의 대상으로도 삼았는데, 뒤에 나는 개성에서 온 피난 소년을 그에게서 보호하기 위해 신경전을 벌이기도 했다.

식사 때가 되면 제본부가 있는 곳에 식대를 길게 늘어놓고 서로 마주보고 두 줄로 앉아 식사를 하였다. 그때는 '쏠린다(배가 고파 몸이 쏠린다)'는 말이 있을 정도로 배식이라고 해봐야 국 한 그릇, 밥 한 덩이가 전부였다. 그래서 이 닦으라는 소금을 모아서 고운

가루로 만들어 밥에 뿌려먹었다.

　언제나 감시를 받는 생활이어서 가령 둘이 모여 이야기를 해도 안 되고 변소를 갈 때도 담당간수에게 표를 받아 변소 문에 걸고 들어갔다. 또 그때는 아직 옷 차입이 허용되지 않아 관에서 주는 푸른 옷(겨울에는 두 벌)을 입었는데, 작업을 끝내고 입방할 때에는 단추를 다 풀고 맨발차림으로 팔을 벌린 채 몸수색을 받아야 했다. 범칙물을 가지고 들어가는 것을 막기 위해서였다. 공장에서 감방까지는 상당한 거리인데 띄엄띄엄 간수가 서 있고 매트가 죽 깔려 있어서 그야말로 발이 조금도 땅에 닿지 않았다.

　이 무렵 잊히지 않는 일이 하나 있다. 나이가 나보다 8~9세나 위이고 밖에서부터 알고 지낸 민 동지와 나눈 이야기다. 우리 둘은 관에서 주는 얇은 옷을 입은 채 서로 등을 대고 앉아 비비며 찬 기온을 쫓으면서 "이것(정전 후의 우리나라 문제)이 얼마나 갈 것 같으냐"는 이야기를 하다가 그것이 상당히 오래 갈 것이라고 전망했다. 어두운 전망 가운데 민 동지는 "그러나 얼마나 걸리든지 나는 이것이 최후의 봉사야"라고 했다. 실제로 미군의 전면적 개입과 중국의 참전으로 휴전은 당초의 민족해방전쟁의 구도를 크게 바꿔놓았다. 그것은 세계적 규모의 체제전쟁의 양상이었다.

　그렇게 지내던 겨울 어느 날 변소에 갔다 오는 길에 지형부를 지나는데 한 공작원 동지가 나를 잠깐 보자고 불렀다. 전쟁 때 합법시절에 북에서 파견된 그는 나와 같은 연배로서 부드러운 어조로 이야기를 시작했다.

"내 말에 오해가 없으시기를 바랍니다. 선생은 요즘 한용운의 『님의 침묵』을 읽으시고 몇몇 친구들에게 좋게 말하고 있다고 들었는데, 그것에 대한 이야기입니다."

이어진 이야기는 다음과 같았다. 선생도 아시다시피 공화국에서는 문학작품에 대해 매우 신중한 평가를 하고 있다. 특히 사상에 관한 것이므로 엄격한 기준을 가지고 정치적 의미를 따진다. 한용운은 내가 알기에 공화국에서 아직 평가가 이루어지지 않았으며, 적어도 널리 읽히거나 이야기되고 있지 않은 사람임이 확실하다. 나이나 그 밖의 면에서 선생은 이 공장에서 어느 정도 영향을 미치는 분이라고 생각되는데, 함부로 긍정적 평가를 내리는 것은 좀 더 신중하게 하는 것이 좋지 않겠는가. 이런 내용의 것이었다.

나는 다 듣고 나서 그 자리에서 잘 말해주었다고 고마움을 표시했다. 그리고 그가 매우 동지적 입장에서 이야기하는 것을 느낄 수 있었다. 나는 시집 이야기를 들은 젊은 정 동지에게도 그러한 이야기를 해서 그 영향이 더 이상 확산되지 않기를 당부했다.

정 동지는 당시 학생 티가 많이 가시지 않은 젊은 친구였는데, 대략 3년 형기인 듯했다. 그가 징역 사는 사유를 깊이 알지는 못했지만, 우리는 공장에서 오며가며 남의 눈을 피해 만났고, 그도 나이 사십에 가까운 동료로서 나를 존중해주었다. 형무소에서 십여 세의 나이 차이는 별다른 스승이 없는 환경에서 그것을 대신해주는 것과 같은 의미를 지닌다.

그는 그 긴 공장의 위쪽에 위치한 문선에 있었고 나는 거기서 떨어져 있는 영자문선에 배속되었으나 일은 거의 없었고 활자상자가 적당히 우리를 가려주었다. 그래도 기회가 생길 때마다 구실이 될 만한 이야깃거리를 정하고 이야기를 시작했다. 나는 반드시 그렇게 하기로 정하고 있었다. 관원으로부터 자기를 보호하기 위해 그만큼 경각심을 가져야 했고, 또 한편으로는 그만큼 스스로 긴장해서 생활을 규율해야 함을 일깨우기 위해서이기도 했다. 자연히 긴 이야기를 할 수는 없었지만 그럼에도 꼭 필요한 이야기를 하는 훈련이 된 셈이었다. 정 동지와는 그렇게 한용운에 대한 이야기도 나누었던 것이다. 나는 그 조금 전에 어떤 책을 형무소 측이 받아들일지 몰라서 시험 삼아 우선 (원서로)『미국사』와『님의 침묵』을 차입시켰던 것이다.『님의 침묵』은 당시의 소장이라는 사람이 자기 교양을 자랑 삼아 교회(教誨)에서 자주 읽었던 때문이다.

나도 실제로 한용운의 시가 우리 입장에서 전적으로 좋은 시라는 생각은 아니고, 민족주의자로서 깨끗하고 신뢰할 수 있는 이라고 생각되어서 말한 것뿐이었다. 말하자면 제한적인 평가에 그친 것인데, 그러나 나는 그러한 충고를 받을 만한 소지가 충분히 있다고 느꼈다. 그 공작원 동지와는 평소에 인사를 나눌 뿐 특별히 가깝게 지낸 일도 드물고 또 나의 관심 속에 있는 사람도 아니었다. 도리어 당시 내 관심 속에 있던 사람은, 공화국에서 온 친구 가운데 간부의 존엄성을 교양한다고 하여 관료주의적 권위의식을 가지고 친구들을 대하던 사람이었다. 개중에는 동지로서 존경의 정도를 넘어서 그의 수발을 들고 뜻을 좇는 친구도 있었다. 그러나 간부일수록 적에게 체포되어 갇힌 몸이 된 것은 부끄러워할 일이다. 그런데 그것을 내세우고 또 그것을 용인 추종하여, 혁명가로서의 자존의 태도를 갖는 데 방해가 되는 기풍을 보이는 데 대해 나는 은근히 사상투쟁을 하고 있던 터였다. 그런데 내게 한용운을 이야기한 공작원 동지는 그러한 기풍에 대하여 어딘가 초연하고 동조하지 않는 듯 보였고, 그래서 내심 좋은 감정을 가지고 있었다. 그러한 이 친구가 그와 같이 시와 사상문제를 깊이 사색하는 동지에게 충고한 만큼 깊은 뜻을 가졌다는 것에 대하여 감명했다.

그런데 한용운 선생에 대해서는 나에게 작은 사연이 있던 터였다. 1937년 스무 살 전후에 나는 그가 거처하는 성북동의 '심우장(尋牛莊)'으로 그를 방문한 일이 있었다. 당시 때때로 신문에 그가 쓴 소설이나 수필이 실리기도 했는데, 주로 자기를 조용히 기르고 있는 때인 듯싶었다. 나의 아버지는 당시 가끔 그와 바둑을 두러

갔는데, 어느 날 아버지 말이 "내가 바둑을 두면서 '내 자식 놈이 선생이 신문에 연재하던 『흑풍』이던가 무엇이던가 하는 소설을 보고 한 선생이 그런 것은 그만 쓰셨으면 좋겠다고 하더라'는 말을 전했더니, '아, 그것은 나를 아끼는 소리다'라면서 한 번 보내라고 하였다"는 것이다.

나는 사실 그때 한용운 선생과 아버지가 바둑을 두려고 가끔 만나는 것을 알고 있었지만 그를 만나보려고 하지는 않았다. 나는 선생의 지난날이 민족주의자로서 깨끗한 사실을 알고 있었지만, 이미 그에게서 내가 따라야 할 만한 것을 느끼지 못했던 모양이다. 오랜 호흡기 질환의 회복기로 집에서 요양하고 있던 나는 서서히 좌익 쪽으로 관심이 기울고 독서도 그에 가깝게 하기 시작할 때였다. 그러나 아버지와의 사이에 이미 그렇게 말이 나온 이상 한 번은 가야겠다고 생각하고, 아버지가 사주신 술병을 들고 어느 가을날 그를 찾았다. 그는 체머리를 가볍게 흔드는 조그마한 체구의, 그러나 담력이 느껴지는 60세 정도의 노인이었다.

나는 그때 표한 청년으로 그와 일대일로 마주서는 태도로 이러한 대화를 나눈 것을 기억한다.

"선생이 생각하시기에 지금 조선 사람이 어떻게 살아야 한다고 생각하십니까?"라고 묻는 데 대하여 한 선생은 "글쎄" 하고 책상을 어루만질 뿐이었다. 지금 생각하면 실상 그런 거창한 물음에 선뜻 대답할 사람이 어디 있겠는가. 그러고 나서 이러저러한 얘기 중에 나는 다시 다음과 같은 물음을 던졌다.

"그러면 선생께서는 평생을 두고 씻어도, 씻어도 씻기지 않는 뉘우침이 있습니까?"

그는 조금 있다가 이렇게 대답했다.

"아, 다행히 그것은 없군."

그러고 나서 "혹시 그것이 앞의 질문에 답이 될는지"라고 말하였다.

당시에 나는 사람이 그러한 뉘우침이 없는 삶이면 될까 하는 생각을 골똘히 하고 있던 때라 이 물음이 나온 모양이다. 나의 인생 태도는 그때부터 어딘가 나가서 싸우는 것보다 물러나 지키는 면모였던가 싶다.

이 문답을 나는 그 후에도 가끔 상기하였다. 그런데 그로부터 훨씬 뒤에—내가 제1차 출옥을 하고 1966~1967년경이던가— 나는 애달프게도 그에게도 그러한 뉘우침이라고 할 만한 것이 있었다는 것을 알게 되었다.

그것은 1910년 9월 한용운이 '건백서(建白書)'라는 것을 일본인 조선통감 테라우치에게 냈다는 사실이었다. 나는 그것을 그의 저서인 『조선불교유신론』(1913년)에서 보았다. 1910년이라면 7월 29일 합방이 발표되고, 그보다 앞서 맺어진 1905년 보호조약 이래로 많은 의사(義士)가 분사(憤死)한 때이며 조선의 전토가 방성통곡할 때이다. 그런데 그는 그 일본의 통감에게 건백서를 보내 승려의 금혼을 풀어달라고 "말할 수 없이 지극히 비옵니다"라고 하였다. 승려의 금혼해제가 조선불교의 개혁에 아무리 필요하다고 하여도, 국권이 침탈된 지 두 달여 지난 시점에서 일본인 통감에게 청원을 한 것은 선생으로서 망발도 이만저만이 아니다. 그리고 승려의 금혼문제는 권력의 힘을 빌릴 것이 아니라 승려의 정신문제임을 생각할 때 그 점에서도 아쉬운 일이다. 한 선생의 이와 같은 망발은, 진정 사람의 일평생 씻기지 않는 뉘우침이 없기가 얼마나 어려운 것인가 생각하게 하는 대목이 아닐 수 없다.

나는 그때 한 선생 댁을 물러나와 섬돌에서 구두끈을 매면서 마루 끝까지 배웅하는 그에게 마지막으로 어떤 책을 읽으면 좋겠는지 물었다. 그랬더니 선생은 언하에 혁명사를 읽으라고 했다. '어디 혁명사냐'고 다시 물으니, 그는 혁명사이면 어디라도 좋고, 불란서혁명사, 신주광복지, 월남망국사 어느 것이나 좋다고 하였다. '신주광복지(神州光復志)'는 색다른 이름이라 지금까지 기억하고 있는데, 중국혁명사인 듯하다. 이것으로 그와 나와의 단 한 번의 만남은 끝났다. 일제 하 당시의 정세에서 찾아온 청년에게 언하에 혁명사를 읽으라던 그의 인상이 나에게 오래 남았다. 그 후에도 성북동으로 가는 보성고 고갯길에서 선생을 몇 번 마주쳤는데, 여전히 체머리를 흔들고 키가 자그마한 그에게 공손히 인사를 하고 헤어졌다.

그 후로는 내가 그를 찾은 일이 없지만 그를 깨끗한 민족주의자로 기억하게 하는 일화를 많이 듣고 지냈다. 그중에도 일제 말기에 일제가 조선청년을 군대에 내보내기 위해 하는 시국강연에 그를 동원하려 했을 때 구구하게 변명하거나 회피하지 않고, 그 대신 "나는 그것을 할 수 없다. 하지 않겠다"고 단호하게 거절한 태도에 나는 감동했다. 그리고 그것은 후일 내가 저들과의 취조과정에서 처음부터 딱 부러지게 "하지 못한다. 하지 않는다"라고 말하는 것이 말을 좌우해서 이러니저러니 하는 것보다 낫다는 체험을 통해서 그러한 감동은 더욱 굳어졌다. 그가 소위 '선(禪)'이라는 수련 가운데서 자기를 버리는 공부가 시킨 것은 아닌가라고 생각되었다. 어찌되었든 그의 사상에 그대로 감동하거나 공감할 수는 없지만, '건백서'라는 한 가지를 제외하고 나는 그를 민족주의자로서 존경하였다.

한용운의 『님의 침묵』과 관련해 이런 일이 있던 그 즈음에 나에게 이보다 더 절박한 일이 생겼다. 그것은 마포에 온 이듬해 봄의 일이다. 당시 이승만 정권은 일제시대의 '황국신민의 서사'를 닮은 '우리의 맹세'라는 것을 만들어 각 학교, 기관에서 외우게 하고, 신문, 잡지, 출판물 등에 빠짐없이 실어서 국민들에게 반공을 강요하기 시작했다. 그것은 "우리는 대한민국의 아들딸 / 죽음으로써 나라를 지키자"로 시작하는 전체 3장으로 구성되었는데, "우리는 강철같이 단결하여 공산침략자를 쳐부수자", "우리는 백두산 영봉에 태극기를 날리고 남북통일을 완수하자" 등의 문구로 되어 있었다. 마포형무소에서도 공장에 써 붙이고 작업시간 전에 수용자 120명을 그 앞에 세워놓고 외우도록 하기 시작했다. 외우는 방법은 한 사람이 선창을 하고 나머지가 그것을 따라 복창하는 것인데, 함께할 때는 그냥 침묵한다고 하여도 미구에 내가 선창할 차례가 돌아올 참이었다.

나는 수용생활을 시작하면서 혼자 가만히 각오하기를 위신 있는 사상생활을 하리라 생각하였다. 당국에 대해서나, 동지들 간에 있어서나, 또는 나 자신에 대해서 내가 누구인가를 물으며 서슬푸르게 살아보리라고 마음먹고 있었다. 심지어 "나는 공산주의자다"라고 공언하고 살 수 있는 유일한 장소가 형무소라고 생각하고 있었다. 또 내가 하고 싶은 일, 되고 싶은 것이 모두 다 안 된다고 해도 단 한 가지, 당원으로 남기를 스스로 기약하고 있었다. 그러한 나에게 '우리의 맹세'를 선창하는 일은 도저히 용납되지 않는 것이었다. 뿐만 아니라 내가 선창을 거절한다는 것은 동지들과 함께 우리의 위신을 지켜나가는 일이 될 것이라고 생각하여 나는 이것을 거부하기로 했다.

그 무렵 나는 부소장이라는 자에게 불려가서 한 담화를 기억한다. 그는 자기도 남북통일을 원하는 사람이라는 말로 입을 열더니 북에서 한강에 뱃놀이를 하고 남에서 대동강에 낚시질을 해서 고깃국을 끓여 먹을 수 있게 되는 것이 소원이라고, 당시 철벽같은 반공풍조에서 자기 딴에는 제법 개명한 생각을 과시하면서 나에게 사상논쟁을 하자고 했다. 나는 한마디로 "당신에게는 그렇게 할 자유가 없다. 나는 차라리 당신의 견해에 동의할 것이 있으면 동의할 자유가 있으나, 당신은 그렇게 할 처지에 있지 않고 그렇게 하면 당신의 신상에 불이익이 오고 어쩌면 나와 같이 갇히는 몸이 될지 모른다. 이러한 자유 없는 사람과의 논쟁은 삼척동자라도 아니할 것이다"라고 말하였다.

당시 당국과 옳다 그르다 논쟁하는 동지들이 있고 또 그것이 좋은 것인 양 생각하는 동지도 적지 않았는데, 나는 그들과 부질없는 사상적 담화를 하지 않는 쪽에 속했다. 특히 간부들하고는 하지 않았다.

선창을 거절한 것을 빌미로 이미 내게 어떤 형태로든지 박해가 올 것을 각오했다. 그것은 엄중독거(嚴重獨居)라는 결과로 나타났다. 그때까지 마포형무소에서는 그러한 장기독거는 처음 있는 일이었고, 또 나로서도 수용생활에서 경험하지 못한 특수한 환경이었다.

II

　그리하여 나는 전후 30년으로 헤아리는 갇힌 생활에서 너무나 익숙해져서 우리의 공동생활 원칙을 무시한다면, 오히려 그 무엇에도 누구에게도 매이지 않는 생활이 오히려 해롭지 않다는 마음을 갖게 하는, 엄중독거의 생활에 들어가게 된 것이다. 그러나 처음에는 인간의 일상생활과 너무나 동떨어진 생활이어서 꼭 죽을 것만 같았다. 그것은 전에는 전혀 해본 일이 없는, 문자 그대로 혼자 이루어지는 생활이었다. 먹는 것도, 자는 것도, 말하는 것도, 생각하는 것도, 심지어 우스갯소리를 하는 것도 누구와 함께하는 것이 불가능했다. 사람은 사람과 함께 사는 동물이라는 것을 정신과 육체의 밑바닥에서부터 시시로 느끼지 않으면 안 되는 생활이었다. 그것은 다만 사람을 그리워한다는 것과는 다른, 절체절명의 '혼자'라는 감정이었다. 24시간 이런 조건에서 사는 사람의 생활은 정신적으로 가공할 상태에 있게 된다.
　한말에 지었다고 하는 마포형무소는 아주 견고한 건물이었다. '중앙'이라고 불리는 곳에서 각각 중간 철문을 들어서게 되면 방사형으로 네다섯 개의 '사동'이 있는데, 한 사동에 양쪽으로 각각 40여 개의 '사방'이 있다. 겉으로 보기에는 잘 청소된 호텔 같다. 사방은 출역수가 출입할 때를 제외하고는 유례없이 견고한 나무로 짜인 문이 늘 잠겨 있어서, 나처럼 '벌방'에 있는 사람을 제외하고는—간혹 한두 명이 있다—그 큰 건물 안에 사람의 소리라고는 없다. 모두가 출역한 뒤에는 번쩍이는 열쇠로 잠겨 조용하기 이를 데 없다. 사람이라곤 사동의 담당간수 한 사람뿐이다. 더구나 감방 앞에는 간수의 발소리를 죽이기 위해 매트를 깔기 때문에 일체의 소리가 없는 소음(消音)의 세계이다. 다른 사동도 이와 똑같다.

꼭 닫힌 감방 문에는 아래쪽으로 사방 한 뼘 반 정도의 '식구통'이라는 구멍이 있고, 위쪽으로는 벽돌 반 장 크기의 '시찰구'라는 것이 뚫려 있는데 간수가 소리 없이 와서 내부를 시찰하는 데 쓰인다. 그 시찰구 조금 옆에 '패통'이라는 것이 있는데, 그것을 안에서 누르면 두어 자쯤 되는 나무쪽이 문밖으로 떨어져서 안에 있는 사람의 용무를 알리는 구실을 한다. 그러나 이것은 거의 사용되지 않는다. 급병이 생기거나 형무소 소장 또는 간부를 만나게 해달라고 요구할 때 등 비상시에 사용하도록 되어 있지만, 특히 후자는 거의 들어주는 일이 없어서 만일 그런 용도로 사용하면 담당간수와 악다구니를 하게 되는 것이 보통이다. 감방문은 단지 아침마다 감방에 비치되어 있는 변기통을 나고 들기 위하여, 그리고 하루 두 번 '검방(檢房)'이라는 것을 하기 위하여 열린다. 운동은 없다.

이렇게 하루 세 끼 한 덩이씩의 밥과 국 한 그릇을 얻는 식구통과, 시시때때로 시찰당하는 시찰구가 외부와 연결된 통로의 전부다. 방을 나가는 일도 없다. 그야말로 절벽강산의 공간에서 24시간을 보내는 것이다.

방안은 두 평 미만의 공간인데 뒤쪽 벽의 상단에 사방 한 자 반 정도의 '철창'이 있고, 아래쪽에는 식구통보다 좀 더 큰 '공기소통구'가 있다. 그리고 그 옆에 '변기통'이 있다. 겨울에는 바람을 막는다고 비닐이나 종이로 철창을 가리고, 높다란 천장에 희미한 전등이 24시간 켜져 있어서 방안은 늘 어둡다. 그러나 이 철창을 통해 무한히 넓은 하늘에 봄, 가을, 여름, 겨울 계절이 옮아가는 모습을 감지한다. 간수에게 들킬까봐 조바심하면서 발돋움하여 창밖을 내다보고 눈과 마음을 쉰다. 마포형무소에서 독거할 때에 창밖에 넓은 공지가 있고 그 가운데에 제법 큰 연못이 있었는데, 수련이 가득히 심어 있어 때가 되면 연꽃도 보던 것이 기억난다. 한낮 사면이 고요한 가운데 수련이 그야말로 조는 듯이 여기저기 피어서 떠 있는 정경이 잊히지 않는다. 그런가 하면 어느 비바람이 세게 불던 날 연못 저편 교도소 담 밖의 잡목림에서 나무들이 미친 듯이 바람에 출렁이는 모양을 눈여겨보고 있는 내가 유난히 기억된다.

늦봄이던가, 내가 그날도 조심조심 밖을 망연히 내다보고 있는

데, 역시 밖을 내다보고 있던 옆방 친구가 한숨짓는 소리가 들렸다. 그동안의 통방으로 알았지만, 그 역시 공작 나온 친구로 나보다도 나이가 6~7세나 위였다. 체포된 뒤에 목수로 가장해 망태기를 메고 온 장안을 기관원들에게 끌려 다니면서 북에서 얼굴을 알게 된 친구를 알려주어 체포당하게 하였다는 말을 하면서 울먹이던 일이 기억난다. 그때는 북에서 공작으로 남으로 온 사람이 거리에 많이 눈에 띄던 시절이었다. 그는 아직 미결 중이었는데, 오늘 늙으신 아버지가 면회 오셨다며 쓰라린 마음을 삭이면서 이렇게 나처럼 소리 없이 연못을 보고 있는 것이었다. 이 시기 독거생활에서 기억되는 일이 한두 가지가 아니지만 어쩐지 이 친구가 잊히지 않는다.

  독거생활을 하면서 무엇보다 우선 나 자신의 부침하는 여러 사념들이 있었다. 어머니가 저들의 규칙대로 한 달에 한 번씩 오셨는데, 그 얼마 전부터 오시는 간격이 벌어지고 있었다. 어쩌면 당분간 면회가 허용되지 않을지도 모를 일이다. 어머니에 대한 생각은 이루 헤아릴 수 없을 만큼 많아서 혼자 병든 사람처럼 신음할 지경이었다. 청년시절 이래로 끼쳐드린 쓰라린 심려—십대 후반부터 시작된 나의 호흡기병과 그 오랜 요양생활, 일본에서 구금되어 있는 동안의 심려, 해방 후 오늘에 이르기까지의 심려와 가난, 특히 전쟁 후의 이산과 입북자 가족이라면 지친들조차 돌아보기를 두려워하는 흉흉한 인심 속에서 당하셨을 참혹한 고초 등 그 고비고비마다의 일들이 그대로 나의 아픔으로 되살아나 쓰라림은 한이 없었다.

더군다나 이번에 북에서 나와서 숨어 지낼 때 내가 어머니 계신 데로 가지 못해 거리에서 만날 수밖에 없었다. 그때 재동 네거리 저녁 어둑어둑한 길목에 후줄근한 여름옷 차림으로 너덧 살 난 외손녀를 데리고나와 앉아 계시던 모습이 눈에 박혀 있다. 만나는 반가움보다 "왜 거기서 살지 나왔느냐"고 하시면서 눈물을 닦으시던 모습이 자꾸 눈에 떠오른다. 체포되어 조사받던 과정에서도 어머니 면회가 있었는지 어쩐지 기억이 없다. 이렇게 어머니와 기타 지친들 생각에 자고 일어나면 하도 시달려 나중에는 병이 날 듯하다가도, 문득 내가 어떤 일로 이 고초를 당하는 것이기에 이런 일로 이토록 얽매여 신음하는가 돌이켜 생각하고 그것으로부터 어느 만큼 풀려난 일도 있다.

그런데 이러한 가운데에 당연히 생각이 나고 마찬가지로 아픔을 느껴야 할 북에 둔 아내와 딸에 대해서는, 어느 정도의 아픔을 느끼면서도 당에 맡긴 것이 큰집에 맡긴 것처럼 이상하게도 마음이 놓이고 편안함을 느꼈다. 단 한 번 우연히 공작으로 가는 어느 고을 노상에서 대열 속에 있는 제복차림의 그녀를 발견하고 인솔자의 허락을 받아 만났던 적이 있었다. 그때 한 2~3분간 만난 그녀를 근 40년이 지난 지금도 그러한 심정으로 바라보고 있는 것이다.

나의 사념은 물론 이에 그칠 수가 없었다.

나의 38년 생애를 모두 점검하다시피 하는 여러 사념들 가운데 '그때 이렇게 했으면 좋았을 것을……' 하는 뉘우침도 물론 많았지만, 한편 그와 동시에 더욱 다짐하고 다시 뜻을 가다듬고 지켜나갈 바를 생각하는 일이 많았다. 더욱이 갇혀 있는 만큼 이러한 환경에서 내가 무엇을 할 것인가를 골똘히 생각했다.

그러다가 독거하기 얼마 전에 있었던 한용운의 시집 『님의 침묵』에 얽힌 사연을 자연스럽게 떠올리게 되었다. 그때까지는 다만 한용운을 전적으로 우리 시인으로서 총체적으로 평가했다기보다 생각 있는 많은 사람들이 치욕의 나날을 보낸 민족의 암흑의 시기에 그래도 자기를 심히 더럽히지 않고 깨끗함을 유지하려고 한 면모를 그의 시집을 통해서 볼 수 있다는 평가였다. 그러나 그러한 한도 내에서 그 시집을 읽는 것이 허용된다고 인정하는 것이었다. 그리하여 과연 『님의 침묵』을 오늘날 민족해방투쟁의 입장에서 어떻게 보아야 하는가는 구체적으로 생각하는 입장이 아니었다. 만일 그 점에서 당연히 볼 것을 보지 못했다면 나는 큰 잘못을 저질렀을 뿐만 아니라 나이 어린 친구들에게까지 그것을 옮긴 잘못을 감수하지 않으면 안 된다는 생각을 하게 되었다.

나는 잠심해서 한용운의 시를 다시 읽으며 곰곰이 생각에 잠겼다. 나로서는 해방 전 한 선생과의 만남 후 두 번째 정신적 투쟁으로서, 이번에는 심각하게 오늘날 나의 입장과, 시와 혁명적 투쟁의 관계를 깊이 생각하는 기회가 되었다.

이러한 생각은 그로부터 30여 년 후에 내가 사회안전법에 의한 예방구금의 세월을 사는 동안에도 계속되어, 그 당시 아래와 같은 시조를 적어보기도 하였다.

> 떠나서 그리웁다 구슬 눈물 고와도
> 그림이 만남이라 기다림 갸륵해도
> 님 보러 가고 가다가 쓰러지면 어떠니

실제로 시집의 서문격인 「군말」에서 한용운은 "'님'만 님이 아니라 기룬 것은 다 님이다. 중생이 석가의 님이라면 철학은 칸트의 님이다. 장미화의 님이 봄비라면 마찌니의 님은 이태리다"라고 하였다. 이때 시집 『님의 침묵』에 나타난 '님'은 '그리는 것은 모두 님'도, '석가의 님'도, '마찌니의 님'도 아니고, 서시 「님의 침묵」의 첫행에 보이는 '님'이다. 왜냐하면 그들의 '님'은 아직 잡히지 않은 무엇을 잡으려는 '님'이지만, 한용운의 '님'은 떠나는 '님'이기 때문이다. 즉 "님은 갔습니다. 아아 사랑하는 나의 님은 갔습니다"로 시작하여 "아아 님은 갔지만 나는 님을 보내지 아니하였습니다"로 끝나는 '님'인 것이다.

생각하면 이 마음이 시집 전체의 마음이라 할 수 있다. 시집은 전 편이 다만 님을 애타게 그리워하는 이별의 슬픔과 아름다움, 기다림의 고통과 믿음, 그러한 사람에게 있어서의 '떠남이 만남'이라는 간절한 동경 등이 되풀이 노래되어 있다. 여기에는 이별, 슬픔, 기다림, 만남의 동경 등의 미학이 있다. 이별은 이별 자체, 기다림은 기다림 자체로 아름다운 것이라는 감정을 읽는 사람에게 심어주려는 듯하다. 이 시집에는 실제로 떠난 것을 다시 만나기 위해 뒤따라야만 하는 사람들의 고통과 고뇌, 그리고 그러한 싸움 한가운데에 있는 환희에 대해서는 단 한 줄도 쓰이지 않았다.

한편 한용운의 '님'을 불가의 '해탈'이나 '오도(悟道)' 등의 뜻으로 해석하는 사람도 있는데, 그것은 알 수 없는 소리이다. 만일 한용운의 '님'이 어떠한 '구도'를 가리킨다면 그것은 있던 것이 떠났다는 것으로 느낄 수는 없고, 다만 잡지 못한 것을 잡으려는 애타는 마음으로 나타날 것이다. '이미 있던 것이 떠난' 것으로, 또는 '이미 잡은 것을 놓친' 것으로 표현될 리는 없을 것이다. 한용운의 구도는 그것대로 볼 수 있는 것인지 모르지만, 적어도 이 시집의 세계에서는 아닐 듯싶다.

한마디로 이 시집은 한용운이 가장 소중하게 생각하는 민족을 상실한 슬픔, 그에 수반되는 인생에서 모든 떠난 것, 떠나 있는 것에 대한 애타는 그리움과 슬픔을 그리고 있다. 그리고 그 점에서 그가 이민족 하에 신음하는 이 땅에 사는 사람의 뜻과 마음을 대신 노래해주고 있다고 볼 수 있는 것이다. 그러한 마음을 가장 순수하게 표현한 것이 시집 중의 「당신을 보았습니다」라는 시라고 할 수 있다.

> 영원의 사랑을 받을까
> 인간 역사의 첫 페이지에 잉크칠을 할까
> 술을 마실까
> 망설일 때에 당신을 보았습니다

이것은 여전히 '망설임' 속에 있는 사람의 모습이지만 그래도 한 걸음 딛고 길을 떠나려는 사람의 모습이다. 극소수의 이러한 시를 제외하고는 이 시집은 거의 전부가 떠남을 슬퍼하고 기다림의 미학을 읊조리며 '기다림이 만남'이라는, 어찌 보면 속 편한 체념 또는 넋두리로 시종하고 있다. 한 번도 자리를 차고 일어나서 만남을 향하여 나가려고 하지 않는다. 조용히 산사에서 관조하는 사람의 마음이라 할 것이다. 그것은 바로 패배주의가 아니겠는가. 시집은 패배주의의 찬가를 부르고 있는 것이다. 한용운이 3·1 운동 등을 계기로 이러한 패배주의를 딛고 일어선 행적이 있긴 하지만, 억눌린 암흑의 시기에 이 시집의 세계는 바로 그 패배주의 정신으로 일관되어 있다고 생각되었다. 그리고 그것을 한용운이 스스로 알고 실토하고 있는 듯이 보인다. 나는 그것이 아프게 생각되었는데, 그는 「독자에게」라는 후기에서 이렇게 말한다.

> 독자여, 나는 시인으로 여러분의 앞에 보이는 것을 부끄러워합니다. 여러분이 나의 시를 읽을 때에 나를 슬퍼하고 스스로 슬퍼할 줄을 압니다. 나는 나의 시를 독자의 자손에게까지 읽히고 싶은 마음은 없습니다. 그때는 나의 시를 읽는 것이 늦은 봄의 꽃수풀에 앉아서 마른 국화를 비벼서 코에 대는 것과 같을는지 모르겠습니다.

아직 그가 말하는 '자손'의 시대는 아니지만 오늘 그와는 다른 시대에서 사람들은 싸우고 있다. 나는 이제 조국을 위하여 싸우는 사람과, 특히 내가 화선을 넘어서 남하할 때에 나를 인도하고 지극히 보호해준 어린 친구의 눈동자를 생각하며, 한용운이 스스로 슬퍼한 패배주의에 대해 내가 공장에 있을 때 다정히 지낸 젊은 친구 정 동지에게 뚜렷이 말해주어야 하겠다고 생각했다. 아니, 이제 그것은 나에게 다급하고 중요한 임무가 되었다.

나는 정 동지가 출옥하는 날짜를 대충 따져보았다. 그의 만기출소일이 가깝다는 것을 들은 듯했다. 나는 정 동지가 나갈 날을 날마다 기다렸다. 만기출소일 이삼 일 전에 소위 '만기교회'라고 해서 출소자를 내가 있는 사동의 독방에 넣는 것을 알기 때문이다. 물론 통방할 수 있을 만한 위치에 올 것 같지는 않으나 어쨌든 같은 사동에 올 것이고, 그렇게 되면 사동 입구 가까이에 있는 내 방 앞을 지나갈 가능성이 있다. 그도 내가 독거한다는 사실을 알고 있으므로 지나는 결에 출옥하는 인사를 다만 소리로라도 할지 모른다고 생각했다. 만일 정 동지가 간수의 눈을 무릅쓰고 내 방 시찰구를 들여다보는 일이 있다면, 나는 그에게 내가 할 말을 할 수 있을 것이다. 이제 세상에 나가는 그는 간수의 눈을 무시할 가능성이 충분히 있다.

나는 만기수가 출소할 새벽시간이 되면 일어서서 내다보기까지 못해도 긴장하여 시찰구를 정면으로 쳐다보기로 하였다.

나는 무슨 말을 어떻게 할까 두루 궁리했다. 시찰구 앞에서 오랜 시간을 머물지 못할 그에게 무슨 말을 던질까. 나는 한용운 시집에 대한 나의 생각을 단 몇 마디로 정확히 전달해야만 했다. 그것도 세상에 나가는 그에게서 적극적으로 살기를 원하는 내 마음이 실려야 했다. 싸움터에 나가는 젊은 전사에게 남은 사람으로서 진실로 간절한 마음이 아닐 수 없다.

무슨 말을 할까.

드디어 어느 날 아침 나는 시찰구에 나타난 그의 얼굴을 보게 되었다. 아니, 안경 속의 그의 두 눈을 보게 되었던 것이다.

한 찰나였다. 그가 무슨 소리를 했는지도 듣지 않고 손을 들어 그를 가리키면서 말했다.

"여보, 한용운은 패배주의요!"

"네, 알았습니다."

말꼬리를 뒤에 남긴 채 그는 지나가 버렸다. 잘 가라는 말도 하지 못했다. 그러나 나는 할 이야기를 다 한 것 같은 후련함을 느꼈다. 그도 나의 마음을 알아주었으리라는 믿음 때문에 마음은 평안하였다.

이렇게 한용운의 시집 『님의 침묵』에 얽힌 우리들의 이야기는 끝났다. 북에서 온 공작원 동지, 그리고 나와 정 동지의 내심에 있었던 작은 드라마가 끝난 것이다.

그리고 나는 오랫동안 정 동지를 보지 못했다. 나는 1962년 마포형무소에서 출옥했다가 1975년 사회안전법이 발효됨과 동시에 예방구금되어 또다시 기나긴 구금생활로 들어갔기 때문이었다.

III

내가 정 동지를 다시 본 것은 1989년 가을이었던가 보다. 근 40년이 지난 셈이다.

나는 6월 항쟁 덕분으로 1988년 겨울, 당국이 더 이상 전향이라는 것을 문제 삼지 않는다 하여 72세의 나이로 풀려나 있었다. 사회안전법이 생긴 1975년 59세 때에 구금된 이후 처음 보는 세상이었다.

그때는 아직 민주화 열풍이 한창이던 때였고, 불과 몇 해 뒤와는 딴판으로 책방에는 내가 청년시절에 보았던 좌익서적들이 서가에 가득 차 있었다. 생각지도 못한 일이었다. 그런가 하면 중국과 소련에서 부는 새로운 바람은 기대와 우려를 함께 지닌 채 불어 닥쳤다. 나날이 생각할 것이 많은 세상이었다.

집안은 내가 없는 동안 완전히 파탄상태가 되었고, 노동능력이 전혀 없는 내가 어떻게 꾸려나갈지 망연한 때였다.

이러한 어느 날, 같이 옥살이했던 재일동포인 젊은 친구가 집들이를 한다던가 해서 친구들을 부른 일이 있었다. 모두 아직 바깥생활에 익숙하지 않아 마음으로라도 서로 의지하고 싶은 때라 많이 모여들었다. 나처럼 보안감호소에서 나온 사람이 아닌 이도 적지 않았다. 한참 먹고 떠들다가 나는 다른 방에 있는 친구들과도 인사를 나누고 싶어서 옆방으로 옮겨갔다. 그리고 대강 인사를 나누었을 때 한 친구가 말을 건네 온 것이었다.

"선생님은 나를 모르십니까? 나는 곧 알아 뵙겠는데"라고 인사를 한다. 나는 "누구지?" 하는 표정으로 그를 유심히 보았지만 졸지에 생각나지가 않았다.

"저 정 아무개올시다. 왜 그 마포서 문선에 있던."

그제야 나는 그를 알아보았다. 내가 그를 알아보지 못한 것은 무리가 아니었다. 그때 마포형무소에서 23~24세였던 그가 지금은 66~67세의 노인이 되었고, 검은머리가 나 있던 이마는 훌떡 벗겨져서 대머리가 되어 영 딴 사람이 되었던 것이다. 사실 나는 마포형무소에 있던 시절에 그의 이름조차 분명히 모르고 있었다. 다만 '정 선생'이라고 부르고 있었다. 우리는 그 당시 누구에게나 '선생'을 붙여서 불렀다. 이름을 알았다면, 그 뒤에 통혁당에 관한 기사가 신문에 났을 때 그를 알아보았을 것이다.

"아, 그 정 선생이오, 선생이?"

말할 수 없이 반가웠지만 내 가슴에는 다급한 물음이 있었다. 나는 곧장 "그러면 그때 선생이 나가실 때 내가 시찰구에 대고 '한용운은 패배주의요'라고 소리친 것을 기억하시오?" 물었다.

"알고말고요. '네, 알았습니다' 하고 대답하고 나갔지요."

나는 그때 우리 둘 사이에 의사가 아주 정확하게 전달되고 또한 받아들여졌음을 확인할 수 있었다. 나는 그것이 다른 어떤 환경에서 주고받은 말보다도 더 그 의미 내용이 남김없이, 또 깊이 주고받아졌음을 알고 기뻤다. 이어서 그는 나에게 나도 이미 잊어버렸던 이야기 하나를 해주는 것이었다. 그것은 우리가 함께 공장에 있을 때에 그의 출옥 일이 가까운 것을 알고 내가 "나가거든 될 수 있는 대로 노동자들이 사는 곳에 가까이 사는 것이 좋겠다"고 권유했다는 이야기였다. 아마도 나는 지식분자인 그가 나가서 노동자들이 사는 공기 속에서 생활하는 것만으로 좋은 일이라 생각했던가 싶다. 그것은 바로 나 자신에게 말하고 싶은 것이기도 했던 것이다.

그는 통혁당 사건으로 20년을 선고받고, 1988년 나보다 조금 전에 가출옥으로 나왔다고 했다. 우리는 그날 40년 후의 해후를 이렇게 마치고 못 다한 이야기는 다른 기회에 나누기로 하고 헤어졌다.

우리가 시내 어느 다방에 마주 앉은 것은 그로부터 며칠 후였다. 그는 나에게 지난 40년 동안의 생활을 보고하듯이 자세히 이야기해주었다. 마포형무소에서 출옥한 뒤 그는 고향인 대구에서 얼마간 지내다가 어떤 지방 신문사에 일자리도 얻었고 일본서적 번역 등의 일도 했다고 한다. 그 사이에 결혼도 하여 어지간히 보통사람이 사는 모양을 갖추었으나 마음은 늘 무엇인가에 쫓기는 듯 초조하고 허전했다고 한다. 만나는 친구들도 자연히 그전에 모여서 어린 열정으로 해방공간을 함께 경험한 사람들이었다. 그러다가 그는 당시 남쪽의 전위당으로 일컬어지는 통혁당에 관계를 갖게 되었다. 남쪽의 변혁을 생각하는 집단들이 많은 경우 그룹 형태의 움직임을 당국이 날조 또는 과대 포장했던 것과 달리, 통혁당은 뚜렷한 혁명적 당의 면모를 갖춘 것이라 했다. 따라서 그 관계자들도 체포당했을 때 극형을 선고받아 몇몇 지도자들은 세상을 떠났고, 그도 20년형을 받았다.

그동안에 누구와 만나서 어떠한 형태의 활동을 하였는지 그 세세한 이야기까지 그는 내게 해주었지만, 지금 거의 명확한 인상이 없고 다만 세상이 다 아는 통혁당의 역사를 알게 되었던 것뿐이며, 그것은 1962년 출옥한 나 자신도 직접 몸으로 겪은 1960년대 후반의 정세 속에서 놀라운 한 페이지임에 틀림없었다. 나는 형무소에서 처음 만난 젊은 벗의 행적을 깊은 감명과 존경을 가지고 듣게 되었다.

우리는 그 밖에도 여러 가지 이야기를 주고받았다. 그러는 동안 우리는 전과 다름없이 정세의 하나하나에 같은 우려와 같은 소망을 가지고 있음도 알게 되었다. 나는 그의 이야기를 들으면서 내 생애의 고뇌의 시기였던 1962년부터 1975년 사이의 시절을 되새기게 되었다.

1962년 출옥하여 1975년 예방구금 때까지의 시기에 나는 고뇌 속에 허덕였는데, 정 동지는 실천 속에 뛰어든 것이었다. 그것이 얼마나 어려운가를 생각하며 나의 자기 비판적 회상은 이어졌다. 나는 출옥하면서, 남하할 때 임무의 하나였고 가슴에 깊이 기약하던 '합법 신분'을 얻은 것이라고 생각했다. 비록 전과자라는 딱지가 붙었다 해도 10년의 징역과 대신 바꾼 합법성이었다. 나는 우선 이것을 밑천으로 건전한 시민생활을 이룩하여야 했다. 그래서 새로 가정도 갖고 어린 자녀도 두게 되었다. 그러나 점차 이것은 나를 짓누르는 짐이 되었다. 아무런 생활기반도 별다른 생활수단도 없는 나로서는, 칠십 노모와 가족들의 생활은 나의 전 정력을 빼앗아가는 것이었다. 취직은 엄두도 낼 수 없는 상황이었고, 현직 교사인 친구의 주선으로 했던 영어과외와 일어번역 등 뜨내기 지식 노동은 나를 항상 생활불안에 시달리게 했다. 그보다도 더 잠시도 쉬지 않고 나를 붙잡고 놓지 않는 것은 실천의 의무감이었다. 나의 정체성은 어느 순간에도 그것을 잊게 해주지 않는 것이다.

그런데 시대적 상황은 또 어떠한가.

학생들이 정의감 하나만으로 쓰러뜨린 정권은 엉뚱한 신사들의 어설픈 싸움터가 되고, 급기야는 어처구니없게도 생김새까지 표독한 일본장교를 닮은 군인과 그 일당의 손에 들어가는 것을 보아야 했다. 이 땅의 인민의 힘은 그토록 사뭇 약했던 것이다. 권력은 미국의 군사적·정치적 비호 하에 이해관계에 구애되지 않는 계속적 신규투자로서 광포한 예속적 지배를 계속하였고, 마침내 유신헌법으로 '7·4공동성명'의 희망을 송두리째 깨뜨려버리고 긴급조치의 통치를 지속했다. 학생과 일반 민주운동이 무자비하게 탄압되었고, 많은 경우 좌경으로 날조되어 문자 그대로 피비린내 나는 극형으로 처단되는 일이 연이어 일어났다.

이 기간 남북의 통일 정세도, 특히 1980년대 후반부터 민족민주운동이 진전되었다고 하지만, 한편 1970년대 말부터 북이 새로이 내건 '먹지도 않고 먹히지도 않고'라는 구호가 상징하듯이 남북의 현실적 역량 대비를 보여주는 음울한 국면에 들어서고 있었다. 나는 이러한 상황을 그저 구경꾼으로 볼 수밖에 없었다. 미친 사람같이 이성을 잃고 날뛰는 판국에 단 한 발도 내디딜 수 없었고, 나의 경력은 현재 합법적인 신분임에도 불구하고 '민주화운동'이라는 명분의 운동에조차 활동분자의 몸짓이 허용되지 않는다고 느껴졌다. 그리하여 언론에서 나날이 보도되는 그 운동을 부끄러움과 함께 쓰라린 마음으로 지켜볼 수밖에 없었다. 심지어 출옥 후 계속되는 정보경찰의 방문 감시에 노출되지 않기 위해 일기에조차 나 혼자 아는 은어를 사용해서 써야 했다.

세계적 시야에서 보면, 사회주의 자체보다는 발전단계의 차이에서 오는, 당시 제국주의 세계에 대한 전략상 차이로 보이는 이른바 소련 수정주의와 중국 교조주의 간의 중소분쟁이 진전되고 있었다. 즉, 양쪽의 사상적 분열을 어렵게 극복하는 듯이 보이던 그 당시 세계 인식을 정식화한, 1960년 81개국 공산당의 모스크바 선언이 나온 후에도 사태는 계속 그 전망과는 다른 방향으로 진전되는 듯했다. 중소분쟁은 더욱 격화되어 환멸과 혼란을 더해 갔고 스탈린 비판이 시작되는 격동과 문화대혁명의 동란으로 사태는 우려와 희망을 함께 내포한 채 진행되었다. 급기야는 두 운동 모두 세계의 지도적 사회주의 국가의 누적되는 모순을 극복하지 못했으며, 이것은 1980년대 소련과 중국의 새로운 정치적 실험으로 귀착되었다. 그리고 그 실험은 오늘날까지도 계속되고 있어, 한곳은 대파국에서 아직 헤어나지 못하고, 한곳은 새로운 활로를 찾는 듯하지만 힘겹게 진행되고 있다. 세계는 이처럼 미국을 중심으로 한 자본의 세력과, 인간의 공동체적 삶을 추구하는 세력 간 싸움에서 어두운 국면을 통과하고 있다. 나의 정체성은 그간의 한없이 작은 존재로서 빛을 향해 몸부림치고 있었다.

다만 그 기간에 나의 희망을 이어준 것은 월남에서의 민족해방전쟁의 승리였다. 이 승리와, 패배한 미국이 중미 화해의 순간에는 상기한 두 세력 간의 싸움에도 큰 전환점을 이루리라 생각될 만큼 큰 변화였으나 세계는 오늘 보는 바와 같은 세계로 남았다. 그리고 나는 바로 그 시점에서 아시아의 작은 나라에서 광란하는 파시즘의 비말(飛沫)을 뒤집어쓰고 예방구금되었다. 그것은 역사의 비말에 지나지 않았지만 한 개인의 일생을 파멸시키기에 충분한 것이었다.

이 모든 상황에서 내가 사는 모습은 나의 정체성으로 볼 때에 용납이 안 되는 것이었다. 형무소에서 만난 젊은 친구, 그것도 내가 어떤 의미로든지 좋은 영향을 주려고 했던 젊은 친구가 같은 상황에서 몸을 일으키어 실천에 뛰어든 것을 생각할 때 더욱 용납될 수가 없는 일이었다.

그 일에 대한 아픔이 오늘에 이러할진대 그 당시에는 어떠했으랴. 그와 같이 무위로 있는 자기 자신이 끝내 역사의 방관자로 남을 굴욕은 참으로 참기 어려운 것이었다. 소년시절 이래의 모든 아름다운 것과 충직한 것에 대한 감동을 배반하는 것이었고, 한마디로 그것은 인간으로서의 내 의지가 나날이 파멸해가는 것이었다. 그때 가족들의 존재는 문제가 안 되었다.

그러나 내가 가진 힘의 한계는 그것임을 인정하지 않을 수 없었다. 젊었을 때 읽은 '금여획(今女畫, 지금 너는 스스로 획을 긋고 있다)'이라는 『논어』의 말을 기억한다. 안간힘을 써서 스스로 그은 획을 넘으려 해도 소용이 없는 일이었다. 이러한 고뇌 속에서 최후의 선을 그을 것을 나에게 명하고 또 받아들이기로 맘을 다졌다. 약한 자의 최후의 선이라 하여도 또한 그것은 단단한 깨지지 않는 마음이 필요한 것이었다.

    나는 언제부터인가 전위로서 나아가 죽지 못하여도 물러나 죽어야 할 죽음이 나에게 올 때에 의연히 맞으리라는 생각을 되풀이하여 스스로에게 기약하고 있었다. 거리를 걷다가도, 밥을 먹다가도 머리에 떠오르면 다짐을 새로이 했다. 아니, 머리에 떠오르기보다도 그 생각과 함께하는 생활이었다. 나는 남하할 때를 생각했다. 죽음이 예상되는 남쪽 땅을 향해 화선을 뛰어내릴 때, 비무장지대를 지나 철망 아래 지뢰밭을 기어나올 때, 미군 숙영지의 불빛을 지척에 두고 통과할 때, 한낮에 불과 2미터를 사이에 두고 산개울에서 가재를 잡는 남쪽 사람들을 피해서 덤불에 숨어 있을 때, 또는 체포되어 조사당하면서 이미 드러난 나의 정체에 합당한 죽음을 회피하지 않은 것을 생각할 때 죽음이 오면 죽을 수 있는 자기 자신을 믿고 그 다짐을 새로이 할 수 있었다.

    이러한 나에게 예방구금이 온 것이다.

    1972년 개정된 유신헌법의 '신체의 자유' 조항에 그것을 제한할 수 있는 것으로서 전에 없던 '보안처분'이 가해졌음을 보았을 때, 나는 예방구금이 이미 가까이 온 조짐을 느꼈다. 그것은 내가 먼젓번 출옥 때에도 내심에 어른거린 일이었으며, 출옥 후에도 줄곧 나의 마음을 어둡게 한 일이었다. 또 1975년 여름 월남전 종결과 맞물린 시기에, 나는 그 이전에 한옥신이라는 핵심적 사상검사의 「사상범죄론」이라는 박사논문의 내용이 보도되었을 때 그것이 더욱 가까이 온 것을 직감할 수 있었다. 그 논문은 한마디로 공산주의의 경력자를 그대로 방치하는 것은 보균자를 건강한 사람들 틈에 두는 것과 같다고 하여 그 위험성을 방지하기 위하여 보안처분이 필요하다는 내용이었다. 그것이 국회와 언론에 공개적으로 논의되기 시작한 것은 그 직후이다. 신중론이라는 생색뿐인 논의가 일부 있었지만, 결국 공산주의자에게만 적용하면 무방하다는 결론으로 1975년 7월 16일에 발효되었다.

나는 1974년부터 생활방편으로 출판사를 운영하고 있었는데, 이 무렵에는 어느 기계공학 관련 일본서적의 번역 교정에 골몰하고 있었다. 당시 사회과학 서적이란 거의 전부 체제옹호적인 서적들이었기 때문에 나는 기계공학 관련서적을 출판하기로 한 것이었다. 또 그것이 잘 팔릴 것이라는 생각도 있었다. 예방구금되기 전에 나는 그것을 세상에 내놓아야 했다. 예방구금이 나에게는 필지(必至)라는 생각은 변함이 없었다. '전향'이라는 것이 반드시 문제될 것이기 때문이다. 가족은 물론 아무에게도 내색하지 않았다. 아내는 나의 이런 내심을 알아차리기에는 너무 순진했고, 그러한 논의를 보고 걱정하는 누이와 친지들은 설마 멀쩡한 사람을 잡아넣겠느냐 하고 최악의 경우 주거제한을 생각하고 있었다. 당시 경찰은 부패가 심했기 때문에 매수해볼 생각도 해봤지만 성공이 보장되는 방법이 아니었다. 실제로 그 후에 검찰에 있을 때 밖에 있는 친지들이 내 석방을 위해 애쓴 일이 있었는데, 마침 동성동본이었던 담당검사가 나에게 석방을 가능하게 할 '조건'을 만들어달라고 제안했지만 나는 이를 거절하였다. 그 조건이란 전향이었다.

나는 그 무렵부터 인근 신일고 뒷산에 아침 산책을 시작하였다. 만일의 경우에 몸이나 건강해야 한다는 생각에서였다. 여덟 살인 아들을 데리고 잔솔밭 산등성이를 거닐며 수상한 세월을 바람에 날리던 시절을 기억한다. 어린 아들에게 아버지와 같이 이렇게 산에 오는 것이 좋으냐고 물으니 대답 대신 고개를 끄덕이는 놈의 너무나 맑은 눈동자를 보고 놈의 운명에 닥쳐올 나날을 생각했다.

이렇게 해서 나는 사회안전법이 발효된 지 일주일 되는 1975년 7월 21일 저녁 제1차로 끌려갔다. '제1차'라는 것에는 별다른 의미가 없었다. 당국도 처음 하는 일이라 아무 규정도 없어 두서없이 마구잡이로 잡아들였다. 주거가 일정하지 않은 사람, 그저 30년 전 입산하는 사람을 도왔다는 사람, 심지어 체포되어 경찰 끄나풀 노릇을 한 사람도 잡혀 왔다. 경찰서에 잡혀온 20여 명 중에는 갖가지 사람이 있었다. 이렇듯 사상과는 아무런 연관이 없는 무잡한 사무처리 과정에 의해 나의 사상이 재단되는 상태에 놓인 것이 어이없는 노릇이었다. 잡혀온 사람들은 일제시대의 예방구금자들처럼 실제로 공산주의자로서 저들에게 위협이 된다고 보여서가 아니라, 정책적으로 상부기관에서 잡아오라니까 숫자 채우기 식으로 잡아온 사람들이 대부분이었다.

검찰조사에서도, 법무부의 심의위원회 심의결정에서도 이러한 사정은 본질적으로 마찬가지였다. 나는 이러한 엉성한 절차를 거쳐 감호처분이 확정되었던 것이다. 절차는 엉성했지만 우리의 생활에 미치는 의미는 결코 엉성하지 않았다. 결과가 확정되는 날, 그래도 희망을 가지고 찾아와 먹을 걸 사 넣은 아내가 혼자 넓은 검찰청 뜰에 서 있는 뒷모습을 나는 서울형무소로 향하는 호송차 창밖으로 바라보았다. 지금 전향을 거부하고 가는 나는 이제부터 내 쪽에서 변화를 생각할 수 없고, 정부 쪽에서 정책이 변할 것을 생각하는 방법밖에 없는 것이다. 이것은 그 며칠 전에 사회안전법 대상자인 송 동지에게 삼청동 산길을 걸으며 한 소리다. 정세가 오늘날과 같다면 참으로 오랜 기간이 걸릴 것이고 어쩌면 종신이 될지 모른다고 생각했다. 저 여자의 고난이 이제부터 시작할 것이다. 내 감옥의 고난이 아니고 그의 고난을 생각하고 암연했다. 실제 그 후 면회 온 아내에게, 내가 만일 전향을 하면 그 고통으로 시름시름 앓다가 제명에 죽지 못할 것인데, 그래도 좋으냐고 말했을 때 그는 아무 말을 하지 않았다.

그러나 암연한 생각은 그에 그치고 나의 마음은 오히려 평정한 것이었다. 오히려 내 마음 한구석에는 이 예방구금이 구원처럼 느껴졌다. 그동안 얼마나 괴로운 나날이었던가. 이와 비슷하게 옛날 동경시절에 구금되었을 당시에도 학문과 생활의 진로를 놓고 고뇌하면서 좌우간 어떤 파탄이라도 와야 한다고 마지막으로 느낀 때가 있었다. 그러나 그때는 오늘과 같은 경우와는 다르다. 오늘은 그때와는 달리 내가 나아가 죽지 못해도 죽음이 있어야 할 때 기꺼이 맞으리라는 몇 배나 물러 설 수 없는 다짐을 하고 있는 때가 아닌가. 그러한 나를 증명할 때가 온 것이다. 약한 자의 유일한 구원의 생활이 시작되는 것이다. 내 그것을 정성껏 하리라고 다짐하는 생각에 도리어 기쁨조차 느꼈다. 그것은 한용운의 패배주의와는 다른 것임을 되새기며 다짐했다. 떠남은 만남이요, 기다림은 구원이라는 것과는 무연(無緣)한 것이었다.

 이렇게 생각하니 그 생활에도 새로운 지표로 삼을 것이 없는 것이 아니라는 생각이 들었다. 권력의 바로 한복판에서 '나는 공산주의자다'라고 드러내놓고 말하는 것이 상쾌한 아침바람처럼 나의 가슴을 채웠던 것이다. 비록 적에게 포로가 되고 또 비록 내가 조국에 대하여 아무런 실질적인 도움을 주지 못했다 하더라도, 권력의 폭력 앞에서 일개 필부로서 '아니다'라고 외치는 사람이 있다는 것은 권력에 대하여 정치적 타격이 될 것이라고 생각했다. 그것이 만일 허용된다면 투쟁이라고 하여도 좋을지 모른다. 나는 비로소 투쟁 속으로 들어가는 것이다.

그것은 또 개인적으로 나의 소년시대 이래의 모든 경험을 총 마무리하고 인간으로서의 위엄을 지키는 일이기도 하였다. 인간의 파멸을 막는, 이제는 유일한 길이었다.

이렇게 해서 결국 나는 내 쪽에서 아무런 변화 없이 권력 쪽에서 전향을 더 이상 요구하지 않는 정책 변화로 세상에 나온 것이다. 나아가서 죽지 못해도 나의 정체성을 지킨 셈이다. 그러나 그것이 무어 그리 대수일까 보냐. 나와서 보는 세상은 여전히 엄혹한 '사회안전법 시대'로 걸음마다 그것을 실감하게 하는 나날이었다.

IV

나는 정 동지와의 두 번째 해후 뒤에 또 한 번 그를 만날 기회가 있었다. 서너 달 뒤던가 이번에는 전과는 달리 낙원동 뒷골목 허름한 식당에서 술을 마시면서 서로의 가족들 이야기를 나누며 정겨운 시간을 보냈다. 그러는 동안에 나는 그로부터 또 하나의 이야기를 듣게 되었다.

이것이 그와 만나는 세 번째이면서 마지막 만남이 되었다. 그 뒤에는 우리는 서로 마음에 두면서도 기회를 만들지 못했다. 그는 대중 집회에 모습을 잘 나타내지 않았고 그의 소식은 다른 사람을 통하여 들을 뿐이었다. 그렇게 이삼 년인가 삼사 년인가 창망히 지내는 중에 그가 무슨 신경질환을 얻어 친구와 대화를 하기도 어렵게 되었다는 소리를 들었다. 한 번 문병을 가야겠다고 생각하면서도 이루지 못하는 중에 그는 세상을 떴다.

그에게서 들은 가족 이야기는 슬픈 이야기였다.

세 자녀를 남기고 그가 20년형을 받고 징역을 사는 동안 젊은 아내는 살려고 발버둥을 치다가 폐결핵으로 세상을 떴다 한다. 남편의 일을 이해해주고 따르던 착한 여자였다고 한다.

뒤에 남은 세 자녀는 그 형님에게 하나, 고모에게 하나, 또 누구에게 하나 하는 식으로 뿔뿔이 흩어져 맡겨졌다. 나와서 보니 다행히 큰아들은 이를 악물고 공부를 해서 지금은 국립과학연구기관의 연구원이며, 큰딸도 평범한 가정주부로 지내고 있다. 문제는 막내딸이었다. 이 딸은 고난을 정당한 방법으로 헤쳐 나가지 못하고 호스티스를 하다가 지금은 가정이 있는 초로의 은행가를 만나 살림을 하고 있다고 한다. 고향인 경상도의 보수적 풍토에서 가족 친지 사이에 버린 자식 모양 소외당하고 있는 모양이지만, 감옥 안에 있을 때부터 그는 아버지에게 유난히 따뜻한 정을 느끼는 듯 이번에도 13평짜리 아파트를 구해 혼자 살 거처를 마련해서 달마다 생활비를 보내주고 자주 밑반찬을 가지고 와서 그의 생활을 돕는다고 했다. 아마도 부녀의 정 외에 그는 아비에게 모든 소외된

자의 벗이라는 생각이 있었는지도 모른다. 이런 얘기를 할 때에 그의 표정이 처연하고, 아버지가 혁명가로 옥중에 있는데 그 딸이 호스티스라는 너무나 비극적인 사실에 나도 말을 잃었다. 울컥하는 마음에 딸의 그 생활을 청산시키라고 역설해보았으나 내 말에 그는 허허한 표정으로 대응할 뿐이었다. 생각해보면 그렇게 할 의지가 있어도 이미 힘이 없는 아비였다. 남남이 듣고 분개할 만큼 그리 간단하지 않은 인간관계로 얽혀 있는 것을 생각하고 나는 그저 암연했던 것을 기억한다.

그런데 이보다 더 암연한 사연을 나는 알게 되었다. 그는 문득 입을 연 것이다. 그는 가슴에 고여 있는 것을 토해내듯이 말하였다.

"선생이 들으면 기가 막히는 일일 테지만, 나는 전향한 사람입니다. 선생은 당시의 내 실천을 존중하셨지만 20년 징역 끝에 남은 것은 이것뿐이지요."

그는 모든 것이 허사라고 말하는 것이었다. 20년의 하루하루가 무엇 때문에, 누구를 위하여 소모되었는지, 심지어 나 일신의 인간을 지키기 위해서 소모되었다고 할 수조차 없는 20년이었다.

"사람들은 20년의 옥고를 말하지만, 그것은 투항한 사람을 20년이 되도록 풀어주지 않은 권력의 비인간적인 잔학을 규탄할 말은 될지언정 대의를 위해 감내했다고 주장할 수는 없어요. 그것은 대의와는 아무런 관련도 없이 소모된 무의미한 세월일 뿐이에요.

따라서 요즘 타오르기 시작한 민주화운동과도 무관한 것이지요. 그들이 나를 이 나라의 통일을 위해 무엇인가를 했다고 생각하고 존중해주는 것은 고마운 일이나 당치 않는 일이에요.

나의 20년은 저들에게 붙잡힌 첫날부터 투항으로 아무 생명이 없는 것이 되었지요. 그것은 적의 포로가 되었다는 것과는 다른 투항이었어요. 포로는 몸의 자유는 없지만 마음의 자유는 있지 않아요? 이것과 그것과는 다른 것이지요. 때로는 그것은 투항이 아니라 포로라고 스스로에게도 억지를 써봤지만 그것을 용납하지 않을 첫 번째 인간이 나 자신이에요. 그것은 저들이 우리를 대하는 태도를 보아도 알아요. 비전향한 사람은 아무리 일자무식인 사람이라도 저들은 내심 달리 보는 것이 역력합니다. 하물며 당당히 위신 있는 비전향 동지들은 비록 가만히 있어도 사뭇 전향한 사람과 다르지요.

투항해서 적에게 적극적으로 이용당한 사람도 간혹 있지만, 그 사람과 자기를 비교해서 내가 낫다고 생각하는 것은 차마 너무 비참해서 하지 못하지요. 간혹 비전향으로 독거하는 친구를 볼 때에 우리를 다만 편한 징역을 살기 위해서 그 짓을 했다고 느끼는 듯해서 정다운 인사도 할 수 없습니다. 사실 그 이외에 무엇이 있겠습니까? 왜 그것을 박차고 그들과 같이 떳떳하게 그 고통의 의미를 믿고 사는 길을 택하지 않았을까요? 역시 그 길을 가기에는 세계관이나 혁명이론이 뚜렷이 준비된 것이 없고 뜻이 굳건히 서지 못한 것을 탓할 수밖에 없습니다. 20년 전에 내가 실천에 뛰어들었을 때 나는 죽음으로써 그것을 지켜야 할 만큼 준비가 없었고 또 그것을 준비시켜줄 사람도 없었습니다. 전향을 우리 모두가 함께하였다고 하는 것을 무엇인가 자기변명처럼 말하는 사람도 있었으나 투항을 조직적으로 할 것을 지시할 사람이 누가 있겠어요?

나는 당시 오직 혁명의 열정이 있었을 뿐이며 열정이 좌절에 부닥쳐 장기구금으로 나타났을 때 하찮은 편안한 징역에도 마음이 동요했던 것이 분명합니다. 지금 생각하면 참으로 어이없는 일이지요. 또 무지도 있었어요. 무기징역 20년 징역이 설마 다 갈까하는 턱없는 욕심과, 밖에 있는 가족에 대한 애착이 그것을 부추겼습니다. 그러나 그것은 턱없는 환상이었고, 짊어진 징역은 에누리 없이 살아야 하는 것을 지금도 옥중의 동지들이 말해주고 있습니다. 전향을 했다고 하더라도 역시 에누리 없이 산다는 것은 전향한 사람들이 말해주고 있지요.

또 사실이 이러한데 가족을 생각해서 전향한다는 것도 말이 안됩니다. 실제 가족의 슬픔과 고난은 이미 당하고 있는 고난인데 도리어 자기를 지키고 있는 것이 그들의 고난과 슬픔을 보상하는 길일 거예요. 밑천인 나마저 전향하면 그들의 고난과 슬픔은 어떻게 되는 겁니까? 징역이 해를 거듭하면서 자기가 무엇이었던가조차 잊고 사는 생활에 젖어갔지요. 그것을 잊는 것이 아니라 완전히 상실된 생활이었습니다."

나는 이 친구의 고삽(苦澁)에 찬 술회를 듣고 그가 느끼는 인생의 허탈감을 깊이 느낄 수 있었다. 20년의 옥중 고통이 그 어떤 하루도 자기가 소중하다고 생각하는 것을 위해 바쳐지지 않고 헛되이 흘러갔다는 감개는 참을 수 없이 비통한 것이라고 생각했다. 아니 내 자신이 그 허탈감을 나에게서 거부하고자 얼마나 몸부림쳤던가. 지금 이 하늘에도 땅에도 붙일 곳 없는, 그리고 버릴 수 없는 생명적 고뇌 속에 있는 그에게 나는 섣불리 할 말을 찾지 못했다.

사실 지금 그는 전향이라는 것이 주는 가책을 남김없이 자기에게 과하고 있다. 그 이상 무엇을 덧붙일 것인가. 순결한 영혼만이 스스로에게 주는 뉘우침이며 또는 뉘우침이 더욱 그 영혼을 순결하게 하는 것이라고 생각했다. 그리고 그것이 가능한 것은 그의 정체성, 그가 가장 소중하게 생각하는 것에 대한 충성임을 안다. 또 설령 공산주의 자체에 대한 회의나 결함에서 자기의 전향을 정당화하는 경우가 있다고 하더라도, 지금 하나의 악을 버리고 또 다른 극악한 권력을 택하는 길을 폭력으로 강요당하고 있다고 할 때에 그의 전향은 허용될 수 없을 것이다. 서구의 지식사회에는 흔히 볼 수 있는 소위 양심적 전향이 우리의 풍토에서는 허용될 수 없는 것은 이 때문이다. 그런 의미에서 보더라도 전향은 인간의 순결성과 위엄에 관계를 가지는 것이다.

그러나 많은 전향자에게서 이러한 깊은 자기 가책의 태도는 볼 수 없다. 그들은 이 나라의 통일과 민주화를 위해 장기간의 옥고를 치렀다고 일반 민중이 치하하는 것을 그저 향수하고 있는 듯이 보인다. 심지어 어떤 전향자는 비전향자들도 참석한 집회의 단상에서 인간의 존엄성을 운운하면서 격려사를 하는 것을 보았다. 나는 그를 보면서 30년 전 부산형무소에 있을 때, 기관원에게 끌려와 전향 권고 강연을 했던 북의 모스크바 특파원이란 자를 떠올렸다. 그때에 그는 우리 앞에서 눈 둘 곳이 없이 말을 잇지 못하고 횡설수설하던 것을 문득 기억했다. 그래도 그에게는 그런 심사가 있었던가. 이런 사람들의 영혼에 비해 정 동지의 영혼은 어떠하랴. 그 아픔의 크기만큼 그는 치유를 받은 것이요, 인간의 존엄을 회복한 것이라고 해야 하지 않겠는가.

우리가 사는 시대가 정 동지와 같이 상처받은 영혼과, 강도에 따라 내출혈을 감내하면서 자기를 지켜낸 영혼에게도 마찬가지로 참으로 엄혹한 시대였음을 지금 생각한다.

또한 파렴치한 투항자들에게도 마찬가지로 엄혹한 시대였음에 틀림없다. 그들이 함께 오늘의 민주통일운동의 대열에 서는 것은 다행한 일이다. 다만 그들이 정 동지와 같은 치열한 자기가책 없이는 또 어떤 때에 투항의 오욕에 떨어질지 모를 일이다.

　엄혹한 시대는 아직 계속되고 있다. 소련은 붕괴되고 중국은 어렵게 투쟁하고 있으며, 걸프전쟁 이후에 세계는 일극(一極)체제 하에서 정글의 법칙에 귀결되는 무한경쟁이 구가되는 가운데 책임과 활력을 손상하지 않고 공동체적인 것을 지향하는 인류의 끊이지 않는 투쟁이 진행 중이다.

　북은 경제적 위기에서 혈로를 찾아 간고한 투쟁을 하고 있고, 남은 거대한 세계자본의 이해관계에 명맥을 걸고 발버둥치고 있다. 통일은 아직 내외의 힘에 자갈을 물려 허덕이고 있다. 그러한 가운데 인민의 통일민주운동은 그간의 커다란 진전을 보이고 있다고 하지만 공산주의운동 경력자들은 여전히 이 운동에 참가하는 것이 금지되어 있다. 폭넓은 민주주의운동의 테두리 안에서의 운동인데도 말이다. 그 이유는 자기 자신을 보호하기 위해서라기보다 그 운동 자체를 매카시적인 왜곡과 억압으로부터 보호하기 위해서다. 그래서 터놓고 운동에 참가하지 못하며, 그 운동 쪽에서도 그러한 공개적인 참여를 원치 않고 있는 듯하다.

　우리는 이리하여 현재 진행 중인 합법적 통일민주운동도 결국 구경꾼으로, 사회안전법의 예방구금 전과 같이 역사에 대한 구경꾼으로 남도록 강요당하고 있다. 우리는 노동력을 완전히 빼앗기고 나서야 풀려났고 아무 일도 실제로 할 수 없게 되었다. 숙명과 같은 가난 속에서 간혹 민주집회에 나가서 민주인사와 청년학생들의 운동에 지지와 격려를 보내고 그 열기에 젖어보는 것이 고작이 되었다.

다시 한 번 예방구금 이전의 정체성과 무위의 갈등 속에 떨어져야 하는가. 사실 누구의 말과 같이 우리 같은 사람은 투쟁 속에 있거나, 승리하거나, 투쟁 속에서 죽거나, 그렇지 않으면 하다못해 감옥에 있는 것이 허용될 수 있을 뿐이다. 동시에 인민의 환호에 값하는 삶은 그것뿐이라는 감이 깊다.

어느 날 정 동지의 죽음의 통지를 받으면서 그의 고뇌와 그 순결한 영혼을 생각했다. 그리고 그 점에서 그의 말과 같이 허사가 아니었음을 생각해본다. 그리고 그렇게 순결한 영혼들을 그와 같은 비참 속에 떨어뜨린 엄혹의 시대를 생각한다.

아울러 그와의 만남의 시초가 된 한용운의 패배주의를 생각해보았다. 그도 엄혹한 시대를 산 사람임에 틀림없다.

그러나 나는 사는 날까지 패배주의와는 인연이 없는 삶을 가질 것을 기약한다. 사는 날까지 나의 소중한 것에 대해 정성을 다하고, 만일 허용된다면 언제까지나 현역의 정신으로 살아 마칠 것을 가만히 외워본다.

1992. 11. 20.

신현칠 선생이 발표한 글

1. 민족민주운동의 몇 가지 문제점

　　(『사회와 사상』 1990년 3월호, 통권 제19호)

2. 절대로 질 수 없는 한판 싸움—92년 대선 대응논리

　　(『정세연구』 1992년 5월호, 통권 제37호)

3. 대선 후에 생각하는 것들

　　(『노둣돌』 1993년 봄호, 통권 제3호)

4. 소련 사회주의의 시련

　　(『실천문학』 1993년 가을호, 통권 제31호)

5. 지혜에 대해—백낙청 교수의 소론에 부쳐서

　　(『노둣돌』 1993년 10월호, 통권 제4호)

6. 보호관찰법과 사회보안법의 일체성

　　(『빼앗긴 세월을 되찾기 위하여』 1993년 제5호)

7. '통일운동'의 '통일'은 지켜져야 한다—범민련의 해소 논의에 대하여

　　(『정세연구』 1994년 1월호, 통권 제53호)

8. 범민련과 민족회의의 통일을 위하여

　　(『말』 1994년 7월호, 통권 제97호)

9. 해방 50년의 지배이데올로기와 대항이데올로기

　　(『역사비평』 1994년 겨울호, 통권 제27호)

10. 8·15 50돌 경축은 반드시 공동행사로 치러져야 한다 ― 통일운동 내부 시련 극복을 위하여

　　(『통일의 길』 1995년 통권 1호)

11. 8·15 50돌을 경축한다 ― 함께 치르는 축제로

　　(『길』 1995년 7월호, 통권 제53호)

12. 거꾸로 가는 인권옹호 준법서약서 요구

　　(『말』 1998년 8월호, 통권 제146호)

13. 진보의 의미

　　(『진보평론』 1999년 가을호)

14. 비전향장기수 송환에는 남은 일이 있다

　　(『오마이뉴스』 2000년 11월 3일자)

발문

천외(天外)에 던지는 시
― 나의 스승, 신현칠 선생님

박소연(소설가)

*

"위대한 사람의 성취와 승리의 기록이 아니라, 청사(靑史)에 자리가 없는 필부(匹夫)의 과오와 비참을 기록하는 것이 과연 쓸모 있는 일일까."

글을 묶어 수상집 출간을 권유해 드렸을 때, 신현칠 선생님은 이렇게 되물으셨다.

1990년 즈음이라고 기억된다. 우연히 어느 모임에 참석했다가 한 비전향장기수와 옆자리에 앉게 되었다. 영어생활을 오래한 분이라고는 믿어지지 않게 유쾌하고 즐겁게 이야기를 나누었다.

이것이 계기가 돼 종로 이문학회(以文學會)를 드나들며 신현칠 선생님께 『논어』 강독을 듣게 되었다. 선생님은 동서고금 고전들의 '생명 있는 마디'는 모두 변증법이 살아 있다고 했다. 특히 "할 수 없다는 것을 안다. 그러나 그걸 알면서도 한다(知其不可而爲之)"는 공자의 이상주의는, 칸트의 "너는 할 수 있다. 왜냐하면 마땅히 네가 할 일이기 때문이다(Du kanst denn du sollst)"는 이상주의를 뛰어넘어서는 것이라 했다. 선생님의 삶도 이룰 수 없다는 걸 알면서도 그 이상을 향해 자강불식(自强不息)해온 평생이었다고 생각했다.

무엇보다 선생님 수업에서 인상적이었던 것은 삶의 경험에서 비롯된 심안(心眼)으로 예술작품을 해석하는 심미안이었다. 선생님은 20대 초반 덕수궁 박물관에서 금동미륵반가사유상을 처음 보고 조각상의 '영롱한 사유와 예지' 앞에서 시간이 멎는 듯한 감동을 받았다고 했다. 더할 것도 뺄 것도 없는 '본질만 남는 지혜'의 아름다움을 향유하며 평생을 살 수도 있을 거라고 생각한 적이 있었다고 했다. 그러나 '식민지의 아들'이라는 시대고(時代苦)는 천 년 전 조각상이 불 지핀 예술적 갈망에서 결국 발길을 돌리게 했다고 했다.

미켈란젤로의 〈최후의 심판〉을 해석할 때도 선생님의 시선은 중앙에서 죄인을 심판하는 예수가 아니라, 그 옆에서 심판받는 죄인들을 보며 슬퍼하고 있는 어머니 마리아에게 향해 있었다. 엄정한 단죄가 아니라, 오히려 세상 죄인들의 구원을 바라는 마리아의 기도에서 나는 선생님의 비원(悲願)을 들을 수 있었다.

'이탈리아 르네상스' 수업을 마치며 선생님은 "우리 민족도 르네상스를 경험해야 한다"고 역설했다. 진정 내 삶에도 르네상스의 세례가 있어야 한다고 꿈꾸던 시기였다.

한번은 수업시간에 누가 선생님께 전향을 하지 않은 이유를 물었다. 생각에 잠겼다 나온 선생님의 대답은 생각지 못했던 의외의 것이었다.

"내 비전향은 뉘우침에서 비롯됐어요."

선생님은 '조선자연과학사상사'를 집필하겠다는 생각으로 일본 유학을 떠났으나, 1942년 동경에서 치안유지법 위반으로 체포됐다. 그때 학문과 생활의 진로를 놓고 고민하다 일제에 일시적인 투항을 했다. 그러나 추방돼 돌아온 고국에서 소위 '사상보호관찰'이란 일제의 엄한 감시에 갇혀 아무것도 할 수 없는 침묵과 무위의 시간을 보내며 존재가 해체되는 내적 고통을 겪었다. 선생님에게 그때의 슬픔은 비전향의 자산이 되었다. 1975년 사회안전법으로 구속됐을 때 오히려 구원처럼 느껴졌던 것도 무위의 시간이 주는 고뇌가 구금의 고통보다 덜하지 않았기 때문이다.

선생님은 죽음이 있어야 할 때 기꺼이 맞는 것은 약한 자의 유일한 구원이라고 했다. 구금된 후 옥살이를 정성껏 하리라 다짐하자 도리어 기쁨조차 느꼈다고 했다. 선생님의 진솔한 이야기는 어떤 누구에게도 들을 수 없었던 것이었다.

나는 그때 일주일에 한 번씩 이문학회에 가 신현칠 선생님의 수업을 들으며 에너지가 다한 전지에 배터리를 충전하는 것 같은 힘을 얻었다.

1996년 선생님은 뇌출혈로 쓰러져 입원하셨다. 선생님은 이때의 낙상이 청년기 폐결핵을 앓았을 때처럼 인생에서 가장 좌절한 때 중 하나라며 낙심하셨다. 병의 후유증으로 결국 선생님은 사회활동을 중단하고 칩거하셨다. 몇몇 잡지에 실리던 선생님의 논고나 단상들은 더 이상 만날 수 없었다.

그러나 선생님은 병고 중에도 다시 글을 쓸 구상을 하고 계셨다. 사회안전법으로 구속된 1975년부터 이 법이 악법으로 비판받으며 역사의 무대에서 사라진 1989년까지의 시기를 기록한 『사각지대에서』가 그것이다. 이 글은 이미 형기를 마치고 사회생활을 하던 사상 전력자들을 '내심'만을 문제 삼아 헌법에 명시된 사법 절차조차 없이 행정절차만으로 가족과 사회로부터 격리 수감했던 전제적 악법의 탄생과 죽음을 증언한 기록이다. 하마터면 사장될 수도 있었던 청주보안감호소의 역사가 선생님의 붓끝을 통해 복구되고 있었다.

신현칠 선생님은 『사각지대에서』에서 이렇게 이야기한다.

사람의 행위를 벌하는 범위를 넘어서 내심을 벌하는 것은 역사 이래로 어떠한 통치자도 성공해본 일이 없다. 권력은 자기가 생각하는 대로 행위 할 것을 명할 수는 있어도 그가 생각하는 대로 생각하라고 강요할 수는 없다. 그 생각을 가지고 죽겠다는 데야 도리가 없다. 그런 의미에서 행위가 아니라 내심 자체를 위험하다고 규정하고 벌하는 것은 허용될 수 없는 일이다.

또 전향을 권유하러 감호소에 찾아온 검사에게 선생님은 이렇게 말한다.

나는 지금 양심의 자유를 위해 싸우고 있지만, 그 자유 가운데는 나의 자유뿐만 아니라 당신의 자유도 포함되어 있습니다.

신현칠 선생님은, 내겐 소설의 테마와 영감을 주신 스승이다. 소설 출판이 좌절돼 뜻을 이루지 못하고 낙심해 있었던 적이 있다. 내가 재능이 없음을 탓하자 선생님은 "사심이 있다"며 오히려 나를 꾸짖으셨다. 선생님은 유산을 거듭하다 아이를 낳지 못하고 석녀(石女)가 된 여자의 이야기를 들려주셨다. 그이의 마지막 소원은 아이를 낳는 순간과 죽는 순간을 바꾸는 것이었다. 죽음과 출산의 순간을 바꾸려 했던 석녀의 은유는, 사실은 선생님이 내

안에 문학을 향한 진실성이 있는지를 매섭게 묻는 질책이었다.

오랜 산고 끝에 첫아이를 낳았을 때, 선생님은 불편한 몸을 이끌고 집으로 찾아오셨다. 말하지 않았지만 선생님은 내가 소설을 쓰려는 꿈을 버리지 않고 있다는 것을 알고 계셨고, 산고를 이겼듯이 창작의 진통도 감내할 수 있을 거라고 격려해주었다.

1999년 선생님에게 일대 사건이 일어났다. 남북 화해와 해빙 분위기 속에서 정부가 비전향장기수 가운데 희망자는 북으로 송환하겠다고 발표한 것이다. 그 이전에 송환된 이인모 선생이 북에서 극진한 환대를 받고 있다는 언론 기사를 접해서 알고 있었으므로, 나는 선생님이 북에서 사회적 존경을 받으며 여생을 보내시길 바랐다. 북에 가면 생활고가 해결되니 저술활동에 대한 필생의 꿈을 이루어보라는 주위 사람들의 간곡한 권유도 있었다.

그러나 내외신의 카메라 플래시를 받으며 북으로 송환되는 비전향장기수 대열 속에 신현칠 선생님은 없었다. 선생님은 남에 남는 길을 선택하신 것이다.

문득 예전에 선생님이 자문하듯 하신 이야기가 귓가에 스쳤다.

"혁명가가 민중에게 사랑을 받으려면 죽거나 승리해야 하는데, 나는 싸우다 죽지도 않았고, 승리하지도 않았어······."

선생님은 왜 북에서 승리자가 되는 길을 마다하고, 고난을 감내하며 남쪽 사회에 남는 길을 택했을까. 왜 선생님은 존경을 받지 못하는 남쪽 민중 곁에 남았을까.

　무엇보다 선생님은 남과 북 모두에 가족이 있는 이산가족이다. 나중에야 선생님이 북으로 송환되는 벗들을 환송하고 혼자 집으로 돌아오는 길에 쓴 시 「천외(天外)에 부치는 호소—북의 아내에게」를 읽으며, 송환을 앞두고 선생님 마음속에 오간 심회를 짐작하게 되었다.

　송환의 열기가 사그라진 뒤, 선생님께 송환 대열에 오르지 않은 이유를 물었다. 선생님은 "아무것도 할 수 없는 불수의 몸이지만, 죽는 날까지 남쪽에 남아 분단의 아픔을 겨레와 함께하고 싶은 소박한 소망에서"라고 담담히 대답하셨다.

　그러나 나는 이 말로는 설명할 수 없는 진실이 있다는 것을 안다. 언젠가 선생님은 "생각은 같아도 심장은 다르다"는 얘기를 한 적이 있다. 이 자리에서 살아야 할지, 아니면 죽어야 할지를 결정하는 것은 '머리'가 아니라 '심장'이라고 했다. 나는 폭력과 감금뿐만 아니라, 환대와 영광으로도 훼손할 수 없는 한 인간의 존엄함을 보았다.

　북 송환 이후 비전향장기수에 대한 세간의 관심은 점점 시들었다. 그러나 나는 비로소 신현칠 선생님을 이해하기 시작했다. 스승의 진면목을 보게 된 것은 오히려 이때부터였다.

　선생님은 뇌출혈 후유증으로 떨리는 손으로 『사각지대에서』의 집필을 계속하셨다. 원고지로 2000장이 넘는 방대한 분량이었다. 돌에 전각을 새기듯 원고지 위에 한 획 한 획 글을 쓰고 계셨다.

재작년 즈음일 것이다. 선생님이 눈에 백태가 끼어 책 읽는 데 여간 불편하지 않다고 하셔서 함께 안과를 찾은 적이 있다.

아흔의 나이에도 선생님은 손에서 책을 놓지 않았다. 아니, 오히려 더욱 시대의 흐름을 놓치지 않으려 하셨다. 선생님은 때때로 "신문이 소설보다 더 재미있어" 하셨는데, 그날도 선생님 책상에는 라틴아메리카에 부는 새로운 진보적 흐름을 전하는 신간들이 놓여 있었다.

안과의사는 백내장 수술 뒤에 찾아오는 후유증인 '후발성 백내장'이라고 했다. 책을 읽고 싶다고 찾아온 아흔 노인 앞에서 의사는 "집념이 있으시지만……" 하며 말을 흐렸다. 선생님의 이력을 알 길이 없을 그 의사의 눈에 눈물이 고이는 것을 나는 보았다.

안경을 새로 맞추러 간 안경점 안경사가 시력검사 내용을 보고 "어이쿠!" 하며 놀라는데도, 선생님은 렌즈 두께가 1센티미터가 넘는 돋보기안경을 맞추며 다시 책을 볼 수 있다는 기대로 아이처럼 들떠 있었다.

선생님은 평생을 책과 숨바꼭질했다고 말씀하시곤 했다. 사회에서는 생활고에 정신없이 살다보니 책 볼 겨를이 없었고, 옥중에서는 시간은 무진장 있지만 책이 없어 못 보니, 안타깝게도 황금의 세월을 책과 숨바꼭질하며 학문에 대한 사랑으로 애달파했다고 했다.

뜻하지 않게 선생님의 사상적 편력을 짐작하게 하는 일이 있었다. 지난해 선생님 댁에 갔을 때다. 책상에 추사(秋史)의 '묵소거사자찬(默笑居士自讚)' 복사본이 놓여 있었다. '침묵해야 할 때 침묵하는 것은 시의적절하고, 웃어야 할 때 웃는 것은 중용에 가깝다'로 시작하는 조선조 문인 김유근의 시를 평생지기인 추사가 해서로 쓴 작품이다. 나는 친구의 자화찬 시를 행초서가 아닌 단정한 해서로 쓴 추사의 심사가 어쩐지 정답게 느껴졌다.

예전에 선생님이 이런 얘기를 하셨다.

"어릴 때 구양순체를 임서(臨書)할 때 아버지께서 글씨는 해서가 제일이고, 세상 사는 데에도 해서처럼 단정하게 살아야 한다고 하셨는데, 한 번 들은 말이 인이 박힌 듯 잊히지 않아."

이런 생각에 잠겨 있는데, 문득 선생님이 혼잣말처럼 말했다.

"난 평생을 잡귀신들과 씨름해왔어……."

무슨 말인가 의아해 고개를 들자 선생님은 정색을 하며 덧붙였다.

"이봐! 잡귀신은 본귀신이 아니야."

정통 코뮤니즘에서 본다면 선생님이 평생을 가까이했던 붓다와 예수, 공자는 이단이다. 그러나 이 이단서들과 씨름하며 선생님은 오히려 견실한 코뮤니스트가 되는 길을 정련해왔다. 정도를 걸으면서도 선생님의 사상이 진부하지 않고 새로운 것은 평생을 가까이 해온 이 이단서들과 부딪쳐 밝힌 빛이 있었기 때문은 아닐까.

선생님께는 뚜렷한 학력이 없다. 10대 후반에 결핵성 늑막염으로 졸업을 앞두고 학업을 중단했고, 일본에서 유학했던 동경물리학교도 치안유지법 위반으로 구속되면서 결국 마치지 못했다. 아버지의 죽음으로 일찍 가장이 되었고 해방 후 혁명전선에 뛰어들면서 학문의 뜻을 이루지 못했다. 그러나 지성은 반드시 상아탑에서 벼려지는 것만은 아닐 것이다. 때로는 역사 현장 속 치열한 삶에서도, 독서와 성찰 속에서도 새로운 사상이 잉태된다는 것을 나는 신현칠 선생님의 삶에서 보게 되었다.

선생님의 서가 '수졸산방(守拙山房)'에는 젊은 시절 선생님이 경황없는 와중에도 지나가는 생각을 놓치지 않으려고 적어놓은 쪽지들을 보관한 상자가 있다.

"내가 죽은 후에라도 읽어보고, 필요하다면 소설 재료로 쓰면 좋겠어. '실패한 코뮤니스트가 젊었을 때 이렇게 고민했구나' 하는 생각을 가지고 읽어보면 좋겠어……."

비전향장기수들이 북으로 송환된 뒤 북에서는 그들의 삶을 복원하려는 출판물이 봇물을 이뤘다고 한다. 그러나 정작 비전향장기수의 진솔한 목소리가 담긴 출판물이 나왔다는 이야기는 들어보지 못했다. 그래서 한 출판인은 신현칠 선생님이 남쪽에 남았기 때문에 이 책이 빛을 볼 수 있었을 거라고 이야기한다.

오랜 시간이 흐른 뒤, 역사는 신현칠 선생님의 삶을 어떻게 이야기할까. 통일된 뒤 사가들은 선생님의 선택을 어떻게 평가할까. 남쪽에 남아 고난을 감내하며 사회안전법의 시대를 기록한 신현칠 선생님의 삶을 훗날의 역사는 한층 더 의미 있게 조명하지 않을까 생각한다.

선생님에게는 아직 다하지 못한 꿈이 있다. 우리나라 장래에 대한 당신의 생각과 죽음을 성찰하는 글을 쓰는 것이다. 그것은 아마도 아흔 노장이 현역의 화살로 천외에 던지는 시(詩)가 될 것이다.